불안한 십 대를 위한 사회정서학습

**일러두기**

- L2B는 'Learning to BREATHE'를 기호화한 표기입니다. 한국어판에서도 이를 그대로 사용하였습니다.
- L2B 프로그램은 존 카밧진의 8주 명상 프로그램을 학생에게 적합하도록 응용하여 만든 프로그램입니다. 기본 버전은 6주 프로그램으로 구성되었으나, 확장 버전인 12차시나 18차시는 학교나 수업 상황에 따라 시간을 조율할 수 있습니다. 따라서 한국어판에서는 session을 '차시'로 번역하여 6차시 프로그램으로 명칭하였습니다.
- 6차시 프로그램/12 · 18차시 프로그램에 따라 나뉜 활동지는 국내 교육 시장에 맞게 재편집하여 통합 수록하였습니다.
- 이 책과 관련된 활동지, 오디오 파일, 포스터 등의 영문 보충 자료들은 뉴하빙거 출판사 홈페이지 http://www.newharbinger.com/46714에서 내려받을 수 있습니다.
- 한국어판에서는 각 주제 시작 페이지를 마음챙김 수업 포스터로 활용할 수 있도록 디자인하였습니다.
- 한국어판 활동지와 포스터는 아래 QR코드로 내려받을 수 있습니다.

# Learning to BREATHE

스트레스를 조절하고
집중력을 강화하는
마음챙김 배우기

# 불안한 십 대를 위한
# 사회정서학습

퍼트리샤 C. 브로더릭 지음 | 김윤경 옮김

다봄교육

"L2B는 청소년을 대상으로 한 사회정서학습 프로그램들이 놓치고 있는 부분을 채우는 진정 보석과 같은 프로그램이다. 브로더릭은 엄격한 증거 기반의 뛰어난 마음챙김 프로그램을 예술적으로 만듦으로써 청소년들이 발달 시기의 사회정서적 도전을 헤쳐 나갈 수 있도록 헌신했다. 이 분야에서 뛰어난 프로그램이다."

— 퍼트리샤 A. 제닝스Patricia A. Jennings (버지니아 교육 대학 교수)

"마음챙김에 내적 친밀감을 느끼는 사람도 다른 사람에게 마음챙김을 친숙하게 하고 의미 있게 만들기는 어렵다. 이 책은 교사와 학생 모두가 마음챙김을 실용적이고 쉽게 연습하게 해준다. 십 대만이 지닌 기회와 취약성을 아름답게 반영하는 교육과정의 탄생이다."

— 레베카 크레인Rebecca Crane (영국 뱅고르 대학의 마음챙김 연구 및 훈련센터장)

"이 책에 실린 흥미롭고, 다양하고, 교사에게 익숙한 수업안들은 마음챙김을 교육과정에 적용하려는 모든 교육자에게 꼭 필요한 것들이다. 이 책은 청소년의 사회정서적 건강에 헌신하는 모든 사람에게 '필독서'가 될 것이다."

— 카렌 블루스Karen Bluth (UNC 의과대학 통합의학 프로그램의 연구원)

"아이들이 스트레스를 받고, 학교 공부에 집중하지 못하는 현실에 직면하는 한 학교 개혁은 실패할 수밖에 없다. 이 놀라운 책은 십 대들이 스트레스를 줄이고, 감정을 처리하고, 집중력을 높이도록 돕는 교육과정을 보여줌으로써 학교 개혁이 놓치고 있는 부분을 채운다. 교사와 임상치료사를 위한 단계별 가이드인 이 책은 명확하고, 창의적이며, 실용적이고, 당장 적용할 수 있다. 또한 이 영감을 주는 책은 지금 바로 미국 국민들에게 필요한 책이다."
— 제롬 머피Jerome Murphy (하버드 교육 대학원 명예 학장)

"이 책은 21세기를 살아가는 아이들이 더 큰 선을 위해 긍정적인 자질을 발휘하도록 영감을 줄 것이다. 나는 모든 학교에서 L2B가 실시되기를 소망한다."
— 로버트 W. 로서Robert W. Roeser (펜실베이니아 주립 대학 보건 및 인간 발달 대학)

"L2B는 청소년들이 감정을 관리하며 살 수 있도록 도와주는 훌륭한 가이드이다. 브로더릭은 심리학과 마음챙김 교육에 관한 최고의 지식을 바탕으로 이 특별한 책을 만들었다. 이 책은 틀림없이 고전이 될 것이다."
— 리처드 C. 브라운Richard C. Brown (나로파 대학의 명상 교육과 설립자이자 교사를 위한 돌봄 프로그램의 공동 개발자)

"이론적 근거에 토대를 두면서도 실용적으로 설계된 브로더릭의 단계별 안내서를 접할 수 있다는 것은 십 대를 위한 마음챙김 교육 분야의 가장 큰 행운이다."
— 로라 J. 핑거Laura J. Pinger (위스콘신 매디슨 대학의 건강한 마음 센터)

"L2B 프로그램은 명확하고 포괄적일 뿐만 아니라 학교 기반 마음챙김 프로그램 및 명상과학 분야에서 탁월한 성과이다. L2B는 임상시험을 통해 지속적으로 효과가 입증되었으며, 요즘 십 대의 심리적 건강을 위한 현대 사회정서학습 프로그램을 대표한다. 십 대를 위한 증거 기반 마음챙김 프로그램에 관심이 있는 교사나 연구자라면 이 책을 반드시 읽어야 한다."

— 조슈아 C. 펠버Joshua C. Felver(시러큐스 대학 학교 심리학 프로그램 임상 교육 조교수이자 책임자, 미국전문심리학회 회원,《교실에서의 마음챙김》공동 저자)


"이 분야에서 비교 불가다. L2B를 통해 학생들은 '이완'을 뛰어넘어 진정한 마음챙김을 배울 수 있다. 매 단계마다 상세한 설명과 함께 명확하고 간결한 팁, 유의점을 제공하고, 학생들이 연습을 지속할 수 있도록 격려한다. 선생님들에게 마음챙김을 교육할 때마다 나는 L2B가 학생뿐 아니라 교사에게도 유익하다는 것을 깨닫는다."

— 캐서린 크럼Katherine Crum(위대한 뉴욕 MBSR 교사 연합의 마음챙김 기반 스트레스 감소 및 조정 위원회 회원이자 교사)

코너, 오웬, 위즐리 그리고 윌에게 이 책을 바칩니다.

아름다운 체계를 지닌 L2B는 꼭 필요한 교육과정이다. 교사라면 누구나 이 책을 이해할 수 있으며 쉽게 적용하고 실행할 수 있을 것이다. 이 책의 가장 뛰어난 점은 교사 자신이 마음챙김을 연습하도록 만든다는 점이다. 교사는 마음챙김 연습을 통해 자신이 실제로 탐구하고 경험한 것을 학생에게 가르칠 수 있다. 이러한 L2B의 특징은 교사가 일에 대한 편안함을 느끼고 잘 살 수 있도록 하며 교사로서 존재감을 느끼도록 도움을 준다.

마음챙김 교육과정을 통해 교사는 학생의 삶에 중요한 변화를 일으킬 수 있다. 즉, 학생의 구체화된 자기 인식 발달을 촉진하고, 이를 통해 자신을 더 깊이 이해하게 하며 자신감과 정서지능을 높일 수 있다. L2B 수업마다 있는 효과적인 명상 '스크립트'는 차시가 거듭될수록 교사들이 이 책의 다른 내용들을 더 쉽게 이해하도록 도울 것이다. L2B 교육과정은 주의력, 자기 인식, 자기 자비, 타인에 대한 친절한 태도를 체계적으로 향상시킴으로써 청소년에게 기초적이고 매우 유익한 일련의 삶의 기술을 발달시켜 준다. L2B를 통해 터득한 삶의 기술 전부는 청소년들이 이미 지니고 있거나, 연습을 통해 강화할 수 있는 것들이다. 이러한 기술들은 청소년이 혼란과 불확실로 가득 찬, 그리고 극도로 스트레스를 받을 수 있는 삶의 시기를 더 효과적으로 헤쳐 나가도록 도울 수 있다. 나 자신에 대한 것으로 시작하는 이러한 삶의 기술은 성공적인 관계를 구축하기 위해 필요한 토대가 된다. 또한 교실 환경과 학습을 최적화하는 데 기여할 수 있다.

훌륭한 음악가도 악기를 조율하고 연주를 시작한다. 학습도 이와 마찬가지다. 학문적인 교과 수업을 잘 듣기 위해서는 수업 시간 내내 집중하는 방법, 즉 마음과 몸을 차분하게 하고 집중하는 방법을 배워 자신의 '악기'를 조율할 필요가 있다. 마음챙김은 자신과 다른 모든 것에 대해 마음과 몸을 차분하게 하기 위한 가장 좋은 방법이다. 나아가, 마음챙김 연습이 성인의 스트레스 감소는 물론, 스트레스가 몸과 마음에 미치는 부정적인 결과까지도 감소시킬 수 있음을 보여주는 과학적 증거가 증가하고 있다. 아동에게도 마찬가지라는 점은 이미 오래전 연구들을 통해 입증된 사실이다. 청소년에게 스트레스는 실행 기능, 작업 기억 능력, 그리고 감정 조절과 관련된 뇌의 영역의 발달에 부정적인 영향을 미치는 것으로 나타난다. 이러한 기능은 학습과 행동에 영향을 미치기 때문에, 아동의 효과적인 자기조절, 스트레스 감소, 그리고 주의를 지속할 수 있는 능력을 향상시키는 마음챙김 기반의 수업이 필요한 것이다. 여러 나라에서, 그리고 공·사립을 막론하고 유·초·중·고 학교에서 교사와 학생 모두를 위해 마음챙김을 활용하는 경우가 늘어나고 있다. L2B 교육과정은 그러한 노력을 보여주는 대표적인 예라고 할 수 있다.

지난 10, 20년간 사회정서학습은 교실 문화와 학습의 중요한 요소로 자리 잡아왔다. 사회정서학습은 아이들이 그들 자신과 타인의 감정을 인식하고, 더 효과적으로 소통하기 위해 필요한 기술들을 발달시키도록 가르친다. 하지만, 감정에 대해 배우는 것과 실제로 현재 감정을 인식할 수 있는 것 사이에는 중요한 차이가 있다. 바로 이것이 마음챙김이 중요한 지점이다. 마음챙김은 인지적 이해를 넘어 온종일 기억하고 실행하는 실천에 기반을 두기 때문에 더 의미 있는 사회정서학습이 될 수 있다. 마음챙김은 어떤 감정이 생겨날 때 그것을 잘 인식하는 데 도움이 되는 구체적이고, 실용적이며, 간단한 실천이다. 예를 들어 마음챙김 연습은 불안, 슬픔, 신남, 지루함, 분노, 짜증 등과 같은 감정이나 기분이 느껴지는 경험에 따라 필연적으로 수반되는 생각과 신체감각을 잘 알아차릴 수 있는 방법을 제공한다. 이러한 마음챙김 연습은 정서적·사회적으로 어려운 일이 생기기 전에 언제나 활용하고 일상생활에서 향상시킬 수 있는 생생한 연습 레퍼토리가 될 수 있다. 마음챙김을 하지 않는 것과 다르게, 마음챙김 연습은 다양한 경험을 일관된 전체로 통합하는 데 도움을 주며, 정서지능과 마음챙김 능력을 발달시킨다. 또한 마음챙김 연습은 교실과 일상에서 학생의 '삶의 방식'이 될 가능성이 높다.

십 대들은 특히 그들 자신 또는 타인에게 상처를 주는 행동으로 이어질 수 있는 파괴적인 감정의 부정적인 결과에 취약하다. 앞서 말했듯이, 청소년기 뇌의 중요한 영역들은 아직 발달 중에 있다. 이러한 영역들은 특히 강한 감정에 사로잡혀 있을 때 자신과 충동을 조절하는 능력과 관련이 있다. 그리고 십 대들은 종종 부모와 가정의 보호와 완충장치를 벗어나 사회와 문화의 부정적인 영향에 훨씬 더 많이 노출되고 접근하기 때문에 특히 취약하다. 대부분의 십 대는 탐험가이자 구도자로서, 더 많은 유대감과 소속감을 느끼고 싶어 하며 삶의 의미를 찾기를 마음속 깊이 열망한다. 십 대의 잠재력은 엄청나다. 그들은 성장하고, 변화하며, 세상에 기여할 수 있다. 그들이 자신에게 도움이 되지 않고 실제로 해로울지도 모르는 마음의 습관과 행동에 사로잡힌 것을 볼 때, 우리는 그들에게 공감하고 어떤 식으로든 도움이 되고 싶어 한다. 하지만 내면의 어떤 일은 그 누구도 도울 수 없다. 그것은 자신과

친구가 되는 것이며, 이것이 바로 L2B 교육과정을 매우 다양한 수준에서 제
공해야 하는 이유이다.

퍼트리샤 브로더릭은 내면의 또는 바깥으로 드러나는 역량을 강화하도록
돕는 프로그램을 만들었다. 이 프로그램은 일관된 틀 안에 다양하면서 따라
하기 쉬운 마음챙김 연습들을 보여준다. 호흡 배우기 교육과정은 삶의 중요
한 단계에서 더 큰 인식과 자기 자비를 기를 수 있는 소중한 기회를 제공하
며, 해로운 방식으로 반응하기보다는 어려운 상황에서 더 현명하게 선택하
고 더 적절하게 반응할 수 있도록 한다.

우리는 자신과 학생들을 위해 탐험과 모험을 시작할 선생님들이 이 교육과
정에 흠뻑 빠지길 바란다. 이를 통해 청소년기에 겪을 수 있는 고통을 완화
하고, 교사와 학생 모두가 자신이 할 수 있는 일을 더 깊이 있고 만족스러운
방식으로 깨닫도록 힘을 길러주기를 희망한다.

— 존 카밧진Jon Kabat-Zinn, 밀라 카밧진Myla Kabat-Zinn

| 감사의 말 |

L2B는 수년간의 연구와 개발, 프로그램 실행, 교사 및 연구자와의 지속적인 대화를 통해 발전해 왔다. 나와 함께 아이디어와 경험을 공유해 준 교사, 임상치료사, 학교 관리자를 비롯한 여러분들께 감사드린다. 선생님들의 통찰은 나의 견해를 확장시켜 주었고 이 개정판의 길을 밝혀주었다. 이 책에 대한 선생님들의 기여는 그분들이 지닌 바람 때문에 특별히 의미가 있다. 이 과정을 통해 나는 사람들에게 도움이 되고 학생들에게 유용하고 의미 있는 것을 가르치고자 하는 선생님들의 열망을 느낄 수 있었다.

L2B 프로그램 개발 초기에 나와 함께 교사 양성에 참여한 분들께도 감사의 말을 전한다. 2002년 프로그램 개발이 시작된 이후 수많은 사람들이 계속해서 이 일을 함께 하고 있다. 브렌다 넬슨Brenda Nelson, 마조리 제임스Marjorie James, 케이티 크럼Katie Crum, 낸시 슈이트Nancy Schuit, 일레인 베레나Elaine Berrena, 그리고 헤아릴 수 없이 많은 초창기 동료들에게 감사하다. 또한 독자한 분 한 분의 지속적인 협력에도 감사를 표한다. 독자들은 많은 학생에게 마음챙김이라는 선물을 현실로 만들어주었다.

나아가 이 프로그램에 관심을 가져준 연구 공동체의 구성원들, 특히 마크 그린버그Mark Greenberg가 이끄는 펜 주립 대학교의 연구팀에게도 감사하다는 말을 전하고 싶다. 그린버그는 마음챙김 교육 분야의 리더로서, 학생들을 위한 프로그램의 효과를 향상시키는 방법으로 마음챙김 프로그램을 연구하고 적응시켜 왔다. 마음챙김과 사회정서학습을 통해 청소년이 '내면의 힘'을 지닐 수 있도록 돕는 그린버그의 귀중한 일에 깊은 존경을 표한다.

이 책의 실제 집필에 가장 가깝게 참여한 분들, 뉴하빙거New Harbinger의 편집자들과 직원 여러분께도 감사하다. 책이 출판되기까지 내가 처음에 상상했던 것보다 훨씬 더 많은 일들을 처리해야 했다. 그들의 피드백과 지원이 없었다면 이 책은 나오지 못했을 것이다. 특별히 캐서린 메이어스Catharine Meyers, 비크라지 길Vicraj Gill, 브래디 칸Brady Kahn, 그리고 제작팀에게 감사를 표한다.

마지막으로 지난 수년간 너무나 많은 지혜와 보살핌, 사랑을 베풀어준 가족과 친구, 동료 들에게 고맙다는 말을 전하며 앞으로도 영원히 감사할 것이다.

내년이면《EQ 감성지능Emotional Intelligence》(1995)이 번역된 지 30년이 된다. 그 사이 사회정서학습에 대한 인식이 확대되고 우리나라에 적용하려는 시도도 늘어, 올해는 교육부에 사회정서성장지원과가 생기고 시도교육청에서도 사회정서학습을 정책적으로 추진하는 사례가 늘었다. 자연스럽게 사회정서학습에 대해 강의할 기회가 많아졌다. 선생님뿐만 아니라 장학사, 연구사, 교장, 교감 선생님들의 관심을 끄는 것은 단연 사회정서학습 수업을 어떻게 교실에서 실행하는가였다.

박사과정 때 사회정서학습을 공부하기로 마음먹고 나서 내가 주로 했던 일 중 하나는 효과적이라고 알려진 사회정서학습 프로그램 수업 지도안의 샘플을 찾아다 실제로 수업에 적용해 보는 일이었다. 그러던 가운데 마인드업MindUP, L2B(Learning to BREATHE - 'B', 'R', 'E', 'A', 'T', 'H', 'E'로 상징되는 마음챙김 교육과정 배우기와 숨 쉬기 위해 배우기 모두를 의미한다. ─옮긴이)와 같은 당시에 우수한 사회정서학습 프로그램SELect program으로 선정된 마음챙김 프로그램들을 교과와 연계해서 적용해 보기 시작했고 "이거구나!"라며 마음챙김이 교사와 학생들을 위한 대안 프로그램이 될 수 있다고 생각하게 되었다.

인성교육을 하는 교사이자 도덕 교과 교사인 나에게는 어떻게 하면 학생들의 마음에 변화를 일으키고 도덕성을 발달시킬 수 있는지가 줄곧 숙제였다. 교사들이 일반적으로 시도하는 미덕의 필요성을 생각해 보게 하는 지도와 실천의 독려는 아이들의 마음을 움직이기에 별 효과가 없었다. 마음이 힘든 아이들이 선한 의도를 갖고 실천하며 살도록 하기 위해서는 아이들 내면에서부터 변화를 일으킬 수 있는 다른 접근이 필요했다.

그러던 때에 알게 된 마음챙김은 분명 하나의 해답이 될 수 있어 보였다. 맨 처음 적용해 보았던 것은 김철호 교수님이 국내에 소개하신 샐츠만Saltzman의 '고요한 곳'Still Quiet Place 프로그램이었다. 그리고 여기에 마인드업과 L2B의 내용들을 더하여 내가 가르치는 중학교 아이들의 상황에 맞게 변형하면서 마음챙김이 효과적인 인성교육이 될 수 있다는 확신을 갖게 되었다.

L2B 프로그램은 마음의 성장통을 겪고 있는 사춘기 학생들에게 마음챙김을 가르치는 데 필요한 내용을 잘 정리하여 담고 있다. 자비 명상과 트라우마 이해 접근Trauma-Informed Practice처럼 학계와 교육 현장에서 주목받고 있는 최신 이론과 담론들을 교육과정 안에 잘 녹여냈고, 무엇보다 오랫동안 축적된 작가의 경험과 교사와의 소통을 바탕으로 교실 수업에 적용할 수 있는 아이디어들이 책 곳곳에서 빛나고 있다. 이 책을 읽으면 바로 알게 되겠지만, 저자는 사춘기 아이들에게 무엇이 필요하고, 어떤 것이 효과적인지, 우리 아이들에게 마음챙김을 지도하다 보면 어떤 일이 발생하고, 교사가 어떻게 대처할 수 있는지를 확실히 꿰뚫고 있다.

이 보석 같은 책을 번역해야겠다고 결심했을 당시, 원서는 개정 작업 중이었고 그렇게 개정판이 나오길 기다렸다가 드디어 이 책을 소개할 수 있게 되었다. 개정판은 요즘 교실 환경에 더 적합하게 내용이 수정 보완되었으며, 특히 트라우마를 가진 아이들을 고려한 접근과 방법이 잘 안내되어 있다.

선생님이라면 누구나 공감할 것이다. 존경을 받기도 보람을 느끼기도 점점 힘들어지는 최근의 교육 환경 속에서도 교사는 아이들에게 바르게 행동하도록 가르치는 일을 좀처럼 그만둘 수 없다. 교사의 선의 어린 지도에도 불구하고 마음이 뒤틀린 아이들을 마주할 때면, 아이들 각자의 상황을 모두 이해해 주는 것만이 답은 아닌데 어떻게 지도해야 할지 복잡한 심경에 빠지곤 한다. 그런 선생님들의 무거운 마음을 가볍게 하는 데 이 책이 분명 도움이 될 것이라고 믿는다.

L2B는 단순한 마음챙김 지도 스크립트가 아니라 사회정서학습 프로그램이다. 생활지도와 가정 연계 방법을 안내하는 등 학생들이 수업을 통해 배운 자기조절법을 삶에서 계속 연습해 보도록 설계되어 있다. 이 책의 내용을 따라가다 보면 아이들의 마음만이 아니라 교사의 마음도 함께 성장하며, 결국 학교의 전체 풍토가 개선된다.

교육을 기획하는 사람들이 흔히 하는 실수 중 하나는 교육 대상의 단위를 학생 개인으로 보는 것이다. 하지만 실제 학생 개인을 변화시키려면 개인보다는 그 개인이 속한 집단 전체를 대상으로 보는 것이 효과적일 때가 많다. 왜냐하면 인간은 관계적 존재이기 때문이다. 서로가 연결감을 느끼고 서로를 도울 때 개인의 문제는 생각보다 쉽게 해결된다. 그래서 이왕이면 이 책의 내용을 부분부분 적용하기보다는 동료 선생님들께 함께 교육활동 전반에서 적용해 보시길 권유 드린다.

이 책이 나오기까지 여러 사람들의 노고가 있었다. 다봄의 김명희 대표님, 이은희 편집장님, 아름답게 책을 꾸며 주신 신병근 디자이너님께 감사의 말씀을 전한다. 무엇보다 매일 같이 모니터 앞에 앉아 있는 엄마를 이해해 주는 나의 사랑 정택, 승식, 승준, 승민에게 고맙다는 말을 하고 싶다. 이 책의 가장 큰 공헌자는 학생들이다. 마음챙김 수업에 진지하게 참여하고 느낀 점을 이야기해 준 수많은 학생들, 자비 명상을 배우고 나서 선생님의 행복을 바랐다고 수줍게 말하던 그 아이들이 없었다면 이 책은 나오지 않았을 것이다. 그 아이들이 상처받지 않고 행복하게 살길 바라며 역자 서문을 마친다.

2024년 청량한 가을
김윤경 씀

# 1부 프로그램의 개요와 L2B의 기초

# 2부 L2B 프로그램

## Body
## 내 몸에 귀 기울여봐!

## Reflection
## 생각은 생각일 뿐이야!

## Emotion
## 감정의 파도를 타보자!

## Attention
### 스트레스를 다루려면 몸, 생각, 감정에 주의를 기울여야 해!

## Tenderness
### 나와 다른 사람을 친절하게 대하자!

## Healthy mind habits
## 건강한 마음의 습관이 필요해!

# 3부 한 걸음 더

# 1부
# 프로그램의 개요와
# L2B의 기초

1부에서는 L2B를 전반적으로 소개한다. 프로
그램을 뒷받침하는 이론적 배경과 연구 근거에
대해 간략하게 살펴보고, 프로그램 실행의 특징
및 교육학적 제안에 대해 유용하고 개괄적인 설명
을 제공할 것이다.

# 프로그램 개요
## L2B를 시작하는 선생님들께

초등학교 고학년부터 대학생을 위한 교육과정이자 프로그램인 L2B는 기존의 것과는 전혀 다른 프로그램이다. 하지만 학문적인 내용을 가르치는 수학이나 심리적인 주제를 다루는 사회성 기술 교육과 같은 일반적인 교육과정의 안내서처럼 L2B도 교육과정에 대한 개요를 포함한다. 이러한 개요는 학생들이 교육과정에 포함된 정보를 지속적으로 인지하고 이해하게끔 돕는 지침과 활동을 안내해 준다. 전통적인 교육과정은 결과에 초점이 맞춰져 있었다. 그래서 어떤 교육과정이 훌륭한지 아닌지는 그 분야의 전문가이자 정답지를 쥔 교사가 판단했다. 하지만 호흡 배우기(Learning to BREATHE, 이하 L2B)는 특정 내용의 학습보다는 집중하는 법을 익히는 것을 핵심으로 삼는다는 점에서 차이가 있다. L2B에서 교사와 학생은 천천히 주의를 기울이는 새로운 기술을 함께 익혀야 하기 때문에, 지금 이 순간을 알아차리는 과정에 집중해야 한다. 이에 L2B의 모든 수업은 주제 중심 활동으로 구성되어 있다. 그러나 교사는 자신의 생각을 바탕으로 유연하게 L2B를 응용할 수 있다.

## 마음챙김 수업의 의미

마음챙김을 가르친다는 것은 학생들이 어떤 순간에 겪은 개인적인 경험을 열린 마음으로 인식하게끔 돕는다는 것을 의미한다. 이러한 인식은 교사가 자신의 내적·외적 경험과 연결될 때, 또 학생과 연결될 때 가장 잘 성취될 수 있다. 마음챙김은 잠들거나, 부정적으로 바라보거나, 편협하게 생각하거나, 다른 사람의 말을 무시하거나, 자신의 관점 밖에서 무슨 일이 일어나는지 무관심한 것과는 완전히 다르다. 마음챙김은 열린 마음으로 순간순간을 알아차리며, 심지어 원치 않거나 불쾌한 일이 일어날 때에도 판단하지 않고 내 마음을 있는 그대로 수용하는 것을 의미한다. 그래서 L2B는 지금 현재의 새로운 순간을 교육과정의 핵심적인 자료로 제공하는 방식을 취한다. 마음챙김은 학생과 교사 모두를 위해 필요하다.

연구에 따르면 마음챙김은 우리가 맺는 관계의 본질을 경험적인 것으로 바꿈으로써, 건강과 웰빙에 큰 도움을 준다. 기본적인 신경 회로 전체를 과학적으로 규명하려는 연구가 여전히 진행 중에 있지만, 분명한 것은 삶에 대해 공정하고 개방적인 입장을 취하는 것이 정서적 균형 및 회복탄력성, 대인 관계 효능감, 신체적 건강을 향상시킬 수 있다는 것이다. 마음챙김에 이러한 효과가 있는 것은 자기 내면과 외부 경험에 대한 의식적인 인식이 연민 어린 수용과 결합되기 때문인 것으로 보인다(Creswell, 2017; Creswell, Lindsay, Villalba, & Chin, 2019; Lin, Chadi, & Shrier, 2019).

## 누구에게나 필요한 삶의 기술

우리는 모두 마음챙김 기술을 익힐 수 있다. 즉, 마음챙김 교육은 특별한 요구가 있는 사람을 위해서만이 아니라 보편적인 예방으로서 유용할 수 있다. 마음챙김 교육이 청소년을 위한 특별 프로그램이라는 것은 오해이다. 실제로 L2B는 표준적인 학교 교육과정에 보편적으로 적용할 수 있게끔 설계되었다. 마음챙김 교육은 일반적인 사회정서적 기술을 발달시키기 위한 교육과정에 포함될 수 있다(사회정서학습[SEL]에 관해서는 346쪽 참조).

이 책에서 '교사'는 교실에서 사회정서학습 프로그램을 적용하는 교사나 상담교사, 학교 심리학자, 사회복지사와 같은 학교 관련 전문가나 집단치료사와 같은 사람들을 가리킨다. 임상의라면 이 책이 제공하는 구조, 언어, 연습을 환자 개인의 요구에 맞게 바꾸어 활용할 수 있다.

우리는 마음챙김을 개념적으로 정의할 수 있다. 그러나 단순히 머리로만 마음챙김을 이해할 수 없다. 마음챙김에 대한 이해는 경험을 포함해야 한다. 존 카밧진은 《마음챙김 명상과 자기치유Full Catastrophe Living》(1990)에서 이를 먹는 것에 비유했다. 음식을 이해하기 위해 당신 대신 다른 사람에게 음식을 먹으라는 것은 말도 안 된다. 즐거움과 영양을 모두 얻으려면 당신이 직접 먹어야 한다. 마찬가지로, 마음챙김을 통해 무언가를 얻으려면 마음챙김을 직접 경험해야 한다. 여느 교육과정과 마찬가지로 L2B도 교수법을 안내하지만, 이러한 안내는 결국 교사가 직접 마음챙김을 익히고 활용할 때에만 유용하다.

자신의 생각, 감정, 신체적 감각 등 경험에 호기심과 자비심을 갖고 바라보기 시작할 때, 우리는 어떤 생각의 습관이 더 큰 행복을 이끌고, 더 큰 고통을 야기하는지 깨닫게 된다. 슬프거나 불안할 때 우리의 몸과 마음에서 무슨 일이 일어나는가? 기쁜 감정이 들 때는 언제인가?

마음챙김을 통해 우리는 습관적인 행동과 과잉 반응이 어떤 부정적인 결과를 초래하는지 알 수 있다. 자신을 동정하는 것은 나에게 어떤 영향을 미치는가? 어떤 때 거절에 대한 두려움이 건강한 도전정신을 방해하는가? 나를 늘 따라다니는 걱정은 무엇이며, 나의 신체에 어떤 영향을 주는가? 언제 나는 내 주장을 독선적으로 관철하려 하는가?

마음챙김을 통한 알아차림은 다른 사람과의 상호작용에도 영향을 미친다. 언제 나의 독선적인 성향이 다른 사람에게 해를 끼치는가? 내가 어떻게 말할 때 사랑하는 사람이나 학생이 상처를 입는가? 나의 어떤 말이 다른 사람의 긴장을 풀고 마음을 열게 하는 데 도움을 주는가?

마음챙김을 통해 우리는 자신이 정신적으로 건강한 일상을 보내고 있는지 여부를 점차 분명하게 인식하게 된다. 또한 약간의 마음챙김만으로도 자신이 더 건강한 마음의 습관을 지닐 수 있다는 점을 깨닫게 된다.

비이성적인 생각에 집착하고, 불평투성이며, 자기 비하와 자기중심성을 나타내는 것은 우리 인간에게 내재된 경향이다. 우리는 이런 감정들을 자연스럽게 받아들임으로써 자기 비난을 멈출 수 있다. 만약 스스로가 지닌 사고와 감정의 함정을 알아차리고 여기에 더 이상 사로잡히지 않는다면, 우리는 조금 더 행복해질 수 있다. 이것이 바로 마음챙김을 익혀야 하는 이유이다.

## L2B 교사에게 필요한 것들 ──────────

그렇다면 이 프로그램을 가르칠 교사는 학생이 마음챙김을 통한 알아차림과 사회정서적 기술을 배우게끔 돕기 위해 무엇을 해야 하는가? 우선 기본적인 마음챙김 연습이 필요하다. 가장 좋은 방법은 마음챙김 기반 스트레스 감소mindfulness-based stress reduction(MBSR) 과정이나 다른 마음챙김 기반 프로그램에 참여하는 것이다. MBSR은 다양한 마음챙김 기법과 교실 토론 및 과제를 바탕으로 연습하는 8주간의 집단 프로그램이다(Kabat-Zinn, 2013). 명상과 관련한 다른 연수나 프로그램에 참여하는 것도 마음챙김을 가르치기 위한 기초를 배울 수 있다. 최근에 마음챙김은 더 많이 알려져 있으며, 마음챙김을 배울 수 있는 워크숍과 같은 프로그램들도 많아지고 있다. 많은 학교들이 마음챙김과 관련하여 전문성을 가질 수 있는 기회를 제공한다.

둘째, L2B를 가르치는 사람은 마음챙김을 비롯한 명상 연습을 지속적이고 정기적으로 해야 한다. 교사는 학생뿐만 아니라 교사 자신도 내면의 힘을 기르기 위해 '연습 중'이라는 사실을 학생들에게 전달해야 한다. 교사가 자기 내면을 다스리지 못하는데, 아이들 앞에서 마음챙김을 어떻게 하는지 보여주는 것은 어려울 것이다. 예를 들어 평상시 조용히 하는 것을 불편해하는 교사는 교실에서도 조용히 하기 어렵다. 마음챙김 연습에 대한 개인적인 경험이 없다면, 마음챙김에 관한 학생들의 질문에 대답하기도 어려울 것이다. 또한 마음챙김의 기초가 되는 태도, 즉 판단하지 않기, 인내하기, 시작할 때의 마음 유지하기, 신뢰하기, 애쓰지 않기, 수용하기, 내버려두기 등은 지속적인 연습을 통해 길러진다(Kabat-Zinn, 2013).

셋째, L2B 교사는 아동과 청소년을 가르치는 데 필요한 자격이 있어야 하며 적절한 훈련을 받아야 한다. 이러한 전문가에는 학교 교사, 상담사, 심리학자, 사회복지사, 보건 전문가 및 자신의 직무에 대해 적절한 자격을 갖춘 사람들이 포함될 수 있다. 이러한 자격이 필요한 이유는 L2B가 청소년 발달과 교수법에 관해 어느 정도 전문성이 필요한 프로그램이기 때문이다. 집단토론과 교실 운영, 교실이나 집단 조직의 구성, 지원 환경의 구축, 사회정서적 문제에 대한 세심한 관리, 발달 요구와 과제에 관한 이해와 같은 문제 다루기를 할 수 있는 전문성은 프로그램의 성공을 좌우하는 주요인이다. 나아가, 교사는 특히 트라우마를 경험한 학생이 언제 집중적인 지원이 필요한지 인지할 수 있도록 충분히 연습해야 하며, 적절하게 대처하기 위해 트라우마에 관한 지식을 알고 있어야 한다(322쪽 참조).

넷째, 프로그램을 충실하게 구현하고자 한다면 L2B를 적용하는 방식에 신경 써야 한다. 이는 L2B의 교육 요소를 제거하거나 새로운 것을 추가하지 않고 본래의 방향과 취지, 구조를 유지해야 한다는 것을 뜻한다. L2B를 처음 실시하는 교사라면 이 책에 상세하게 서술된 스크립트대로 지도하는 것이 좋다. 하지만, 경험 많은 교사라면 엄격하게 스크립트를 적용하기보다는 프로그램의 본질과 순서를 충실하게 전달하는 선에서 자유롭게 활용할 수 있다. 마음챙김 기반 프로그램의 교사 훈련과 관련된 연구 성과들을 알기를 바랄 것이다(예를 들어, Crane, 2017; Crane, Kuyken, Hastings, Rothwell, &

Williams, 2010 참조). L2B 교육에 대한 추가적인 정보는 〈이 책의 활용을 위한 안내〉(37쪽)에 안내되어 있다. 이러한 안내에는 L2B의 교육 내용과 과정 지향적인 요소들이 충실하게 반영되어 있다(Broderick et al., 2019 참조).

마음챙김은 순간순간의 경험을 통해 연습된다. 그 순간이 무엇을 의미하든 우리 각자는 매번 새로운 순간을 시작한다. 가능한 한 충분히 현재에 집중하려는 의도를 갖고, 내게 이런 의도가 있다는 것을 명심하는 것이 중요하다. 과정 자체에 대한 호기심을 바탕으로 모든 가능성을 열어둔 채, 완벽을 기대하지 않고 자신을 있는 그대로 받아들이는 것도 중요하다. 결국, 교실에서의 매일 매 순간은 여러분이 어디에 있든 그곳에서 무슨 일이 일어나든 아이들과 함께 마음챙김을 시작할 수 있는 기회이다.

# L2B의 기초

L2B는 삶의 기술을 연습하는 데 필요한 기초적인 지식, 도구, 활동을 제공하는 프로그램이다. 삶의 기술은 현재에 집중하고, 감정을 조절하며, 자비심을 지니고, 스트레스를 줄이며, 문제를 해결할 수 있는 기술을 뜻한다. L2B를 통해 학생은 감정의 본질을 이해함으로써 더 신중하게 행동하며, 생각의 본질을 파악하고, 자신과 타인에게 해로운 감정을 통제함으로써 건전하게 사고하며, 신체적 감각을 잘 알아차림으로써 건강을 지키고 행복하게 사는 법을 배운다. '알아차림'과 '연민'의 능력을 발달시킴으로써 일상생활에서 마음챙김을 잘할 수 있도록 돕는 것, 그것이 L2B의 최종 목표이다.

## 이론적·발달적 기초

L2B는 연구자, 교사, 임상치료사가 일하는 분야의 축적된 개념적·경험적 성과에 토대를 둔다. L2B 주제는 카밧진(2013)이 개발한 MBSR(마음챙김 기반 스트레스 감소 프로그램)을 기초로, 학생에게 적용할 수 있도록 학교 교육과정에 맞춰 구성한 것이다. L2B는 마음챙김에 기초한 삶의 기술을 발달적으로 적절하고 활동적인 형태로 접하게끔 하였다. 이를 통해 학생들은 청소년기와 성인기의 심리적 과제를 해결하기 위한 역량을 강화할 수 있는 방법을 익힐 수 있다. 'BREATHE'의 마지막 E는 프로그램의 주요 목표, 즉 '역량 강화

또는 내면의 힘 획득(Empowerment 또는 gaining an inner Edge)'을 나타낸다.

한편, L2B는 사회정서역량을 발달시킬 수 있는 방법도 제공한다. L2B는 사회정서학습의 두 가지 주요 영역을 명시적으로 다룬다(Durlak, Weissberg, Dymnicki, Taylor, & Schellinger, 2011 참조). 그것은 자기 인식(자신의 강점과 한계뿐 아니라 감정과 가치를 인식하는 것)과 자기 관리(목표를 달성하기 위해 감정과 행동을 관리하는 것) 영역이다. 그런데 L2B는 균형, 알아차림, 자비심에 근본적인 초점을 두기 때문에, 사회정서학습의 또 다른 목표인 '사회적 인식'과 '책임 있는 의사 결정', '관계 기술'과 같은 역량의 향상에도 도움을 줄 수 있다 (Broderick, 2019 참조).

L2B는 발달에 관한 이론적 틀에 확고한 기반을 두고 있다. 다음은 L2B의 토대가 되는 청소년기 발달에 관한 연구 결과들이다(Broderick & Blewitt, 2019 참조).

- 인지 발달과 정서 발달은 떨어질 수 없는 관계이다. 둘은 상호 보완적이며 서로 영향을 미친다. 학교의 주요 목표인 학업 성취 향상은 학생의 정서적 건강에 달려 있다. 학업 성취 향상에 목표를 두지 않는 임상치료사도 정서적 기능과 인지적 기능이 서로 영향을 미친다는 사실을 알기 때문에, 청소년 환자가 학업에서 좋은 성취를 거두게끔 도우려 애쓴다. 청소년기의 자아 형성과 자율성 발달은 깊은 심리적 수준에서 이뤄진다. 청소년은 합리적이고 자율성이 부여된 환경에서 최선을 다한다. 이러한 환경은 학생의 역량 발달을 촉진하며 친구 관계를 발전시킨다. 자율성에 대한 청소년기의 요구는 때때로 반항으로 표출된다. 무관심, 권위에 대한 반감, 도전적인 행동들은 이러한 반항을 보여준다. 교사가 이와 같은 청소년기의 발달적 맥락을 이해하는 것은 역효과를 낳을 수 있는 강압적인 지도를 그치는 데 도움이 된다. L2B를 가르치는 교사는 자기 관리 역량 향상에 대한 학생의 요구에 응하고 그러한 역량을 발달시킬 수 있도록 지도해야 한다.

- 추상적인 것에 대한 추론 능력은 일반적으로 나이와 교육 수준에 따라 증가한다. 자기 성찰 능력이 증가함에 따라 청소년은 자신의 마음이 어떻게 작동하는지 배우고 성장한다. 어린 아동은 생각을 인식하고, 이해하며, 자신의 자질과 습관을 기억할 수 있는 인지 능력이 부족한 반면, 청소년은 그러한 능력을 점차 갖게 된다. 이에 따라 청소년은 적절한 프로그램을 통해 자신에게 도움이 되는 그리고 도움이 되지 않는 생각과 감정의 습관을 인식할 수 있는 기술을 익히고, 도움이 되지 않은 생각과 감정에 빠져 반응하는 습관을 수정할 수 있다.

- 청소년기는 감정에 잘 압도되며 혼돈스러운 시기이다. 건강한 감정 조절(감정을 이해하고 관리하는 것)은 성공적으로 학교생활을 하고 살아가는 데 매우 중요하다. 감정을 이해하고 관리하는 능력은 청소년기에 접어듦에 따라 자연스럽게 향상한다. 그렇다 해도 지금껏 학교는 이 분야를 가르치는 데 지나치게 관심이 없었다. 정서 조절 문제로 치료를 받는 경우도 많지만, 대부분의 청소년은 그럴 수 없는 상황에 놓여있다. 나아가 행동이나 정서에 전혀 문제가 없는 청소년도 건강한 마음 습관을 갖는 법을 배울 필요가 있다. 마음챙김은 건강한 발달의 기초가 되는 보호 요인이 될 수 있으며, 기초적인 사회정서적 기술인 감정 조절 기술을 가르치는 데 매우 적절하다(MLERN, 2012 참조).

- 오늘날 스트레스는 아동과 청소년에게 흔한 문제이다. 청소년의 뇌에 나타나는 구조적·기능적 변화는 청소년을 지속적인 스트레스 관련 변화에 취약하게 만드는 특징이 있다. 또한 청소년기의 뇌 발달은 청소년기를 스트레스에 민감한 독특한 시기로 만든다. 불안, 우울증, 중독, 섭식장애를 비롯한 주요 신체적·정신적 질병은 청소년기에 발병하는 경우가 많다. 중요한 것은 이 기간이 건강한 발달을 지원하는 성인의 개입을 수용할 수 있는 잠재력이 풍부한 시기라는 점이다.

- 청소년은 사회적 순응에 대한 거부감이 크고, 사회적 비교에 매우 민감하게 반응한다. 따라서 자기 내면의 취약한 부분을 다른 친구들 앞에서 공

개하라고 하면 역효과를 낳을 수 있다. 반면 구체적인 내용을 공개하지 않는 선에서 '걱정스러웠던' 일이나 스트레스 경험을 일반화할 기회를 주는 것은 또래와의 소통 속에서 자신을 발견하게끔 도울 수 있다.

• 아동과 청소년은 적극적으로 참여할 때 새로운 정보와 행동을 학습한다. 연습을 통해 배우는 프로그램이 효과적인 것은 이러한 이유 때문이다. 학생은 연습을 통해 여러 상황에서 배운 것을 일반화하고 실천하려는 동기를 지닐 수 있다.

## 연구 기초

L2B는 개발 단계 때부터 효과성 검증을 중요하게 고려하였다. 그 결과 효과성 검증과 관련한 연구들이 다수 발표되었으며, 이러한 연구는 현재도 진행 중이다. '책무성accountability의 시대'라고 부를 수 있는 오늘날, 무언가가 타당하고 믿을 만하다고 주장하려면 그것이 어떤 연구 절차를 거쳤는지 제시할 수 있어야 한다. 종종 우리는 개인적인 경험이나 선호에 근거해서 어떤 실행이나 개입이 효과적이라고 믿는다. 그러나 과학적 관점에서 개인적인 경험이나 선호는 타당성을 제시하기 위한 충분한 증거가 될 수 없다. 반면 과학은 효과를 조사하고 검증할 수 있는 형식적인 방법을 제공한다. 과학적 절차는 신뢰할 만한 발견을 가능하게 하는 일종의 안전장치를 포함한다. 이러한 안전장치는 다른 방법보다 정밀하고 편견이 없으며 엄격하다. 의사를 비롯한 전문가들은 의학에서 도출된 과학적 데이터에 근거해 결정을 내림으로써 '유해한' 결과를 사전에 예방한다. 교사는 최선의 증거를 바탕으로 설계된 프로그램을 활용함으로써 시간과 자원을 효율적으로 소비해야 한다.

과학적 방법의 핵심은 다른 사람이 자신의 방법과 결과를 공유한다는 가정에 자리한다. 이런 가정을 바탕으로 연구자는 다른 연구자가 자신의 연구를 검토하고 실험하며 개선할 수 있게끔 한다. 본질적으로, 이러한 과정은 많은 사람이 더 많은 지식을 얻고, 개인적인 편견을 줄이며, 증거 기반 연구를 위해 협력하는 집단적인 과정이다. 궁극적으로 과학적 방법은 연구 결과를 일반적인 지식으로 공유함으로써 사회 전체에 기여하는 것을 목표로 삼는다. 과학 연구는 해당 분야 전문가들의 엄격한 평가 후에 발표되는데, 이 과정을 동료 심사라고 한다. 연구 윤리에 기초한 이러한 과정은 가능한 한 편향이 없는 논리적인 증거를 제시해야 하며, 잘 확립된 과학적 방법과 같은 일종의 안전장치들을 활용해야 한다. 교사나 학생의 추천은 어떤 마음챙김 프로그램이 효과적이라는 증거라고 판단하기에는 충분하지 않다. 별로라고 생각하는 사람의 의견이 프로그램 추천사에 포함될 리 없다. 근거와 책무성을 중요하게 여긴다면 동료 심사를 거친 연구에 근거한 프로그램인지를 확인해야 한다.

다음 표는 L2B 프로그램과 관련된 최근 연구들을 정리한 것이다. 이 연구들은 모두 동료 심사를 통과했고, 효과성을 검증하기 위한 통제집단을 설정하였으며, 저명한 학술지에 발표되었다.

| 대상 | 증가 요소 | 감소 요소 |
|---|---|---|
| 펜실베이니아주 소재 사립 고등학교<br>(Broderick & Metz, 2009) | 차분함<br>자기 수용 | 피곤함<br>통증 |
| 펜실베이니아주 소재 공립 고등학교<br>(Metz et al., 2013) | 자기효용감<br>감정 조절 | 스트레스 지각<br>신체 증상 장애somatic symptoms |
| 켄터키주 소재 대안 고등학교<br>(Bluth et al., 2016) | 마음챙김 프로그램에 대한 신뢰도 | 우울<br>근심 |
| 캘리포니아주 소재 공립 고등학교<br>(Fung et al., 2016) | | 문제 행동<br>내면화 문제<br>감정적 억압[*] |

| 대상 | 증가 요소 | 감소 요소 |
|---|---|---|
| 펜실베이니아주 소재 대학교<br>(Dvorakova et al., 2017) | 삶에 대한 만족도<br>수면의 질 | 근심<br>우울<br>과음 횟수<br>음주량 |
| 워싱턴주 소재 대안학교 17~20세<br>남학생(Eva & Thayer, 2017) | 자존감, 감정 조절,<br>주의 집중[**] | 지각된 스트레스 |
| 콜로라도주 거주 우울증과<br>당뇨가 있는 12~17세 여성<br>(Shomaker et al., 2017) | 인지행동치료(CBT)와<br>L2B 프로그램에 대한 수용 정도 | 인슐린<br>저항성[***] |
| 펜실베이니아 대학 예비 교사<br>(Kerr et al., 2017) | 감정 인식<br>부정적인 감정 조절 | 우울감 |
| 캘리포니아주 거주 조증이 있는<br>라틴계·아시아계 9학년 학생<br>(Fung et al., 2019) | | 지각된 스트레스<br>내면화 증상<br>반추 습관<br>회피 증상<br>표현 억제 |
| 펜실베이니아주 거주 고등학생<br>(Levitan et al., 2018) | 학생이 지각하는 변화 | |
| 펜실베이니아주 거주 대학생<br>(Mahfouz et al., 2018) | 조직능력<br>시간 관리<br>건강<br>감정 인식<br>관계<br>자기 자비self-compassion | |

- 문제 행동은 부모 관찰을 통해, 내면화된 문제와 감정적 억압은 자기 보고를 통해 수집, 3개월간 추적 조사.
- [**] 자존감, 감정 조절, 주의집중 정도가 증가한 학생의 경우 프로그램에 대한 수용도도 증가.
- [***] 사후 검사와 추적 조사 결과 CBT에 비하여 인슐린 저항성이 큰 폭으로 감소.

| 대상 | 증가 요소 | 감소 요소 |
|---|---|---|
| 뉴욕주에 거주하는 인종적으로 다양한 위기 고등학생 (Felver et al., 2019) | 회복탄력성[*] | |
| 콜로라도주 거주 당뇨병 여성 청소년에 관한 사례연구 (Dalager et al., 2018) | 마음챙김 능력 | 우울감 인슐린 저항성 코르티솔 각성 반응 과식 |
| 콜로라도주 인슐린 저항성이 높은 청소년에 대한 마음챙김 프로그램의 효과에 관한 무작위 대조 실험 (1년 추적)(Shomaker et al., 2019) | | 우울감 인슐린 저항성[**] |
| 메릴랜드주 기숙학교의 위기 여성 청소년(Rawlett et al., 2019) | 긍정적 영향[***] | |
| 미주리주 거주 대학생 (Tang et al., 2020) | 전반적인 심리 건강[****] | |
| 펜실베이니아주 거주 대학생 (Bai et al., 2020) | 가족 관련 스트레스 상황에서 정서 조절 실패 예방 정도[*****] | |
| 정규 보건 교육과정의 일부로 L2B에 참여한 펜실베이니아주 공립 고등학교 학생(Frank et al., 2021) | 선택적 주의와 주의 산만에 대한 저항력 개선[******] | |

[*] 통제집단의 학생이 시간이 흐름에 따라 회복탄력성이 떨어지는 것과 상대적으로 심리사회학적 회복탄력성이 안정적으로 향상됨.

[**] 1년 후, CBT 프로그램 참가자에 비해 우울감, 인슐린 저항성 모두 많이 감소.

[***] 마음챙김과 토론(집중)을 수행한 두 취약 집단 모두에 대해 무작위 대조 실험을 한 결과 긍정적 영향을 보고함. 마음챙김의 효과를 나타냄.

[****] 마음챙김 과목을 선택한 1학년 학생들의 전반적 심리 건강이 향상, 작지만 다양한 인지 변화를 보고함.

[*****] 대학 1학년생을 대상으로 한 생태적인 순간평가(Ecological momentary assessment) 결과, 가족과 관련하여 갑자기 발생한 스트레스 상황에서 정서 조절 실패를 예방함. 업무나 학교 스트레스에 관한 갑작스러운 반응에는 효과가 없었음.

[******] 컴퓨터를 통한 측정에서는 통제집단에 비해 큰 선택적 주의와 주의 산만에 대한 저항력 개선을 보고했지만, 자기 보고식 측정에서는 변화가 나타나지 않음.

# 이 책의 활용을 위한 안내

L2B 프로그램의 대상은 초등학교 고학년부터 대학생까지다. 이번 개정판은 기본 여섯 가지 주제에 관해 매우 자세한 설명을 실었다. 여섯 가지 주제는 학생 연령이나 환경에 관계없이 활용할 수 있도록 구성되었다. 확장 버전은 18차시 또는 12차시 프로그램으로 활용 가능하며 기본 버전보다 단순하게 구성돼 있다. 확장 버전은 기본 버전과 동일한 구조와 교육과정으로 구성되어 있지만, 활동 시간이 상대적으로 짧은 여러 추가적인 연습 활동들을 제공한다.

## 버전 선택 방법

그렇다면 어떤 버전을 선택하는 것이 좋을까? 교육과정은 유연하게 구성할 수 있으며, 활용 가능한 시간과 참여자의 특성을 고려하여 결정할 수 있다. 고등학생과 대학생이 대상이라면 기본 버전이 적합하다. 반면, 어린 학생이 대상이라면, 더 짧게 더 자주 실시하는 것이 적절하기 때문에 확장 버전이 더 나은 선택이 될 수 있다. 즉, 교육과정은 학생의 연령뿐 아니라 성숙한 정도, 학교의 요구, 그리고 수업 가능 시간을 고려해서 선택해야 한다. 어떤 버전을 활용하든지 간에 중요한 것은 여섯 가지 주제 즉, BREATHE(마지막 E는 프로그램의 주요 목표를 뜻한다.)를 순서대로 하나씩 실시하는 것이다. 이는 프로그램을 충실하게 구현하는 데에 필수적이기 때문이다. 특히 건너뛰거나 관련 없는 주제를 추가하거나 순서를 변경하지 않아야 한다. 마지막으로, 모든 과정에서 학생들이 L2B 기술들을 연습하고 일상생활에 적용하게끔 해야 한다. 연습을 이끄는 방법에 관한 자세한 내용은 이 장의 뒷부분과 〈그밖의 마음챙김 활동〉(287쪽)에서 살펴볼 것이다.

중학교 3학년부터 고등학생을 대상으로 하는 경우에는 45분씩 구성된 기본 버전이 적절하다. 한 주에는 한 차시만 진행하는 것이 좋다. 그래야 학생이 새롭게 배운 L2B 기술을 일상생활에서 연습할 수 있기 때문이다. 학교 사정으로 수업 시간이 단축될 경우에 활동이나 토론은 줄여도 되지만, 각 차시별 주요 마음챙김 연습 시간은 확보하는 것이 좋다. 차시별 주요 마음챙김 연습은 수업 내용을 토대로 실시되어야 하기 때문이다. 더 많은 활동과 연습은 수업 시간에 여유가 생길 때 실시하면 된다. 마지막으로, 최상의 효과를 거두고 싶다면, 수업 이외의 시간에 매일 짧은 마음챙김 연습을 진행하길 바란다. 이를 위한 연습 활동은 〈그 밖의 마음챙김 활동〉에서 안내할 것이다. 이 연습은 전문 강사가 아닌 교사나 심지어 학생이 이끌 수 있을 정도로 간단하다.

더 어린 학생들이 대상인 경우에는 짧은 수업을 자주 실시하는 것이 적절하다. 예를 들어, 18차시라면 15분 수업을 일주일에 1~3회 실시할 수 있다. 시간만 허락된다면, 고등학교나 대학생을 대상으로도 확장 버전을 실시할 수 있다. 12차시를 선택한다면, 한 주 동안 한 차시(45분)를 실시하고, 연습, 토론, 복습 활동을 필요에 따라 추가하면 된다. 교사는 학생의 요구를 가장 잘 판단하며, 반복적인 연습은 마음챙김을 가르칠 수 있는 가장 효과적인 방법이다. 임상치료사 또한 환자의 요구에 따라 적절하게 활용할 수 있다.

# 범위와 계열 ─────────────────

L2B의 여섯 가지 주제들은 'BREATHE'라는 글자 순서를 따른다. 다만 마지막 E는 프로그램의 목표를 나타내는 것으로 교육 내용을 담고 있지 않다.

| 주제 | 의미 |
|------|------|
| B | 몸Body |
| R | 성찰 또는 생각Reflection/Thoughts |
| E | 정서(감정)Emotions |
| A | 주의집중Attention |
| T | 친절(다정함)Tenderness 또는<br>있는 그대로 수용하기Take it as it is |
| H | 건강한 마음의 습관Habits for a healthy mind |
| E | 역량 강화(내면의 힘)Empowerment 또는 내면의 힘 획득gaining an inner Edge<br>– 프로그램 전체 목표 |

L2B 프로그램의 마무리 단계로 학생들은 타인에게 마음챙김을 가르쳐주는 봉사활동에 참여할 수 있다. 이 경우 마지막 E는 '확장'(Extend)을 뜻한다. 이러한 봉사활동에는 '마음챙김 멘토되기' 또는 '우리 반 아침 마음챙김 연습 이끌기', '학교나 지역사회를 위한 봉사(자비) 프로젝트 참여하기'가 포함될 수 있다.

여섯 가지 주제는 각각 한 개 이상의 마음챙김 연습과 연관된 주제들을 담고 있다. 다음 표는 이를 요약한 것으로, L2B 프로그램의 이론적 근거와 범위를 보여준다.

| L2B 주제 | 주요 주제 | 주요 연습 |
|---|---|---|
| B<br>Body | 내 몸에 귀 기울여봐!<br>– 마음챙김이란 무엇일까? 마음챙김의 핵심은 현재 순간의 경험 또는 관심에 대해 알아차리는 것이다. | – 마음챙김하며 듣기/먹기<br>– 호흡 알아차리기<br>– 바디 스캔<br>– 연결감 지니기 |
| R<br>Reflections<br>(Thoughts) | 생각은 생각일 뿐이야!<br>– 사물을 어떻게 보느냐에 따라 반응이 결정된다. 우리는 사려 깊게 생각을 다룰 수 있으며 모든 생각을 믿을 필요는 없다. | – 마음챙김하며 생각하기<br>– 연결감 지니기 |
| E<br>Emotions | 감정의 파도를 타보자!<br>– 감정에 이름을 붙이고, 숨기고 있는 불쾌한 감정을 인식하면서, 모든 감정을 경험해 보자. | – 마음챙김하며 감정 관찰하기<br>– 연결감 지니기 |
| A<br>Attention | 스트레스를 다루려면 몸, 생각, 감정에 주의를 기울여야 해!<br>– 스트레스에 대해 알고, 주의를 기울이면 스트레스를 예방할 수 있다. | – 마음챙김하며 움직이기<br>– 연결감 지니기 |
| T<br>Tenderness<br>/<br>Take it as it is | 나와 다른 사람을 친절하게 대하자!<br>– 연습을 통해 뇌를 변화시킬 수 있다. 나는 불친절한가 친절한가? 자신과 타인을 자비의 자세로 대하면 건강한 마음 습관을 기를 수 있다. | – 친절하기<br>– 감사하기<br>– 연결감 지니기 |
| H<br>Healthy<br>mind<br>habits | 건강한 마음의 습관이 필요해!<br>– 우리는 일상생활에서 꾸준히 마음챙김을 실천할 수 있다. 내면과 외부에 집중함으로써 '내면의 힘'을 기를 수 있다. | – 마음챙김하며 듣고 말하기 |
| E<br>Empowerment | 내면의 힘을 길러보자!<br>– 마음챙김하며 알아차리기와 자비의 마음가짐을 실천으로 옮겨보자. | |

## 온라인 자료

이 책에 포함된 온라인 자료는 http://www.newharbinger.com/46714에서 내려받을 수 있다. 활동지와 포스터 등 보충 자료들이 제공된다. L2B 프로그램을 통해 효과를 거두기 위해서는 수업용 활동지를 꼭 활용해야 한다. 각 주제마다 활동 소감이나 일기를 쓸 수 있는 활동지와 기본적인 마음챙김 연습에 관한 읽기 자료가 담긴 활동지가 실려있다. 교사는 차시를 시작하거나 마칠 때 활동지를 활용하여 마음챙김 일지를 쓰게 할 수 있다. 학생은 활동지에 자신의 경험을 적거나 그림으로 표현할 수 있으며, 질문을 메모할 수도 있다. 각 주제의 주요 내용을 요약한 한 쪽짜리 '삶과 연계하기' 활동지는 배운 내용을 기억하는 데 도움을 주기 위한 것이다.

또한, 이번 개정판은 'BREATHE 포스터'도 제공한다. 포스터에는 머릿글자와 함께 해당 차시의 핵심 메시지가 담겨 있다.(한국어판에서 해당 차시가 시작되는 부분에 포스터로 활용할 수 있도록 본문에 담았다.—옮긴이) L2B 프로그램을 시작할 때, 교사는 B와 E를 소개하면서 해당 포스터들을 벽이나 게시판에 붙인다. 새로운 주제를 소개할 때마다 새로운 글자를 포스터에 추가한다. 포스터는 지난 차시의 메시지를 강화하기 위해 교실에 게시하는 것이 효과적이다. 또한 프로그램이 끝날 때 교사는 참여 학생들에게 L2B의 주요 메시지가 담긴 작은 카드를 선물할 수 있다. 각 BREATHE 포스터와 각 글자에 관한 지갑용 카드는 온라인 자료실에서 다운로드하면 된다.

## 단원 구성

모든 단원은 '내용, 활동, 마음챙김 연습'을 포함한 단순한 구조로 구성되었다. 따라서 학생은 일관된 흐름 속에서 규칙적으로 학습할 수 있다. 각 차시는 길이에 관계없이 다음 세 가지 요소로 구성된다.


- **도입** 짧은 마음챙김 연습, 지난 차시 상기, 주제에 대한 소개
- **전개** 주제에 대한 이해를 돕는 활동 및 토론
- **마무리** 핵심 마음챙김 연습, '연결감 지니기' 연습(자애 명상)


다음은 활동 아이콘에 대한 설명이다.


| 아이콘 | 의미 |
|---|---|
| > | 마음챙김 연습을 안내하는 교사 스크립트이다. |
| ⊙ | 잠시 멈추고 학생 응답을 기다린다. |
| ☑ | 지도 시 유의점으로 중요한 부분을 가르치는 데 도움이 되는 실용적인 지침이 담겨 있다. |
| 𝒫 | 벽이나 게시판에 해당 포스터를 붙인다. |
| ☝ | 트라우마 이해 훈련은 심각한 트라우마가 있는 학생을 위한 지도 팁이다. |
| \| 준비물 \| | 해당 연습에 필요한 물품을 제시한다. |
| 연습과 활동 | 각 수업은 연습과 활동으로 구성된다. 모든 연습과 활동은 마음챙김에 대한 학생들의 이해를 돕고 마음챙김이 자신의 삶에서 긍정적인 역할을 할 수 있도록 연결되어 있다. 핵심 활동에 관한 진술과 질문들은 학생이 마음챙김을 잘 이해할 수 있도록 중요한 역할을 한다. |
| 핵심 연습 | 주제별 핵심 마음챙김 연습이다. |
| 연결감 느끼기 | 자비심 연습에 해당한다. |

## L2B의 교육학적 접근 ——————————————————

교사들은 매뉴얼화된 교육과정을 적용하는 데 친숙하다. 어떤 교사는 L2B
의 구조화된 안내를 높이 평가하는 반면, 어떤 교사는 마음챙김 교육과정
자체에 회의적이다. 우리는 호의적인 시선과 회의적인 시선 모두를 이해한
다. 상세한 교육과정은 유용할 때가 있다. 예를 들어, 연구자는 프로그램의
효과를 평가하기 위해 수행이 실제적으로 어떻게 이뤄지는지 명확히 이해
하고자 한다. 이런 경우 매우 상세한 매뉴얼이 연구자에게 유용할 수 있다.
효과 면에서 볼 때, 연구들은 경험적 증거를 가진 매뉴얼화된 프로그램이
다른 형태의 프로그램보다 낫다는 것을 보여준다(Weisz, Jensen-Doss, &
Hawley, 2006). 하지만 교사 중에는 매뉴얼화된 프로그램에 거부감을 느끼
는 사람도 있다. 이런 교사는 이 프로그램을 '매뉴얼'이 아닌 '안내서'로 여기
는 것이 좋다. 우리는 상세한 내용을 제공함으로써 학생들이 호흡에 집중할
수 있는 기회를 갖고 학교에서 벌어지는 일에 대해 마음챙김을 할 수 있기
를 바란다. 마음챙김의 첫 번째이자 가장 중요한 원칙은 어떤 일이 벌어지
든 간에 이를 다룬다는 것이다. 교사는 실제로 수업을 하면서 자기만의 적
절한 프로그램 사용법을 찾게 될 것이다.

하지만 L2B를 처음 시작할 때는 매뉴얼과 스크립트를 따르는 것이 중요하
다. 즉, 프로그램을 충실하게 구현하는 것이 매우 중요하다. 이를 위해서는
두 가지 사항에 유의해야 한다. 첫째는 충실하게 내용을 전달하는 것이다(프
로그램 준수). 둘째는 교육 방법(프로그램의 질)과 관련된 것이다. L2B가 성과
를 거두기 위해서는 이 프로그램의 의도를 충실하게 구현하는 것이 중요하
다. 교사가 프로그램을 충실하게 실행하지 않으면, 연구를 통해 검증된 프로
그램의 효과는 나타나기 힘들다. L2B 온라인 자료실의 'L2B 실행 체크리스
트'(http://www.newharbinger.com/46714)는 프로그램을 충실하게 구현하고
있는지를 확인하는 데 도움이 될 것이다. '교육 관찰 척도를 활용한 마음챙

김 교육(Teaching Mindfulness in Education Observation Scale, TMEOS)'도 L2B 프로그램의 충실한 구현과 효과적인 적용 방법을 이해하는 데 도움이 될 것이다(Broderick et al., 2019도 참조).

L2B 프로그램의 효과는 정보, 이해, 기술이 축적되고 시너지를 내면서 증가한다. 일반적인 교수·학습 방법이 직접적인 설명을 통해 원리를 가르치지만, L2B가 근거하는 교수·학습 방법은 안내를 통해 학생들이 원리를 발견하도록 돕는다. 귀납적인 설명(관찰된 개별적인 사례들을 근거로 일반적인 결론을 이끌어내는 설명 방식—옮긴이)은 탐구와 경험에 바탕을 둔 학습을 촉진하는 가장 좋은 방법이다. 또한 명시적 연계는 학생들의 이해를 돕는 스캐폴딩이 될 수 있다. 이러한 명시적 연계에는 '학생들이 현재 일상생활에서 겪고 있는 사례 활용하기, 자신과 세상의 관계 알아차리기, 마음챙김의 주요 개념과 연습을 실제 삶에 적용하기'가 포함된다. 명심할 것은, 교사의 마음챙김 연습이 L2B를 효과적으로 가르치기 위한 가장 최고의 자원이라는 점이다.

교사는 카밧진(2013)이 말하는 '호기심과 판단하지 않는 자세'를 지닌 모델이 되어야 한다. 왜냐하면 마음챙김은 하향식, 즉 내용 중심 교육(지식 교육)이 아니라, 인식능력을 향상시키는 방식(호기심 교육)으로 교수·학습 방법을 바꿀 것을 요구하기 때문이다. 이러한 교수·학습 방법의 특징은 학생이 질문(자신의 감정, 감각, 사고 패턴을 인식하고 탐구하기 위한 질문)을 통해 현재 자신의 경험을 인식하고, 인식의 초점을 유지하게 하는 것이다. 마음챙김 수업을 하는 교사는 인내심을 보여주는 모델로서 학생들이 마음챙김을 통한 알아차림을 배우게 해야 하기 때문에 다른 수업과 달리 말을 많이 할 필요가 없다. 학생들이 어떻게 반응할지 불확실하며, 호응하지 않는 불쾌한 경험을 할 수 있지만, 교사는 이러한 경험조차 기꺼이 받아들일 수 있어야 한다. '교육 관찰 척도를 활용한 마음챙김 교육(TMEOS)'은 이를 위한 요소들로 구성되어 있다.

L2B 프로그램에서 교사는 청소년을 상대하기 때문에 더 개방적이고 유연한 태도를 지녀야 한다. 마음챙김 기술은 모든 일에 대해 자신의 경험을 분명하게 인식하고 훌륭하게 다룰 수 있게끔 돕는다. 어떤 청소년은 마음챙김에 대해 회의적이거나 양면적인 태도를 나타내고, 새로운 방식에 불편함을 드러내기도 한다. 그러므로 교사는 수업 전에 심리적으로 안전함을 느낄 수 있는 공간을 마련하고 유지할 수 있도록 준비해야 한다. 이러한 준비는 교사가 마음챙김에 진심이라는 사실을 학생에게 전달한다. 실제 사례를 보면, 학생들은 (다른 학생의 참여를 존중하는 한에서) 교실 뒤나 다른 곳에 편하게 앉아도 되며 참여하지 않아도 된다는 말을 들었을 때 자발적으로 참여했다. 계속해서 참여를 거부하는 극소수 학생이 있을 수 있지만, 그런 학생도 두세 차시를 거친 다음에는 참여했다.

프로그램을 시작하기 전 이러한 준비는 학생을 알아가는 수단이 되기도 한다. 이미 대부분의 교사는 학생들과 긴밀한 관계를 형성하고 있지만, 처음 만나는 학생들과 프로그램을 시작하는 교사는 강한 저항에 부딪힐 수 있다. 그동안 축적된 연구들을 보면 청소년은 '친해지려는 섣부른 시도에 특별히 예민하게 반응'한다(Rosenthal, 1971, p. 361). 교사의 진정성은 아무리 강조해도 지나치지 않다. 교사는 사적인 부분을 들춰내거나 마음챙김을 강요하지 않고 학생들이 나타내는 다양한 불안 징후를 차분하게 다룰 줄 알아야 한다. 안전하고 학생을 배려하는 환경 조성만큼이나 지침을 세우는 일도 중요하다. 학생은 안전하고 자신을 배려하는 학교를 친숙하게 느끼며, 학습 분위기를 조성하기 위해 지침이 필요하다(Weinstein, 2007). 학생들이 직접 지침을 세우게 할 수 있다. 놀랍게도 학생들은 스스로 지침을 만들 때, 상호 존중이나 협력과 같은 안전한 환경의 핵심 가치들을 명확하게 표현하는 경우가 많다. 프로그램을 시작할 때 학생들과 함께 중요한 지침을 논의하고 합의하는 것은 충분히 시간을 투자할 만한 가치가 있는 일이다.

# L2B 준비

미국에서 L2B는 보건, 영어, 수학, 과학, 사회적 기술, 음악 교과와 연계하여 실시된다. 또한 상담이나 특별활동, 캠프, 방과후 활동 또는 가정 및 치료 환경에도 적용 가능하다. 결국 L2B를 어떻게 활용할지는 교사의 선택에 달려 있다. L2B의 목표는 보건이나 상담과 같은 교육과정의 목표와 잘 연결된다. 또한 교육과정 내 성취 기준과 잘 부합하며 지역 교육청의 정책적인 교육목표와도 잘 연계될 수 있다. 하지만 일회적인 마음챙김 학습과 연습은 L2B의 취지에 어긋난다는 점에 유의한다. 마음챙김을 잘하기 위해서는 마음챙김이 삶에서 필수적인 것이 되어야 한다. L2B는 학생들이 마음챙김을 일상생활에서 창의적으로 적용할 수 있도록 구조적인 방법을 제공할 것이다.

조용하고 편안한 환경의 중요성은 아무리 강조해도 지나치지 않다. 부드러운 카펫이 깔려 있고 은은한 조명이 있는, 비교적 조용한 곳이 좋다. 학교에서 이런 공간을 찾기 어려울 수 있다. 그런 경우에는 강당이나 도서관 또는 카펫이 깔린 빈 교실을 이용하면 된다. 교실에서 수업을 진행하는 경우에는 프로그램을 진행할 수 있도록 교실 환경을 조성해야 한다. 가장 신경을 써야 하는 부분은 학생이 차분하게 몰입할 수 있는 공간을 마련하는 것이다. L2B 수업에서 학생은 바닥이나 방석, 요가 매트 위에 둥글게 앉는다. 교실에서 수업을 진행하는 경우에는 의자를 둥근 대형으로 놓을 수도 있다. 방석이 없더라도 딱딱한 맨바닥에는 그냥 앉게 하지 않는 것이 좋다. 불편함 때문에 마음챙김에 집중하기 어려울 수 있기 때문이다. 마음챙김을 연습하려면 요가 매트나 담요 위에 누울 수 있는 최소한의 공간이 있어야 한다. 가벼운 담요나 시트도 학생들이 편안하게 마음챙김을 연습하는 데 매우 유용하므로 꼭 준비하는 것이 좋다. 자료와 물리적 공간의 준비는 프로그램의 효과를 높이는 요인일 뿐 아니라 교사의 마음가짐과 수업의 실행에도 기여하므로 중요하다

## 집에서의 연습 독려하기

교사는 학생들이 수업 이외의 시간에도 마음챙김 연습을 이어갈 수 있게 해야 한다. 일상생활에서 마음챙김을 연습하는 것은 마음챙김의 효과를 높일 수 있는 가장 좋은 방법이기 때문이다. 그럼에도 보고에 따르면, 학생들은 교사의 바람과 달리 스스로 마음챙김을 연습하지 않는다. 청소년들이 연습을 열심히 하도록 촉진하는 요인이 무엇인지는 앞으로 더 많은 연구를 통해서 찾아야겠지만 성인에 관한 연구가 힌트가 될 수 있다(Beattie, Konttinen, Volanen, Knittle, & Hankonen, 2020). 이에 따르면 성실한 사람일수록 새롭고 유익한 생활 습관을 연습하는 경향이 있다. 자기효능감이 낮은 사람은 새로운 습관의 효과를 불신하기 때문에 연습하지 않는 경우가 많다. 문제는 이런 사람이야말로 마음챙김과 같은 연습을 통해 얻을 것이 훨씬 많다는 사실이다. 그러므로 마음챙김 연습을 독려할 수 있는 구체적인 요인에 관해 앞으로 더 많은 연구가 이뤄져야 할 것이다. 어떤 연구는 교육과정의 엄격한 적용이 스트레스와 불안을 조장함으로써 연습 동기를 감소시킬 수 있으므로, 개인에 따라서는 간헐적인 연습이 효과적일 수 있다고 제안한다(Clarke & Draper, 2020). 하지만 교사는 시간이 없어서, 깜빡해서, 또는 필요 없다고 생각해서 연습하지 않았다는 학생의 변명을 자주 듣는다.

이러한 연구 사례들은 새로운 습관을 형성하는 요인을 아는 것이 얼마나 중요한지 보여준다. 교사는 이러한 정보들을 토대로 학생들이 마음챙김이라는 새로운 습관을 갖도록 북돋을 수 있다. 우리가 제안하는 방법들은 다음과 같다. 계속 강조하지만, 먼저 학생들이 연습에 익숙해지고 자신감을 가질 수 있도록 실제로 연습해 보게끔 하는 것이 중요하다. 또한, 일상생활에서 마음챙김을 할 수 있게 해야 한다. 이때 주의할 것은 학생이 어렵게 느끼지 않도록 수업 시간에 배운 것만 연습하게 해야 한다는 것이다. 학생들이 연습 과제를 떠올릴 수 있게 예쁜 스티커를 주는 것도 유용할 수 있다(78쪽의

'집에서 연습하기 안내' 참조). 가능하면, 교실 밖에서 수업을 진행함으로써 학생들이 일상생활에서 연습을 떠올리게 하는 것이 좋다. 그것이 불가능하다면 조명이나 좌석 또는 위치를 통해 마음챙김 연습을 상기시킬 수도 있다. 나아가 스스로 연습하고자 하는 학생들의 노력에 대해 긍정적인 메시지를 전달해야 한다. 이를 통해 학생은 포기하지 않고 연습을 이어갈 수 있다.

L2B 수업은 집에서의 연습에 관해 쓰고 이야기를 나누는 작은 활동들을 포함한다. 교사는 학생들이 다른 사람, 특히 친구가 마음챙김을 어떻게 연습하고 어떤 혜택을 얻었는지 서로 배울 수 있게끔 해주어야 한다. 이를 통해 학생은 마음챙김을 잘 적용할 수 있는 아이디어를 얻을 수 있다(Beattie, Hankonen, Salo, Knittle, & Volanen, 2019). 교사 중에는 아름다운 자연이 있는 편안한 장소에서 마음챙김 연습을 진행하길 좋아하는 사람이 많다. 보고에 따르면 이러한 장소에서 진행하는 마음챙김 수업은 피하기 힘든 어려운 연습을 완충하는 역할을 할 수 있다(Lymeus, Lindberg, & Hartig, 2018 참조). 가능하면 교사는 '마음챙김하며 걷기'(71쪽 참조)를 비롯한 모든 움직이는 연습을 바깥에서 실시할 수 있다. 다만 교사는 자신의 의도와 다르게 연습이 이뤄질 수 있다는 사실을 인지하고 있어야 한다.
또한, 수준별로 다르게 짜여진 연습은 마음챙김 연습을 시작하는 데 도움이 될 수 있다. 각 주제에는 일지 작성 과제가 있는데, 이 과제는 주제를 효과적으로 학습하는 데 필요한 두 개의 질문을 포함한다. 평가가 필요한 교사는 이 질문을 평가 기준으로 삼아 과제를 채점할 수 있다. 다음은 활용 가능한 일지 작성 과제들이다(Schuit & Broderick, 2017)

| | |
|---|---|
| B1 | 양치, 등교, 운전 등 마음챙김을 연습할 활동을 선택하세요. 연습을 하면서 알아차린 것을 성찰하는 짧은 글을 한두 문단 분량으로 쓰세요. 연습을 언제 했는지, 몸에서는 어떤 변화가 일어났는지(동작, 혈압, 온도 변화, 심박수 변화 등)에 대한 내용을 포함하세요. |
| B2 | 바디 스캔을 연습하세요. 연습을 통해 알아차린 것을 성찰하는 짧은 글을 한두 문단 분량으로 쓰세요. 연습을 언제 했는지(예: 아침이나 방과후), 어디서 했는지, 어떤 경험을 했는지 쓰세요. |
| R1 | 세수하기, 문자 보내기, 간식 먹기 등 마음챙김을 연습할 활동을 선택하세요. 연습을 통해 알아차린 것을 성찰하는 짧은 글을 한두 문단 분량으로 쓰세요. 신체적인 부분에서(동작, 감각 등) 그리고 정신적인 부분에서(분주함, 차분함, 몰입감 등) 알아차린 것을 적으세요. 연습을 하는 동안 경험한 것들을 모두 적어보세요. |
| R2 | '마음챙김하며 생각하기'를 가능하면 조용한 곳에서 오디오를 들으면서 연습하세요. 연습을 통해 알아차린 것을 성찰하는 짧은 글을 한두 문단 분량으로 쓰세요. 연습을 하는 동안 자신의 생각(또는 생각하는 마음)을 관찰했는지, 어떤 생각이 있었는지, 그 생각은 이미지 같은 것이었는지 아니면 말과 같은 것이었는지, 빨리 지나가는 것이었는지 아니면 오랫동안 머문 것인지, 그 생각에 자신이 사로잡혔는지 아니면 호흡에 다시 주의를 기울일 수 있었는지, 생각에 집중하지 못하거나 완전히 사로잡혀 있을 때 자기 스스로를 친절하게 대해야 한다는 것을 떠올릴 수 있었는지 적어보세요. |
| E1 | 최근에 경험한 감정을 한두 개 적으세요. 그리고 기분 좋은 감정, 불쾌한 감정, 중립적인 감정을 분류하는 나의 기준이 무엇인지, 이 감정들을 신체의 어떤 부분에서 경험하고, 어떤 감각들을 느끼는지 써보세요. 그런 다음, 자신의 생각과 감정 또는 감정 사이의 연결에도 주의를 기울여보세요. 그리고 이 감정들이 특정한 생각과 연결되어 있는지 관찰해 써봅시다. |
| E2 | '마음챙김하며 감정 관찰하기'를 가능하면 조용한 곳에서 연습하세요. 연습을 통해 알아차린 것을 성찰하는 짧은 글을 한두 문단 분량으로 쓰세요. 어떤 감정을 알아차렸는지, 좋은, 불쾌한, 아니면 중립적인 감정이었는지, 불편한 감정을 느낄 때 무엇을 했는지, 감정이 재빠르게 사라지는지, 아니면 한동안 머무는지, 부드러운 감정인지 강렬한 감정인지, 그 감정을 신체에서 느낄 수 있는지, 그 감정에 압도당했는지, 호흡에 주의를 돌릴 수 있었는지 적으세요. |

| | |
|---|---|
| A1 | 일상생활에서 마음챙김을 연습할 때 알아차린 것에 관해서 성찰하는 짧은 글을 한두 문단 분량으로 쓰세요. 마음챙김을 연습한 적이 있다면, 어떤 긍정적인 변화를 이끌었는지 써보세요. 일상생활에서 마음챙김을 연습한 경험이 없다면 왜 그랬는지 어떻게 하면 일상생활에서 마음챙김을 연습할 수 있는지 적어보세요. |
| A2 | 요가나 마음챙김하며 걷기를 해보세요. 마음챙김하며 먹기와 같은 간단한 연습을 해도 좋습니다. 감각, 생각, 감정에 집중하여 관찰하면서 몸을 움직여보세요. 원한다면 바깥에서 연습을 해봅시다. 10분 정도 연습한 뒤, 어제 하루 동안 경험한 것들을 포함하여 연습을 하면서 알아차린 것을 성찰하는 짧은 글을 한두 문단 분량으로 쓰세요. 좋아하는 동작을 규칙적으로 연습할 수 있는 장소(학교 주차장, 집의 계단 등)와 시간(버스에서 내릴 때, 저녁 식사 후 또는 자기가 선택한 다른 시간)을 정해놓고 경험한 것에 관해 써보세요. |
| T1 | 연습을 통해 경험한 것이나 뇌의 변화에 관해 성찰하는 짧은 글을 한두 문단 분량으로 쓰세요. 자신의 변화된 모습에 놀랐는지, 어떤 마음과 태도가 연습에 도움이 된다고 생각하는지, 자신을 우울하게 하거나 불안하게 만드는 정신적 습관에는 무엇이 있는지 등 알아차린 것들을 써보세요. |
| T2 | '자애 명상'을 가능하면 조용한 곳에서 연습하세요. 연습하면서 알아차린 것을 성찰하는 짧은 글을 한두 문단 분량으로 쓰세요. 자신이나 타인의 행복을 바라는 것이 생각보다 쉽다는 것을 깨달을 수 있는지 살펴보세요. 나에게 상처를 준 사람, 내가 질투하는 사람, 내가 좋아하지 않는 사람을 비롯한 다른 사람에게 친절한 마음을 갖는 자신을 상상해 보세요. 그러한 마음을 가질 수 있는지, 이러한 연습이 어떤 도움이 될지 성찰해 보세요. 뇌 신경 가소성 개념이 이러한 연습의 효과를 어떻게 설명하는지 살펴보세요. |
| H1 | 지금까지 연습한 것 가운데 하나를 선택해 해보며 알아차린 것을 성찰하는 짧은 글을 한두 문단 분량으로 쓰세요. 몸, 마음, 감정에서 무엇을 관찰하였는지 쓴 다음 B2, R2, E2에서 적은 것과 비교해 보세요. 무엇이 같은지, 다른 점은 무엇인지 살펴보세요. 만약 처음 세운 목표를 달성하지 못했다면 스스로를 위해 자애 명상을 연습을 해봅시다. |
| H2 | 프로그램을 마친 뒤, 마음챙김 연습을 일상생활에서 어떻게 계속할 수 있을지 계획을 세워보세요. 언제, 어디서, 어떻게 연습을 수행할 것인지 가능한 한 구체적인 계획을 두세 가지 세워봅시다. 계획을 세울 때, 마음챙김이 나의 삶에 어떤 도움을 줄 수 있을지, 가족 관계, 건강, 학업에 어떤 도움이 될지, 규칙적인 마음챙김 연습을 방해하는 요인에 무엇이 있을지, 이러한 방해 요소들에 어떻게 대처하고, 스스로에게 동기를 부여할 것인지 고려해 봅시다. |

L2B의 효과를 확인하기 위한 비교적 쉬운 방법 가운데 하나는 프로그램을 실시하기 전과 후의 데이터를 수집하는 것이다. 온라인 자료실(http://www. newharbinger.com/46714)에는 2종의 질문지가 탑재되어 있다. 이 질문지들은 연구에 사용되는 표준화된 검사지와는 다르지만, 학생의 프로그램 만족도와 행동 변화 정도를 파악하게 해줌으로써 L2B를 효과적으로 활용하는 데 필요한 정보를 제공한다. 학생들은 익명으로 질문지에 답하도록 하며, 학생이 응답한 답은 통계를 내어 분석하도록 한다. 또한 'L2B에 대한 자기효용감 척도'를 사용하여 감정 조절 능력에 대한 학생들의 신념 변화를 평가할 수 있다(Broderick, 2013). 자기효용감은 능력이나 기대와는 다르다. 자기효용감은 '자신이 성과를 거두는 데 필요한 행동을 성공적으로 수행할 수 있다는 확신'을 나타낸다(Bandura, 1977, p. 7.). 자신의 감정을 다룰 수 있다는 스스로에 대한 믿음은 감정 조절 능력을 더 효과적으로 향상시킬 수 있다.

마지막으로, 현재 콜로라도 주립 대학교의 레이첼 루카스-톰슨Rachel Lucas-Thompson과 미네소타 대학교의 연구진들은 가정과 일상에서 연습할 수 있도록 L2B 모바일 기술을 개발하고 있다(Lucas-Thompson, Broderick, Coatsworth, & Smyth, 2019; Lucas-Thompson, Seiter et al., 2019). 생태적 순간 개입ecological momentary intervention, EMI 프로그램이라고 할 수 있는 L2B Plus 는 학생의 생태적인 환경을 고려하여 일상생활에서의 연습을 돕고 마음챙김에 관한 정보를 제공한다(Heron & Smyth, 2010). L2B에 관한 더 자세한 정보들은 www.learning2breathe.org에 계속해서 업데이트할 예정이다.

2부

# L2B 프로그램

2부는 상세한 프로그램 내용이 실려있다.
각 장의 '수업 개요'는 L2B 수업을 간략하
게 정리한 것이다. 모든 수업에서 교사는 자
신의 마음챙김이 우선이라는 점을 기억해야
한다. 교사는 가능한 한 '머물고, 열고, 움직여
야' 한다. 즉, 교사는 지금 이 순간에 머물고, 현재
어떤 생각이 들고 어떤 감정과 감각이 느껴지든 열
린 마음으로 수용하며, 학생의 회복탄력성과 자비심
을 향상시키기 위해 노력하는 태도로 수업해야 한다.

본문에서 >는 교사의 발화를 ☉는 학생의 응답을 나타낸다.
>줄 바꿈마다 잠시 끊었다 진행한다.

# Body

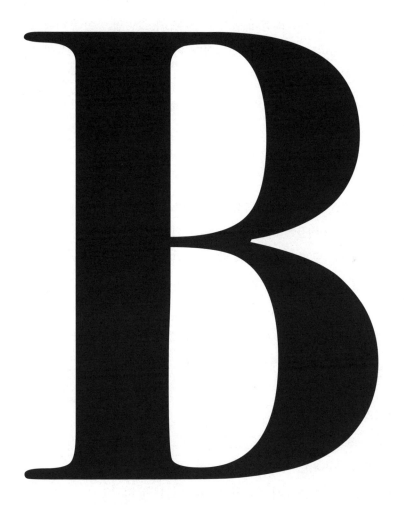

## 내 몸에 귀 기울여봐!

# 수업 개요

주제 B를 시작하는 것을 환영한다. B는 '몸body'을 뜻한다. 주제 B에서 가장 중요한 것은 듣기이다! 몸에 귀를 기울여보자. 그러면 몸이 우리에게 무언가 말하고 있다는 것을 깨달을 수 있다. 마음챙김은 주의를 기울이는 방법과 관련된다. 주의를 기울이지 않는 것은 마음챙김을 하지 않는 것을 뜻한다. 이것이 주제 B의 핵심이다. 마음챙김은 평온함, 균형감, 내면의 힘을 키우고 스트레스를 줄인다. 우리는 호흡이나 몸, 또는 다른 대상에 특별한 방법으로 주의를 기울임으로써 마음챙김을 연습할 수 있다.

본격적으로 L2B 수업을 시작하기 전에, 먼저 37쪽에서 안내한 수업 준비에 관한 지침을 읽어보길 바란다. 교사는 '수업 준비'와 '수업에 관한 설명'에 유념해야 한다. 잘 준비된 수업과 친절한 설명은 학생의 참여 동기를 불러일으키고, L2B 수업이 학교 교육과정에 잘 녹아들게 할 수 있다. 특히, 낯선 학생들을 대상으로 L2B 수업을 시작하는 교사는, 프로그램을 시작하기 전에 관계 맺기 활동을 충분히 계획하는 것이 좋다. 만약 학생들과 이미 유대감을 갖고 있는 교사라면 준비 활동을 줄여도 무방하다.

### 수업의 목표
- 'BREATHE' 소개하기
- L2B 수업을 위한 약속 정하기
- 마음챙김을 하는 것과 마음챙김을 하지 않는 것 비교하기
- 먹기, 듣기, 바디 스캔 등 다양한 마음챙김 연습을 바탕으로 주의력과 수용하는 태도 향상시키기

# 수업의 흐름

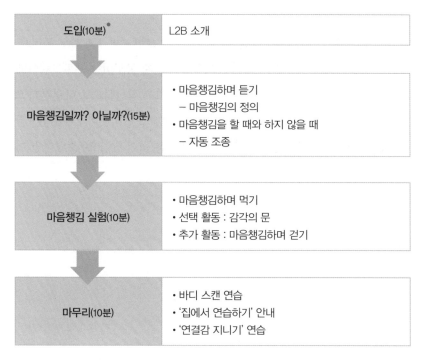

| 도입(10분)* | L2B 소개 |
|---|---|
| 마음챙김일까? 아닐까?(15분) | • 마음챙김하며 듣기<br>　– 마음챙김의 정의<br>• 마음챙김을 할 때와 하지 않을 때<br>　– 자동 조종 |
| 마음챙김 실험(10분) | • 마음챙김하며 먹기<br>• 선택 활동 : 감각의 문<br>• 추가 활동 : 마음챙김하며 걷기 |
| 마무리(10분) | • 바디 스캔 연습<br>• '집에서 연습하기' 안내<br>• '연결감 지니기' 연습 |

* 일주일에 한 차시 시행을 고려한 대략적인 소요 시간

# 도입

## L2B 소개

> 우리가 함께 할 프로그램은 '호흡 배우기 Learning to BREATHE, L2B'라고 불러요. L2B는 마음챙김이 어떻게 우리 삶에 도움을 주는지 공부하는 프로그램이에요. 앞으로 우리는 집중력을 높이는 법을 배움으로써 정신적으로 더 튼튼하고 더 균형 있는 마음 상태를 유지하는 법을 익힐 거예요. 인터넷이나 TV, 운동경기를 보다가 마음챙김에 관해 이야기하는 것을 본 적이 있나요? 보았다면 어떤 내용이었나요?

⊙ 학생 응답

📝 **지도 시 유의점**

L2B에서는 자기 주도적인 학습이 중요하다. 그러므로 교사는 학생에게 답을 알려주지 않는다. '옳든 그르든' 학생이 하고 싶은 말을 할 수 있게 허용한다. 교사는 학생의 대답을 간단하게 반복하거나 "발표해 줘서 고마워요." 또는 "잘했어요. 흥미롭군요."라고 말하면 된다. 마음챙김 수업은 학생에게 성찰의 기회를 제공하면서 시작한다. 교사는 학생이 대답하지 않아도 끈기 있게 기다림(인내심)으로써 마음챙김을 어떻게 하는지 보여줄 수 있다.

> 마음챙김을 어렵게 느끼는 학생도 있을 거예요. 쉽게 말해서 마음챙김은 편안한 마음을 갖게 하고, 집중을 잘 하게끔 마음을 차분하게 하는 방법이에요. 또한 내면의 힘을 키우고 균형 있는 삶을 살게 해주는 방법이죠.
> 앞으로 우리는 삶에서 만나는 좋은 일과 나쁜 일을 다루는 방법들을 배울 거예

요. 그리고 그런 방법들을 연습해서 익히고, 개인적인 힘을 기르는 방법에 관해 토론할 거예요. 스포츠를 통해 체력을 기르듯, 우리는 마음챙김 연습을 통해 내면의 힘을 키울 수 있어요. 그래서 L2B는 '내면의 힘을 키우는 연습' 프로그램이라고 할 수 있어요. 우리는 마음과 신체 모두에 주의를 기울일 거예요. 수업 시간마다 함께 마음챙김을 연습하겠지만, 시간이 있을 때마다 스스로 연습해 보길 바라요.

> BREATHE라는 단어의 글자 하나하나는 L2B 프로그램의 각 주제들을 나타내요. 앞으로 우리는 이 주제들을 하나씩 배울 거예요. 각 글자는 마음챙김이 무엇을 의미하는지 그리고 마음챙김이 왜 유익한지 이해하게끔 도와주죠. 오늘은 마지막 글자인 E부터 시작할게요. 마지막 E(empowerment 역량 강화)는 L2B 프로그램의 목표를 나타내요. L2B의 목표는 우리 내면의 힘이 강해지게끔 돕는 것이에요.

---

### 📄 포스터

E 포스터를 칠판이나 교실 게시판에 붙인다. 포스터는 수업 시간 외에도 학생들이 마음챙김을 떠올리도록 도울 수 있다.

---

### 🧍 트라우마 이해 훈련*

마음챙김 연습은 우리가 그다지 즐겁지 않다고 생각하는 경험을 비롯한 모든 경험을 잘 알아차리게 해줘요. 어떤 경험은 때때로 우리를 불편하게 만들죠. 불편한 기분이 빨리 사라지지 않으면, "내가 마음챙김을 잘 못하나?", 아니면 "방법이 틀렸나?"라며 걱정할 수 있어요. 그런데 한번 생각해 볼까요? 강해지고 싶은 사람은 힘들다고 운동을 그만두지 않아요. 하지만 다치지 않기 위해 운동 속도를 조절하고 호흡을 고르죠. 내면의 힘을 기르는 것도 이와 비슷해요. 달려야 할 때와 쉬어야 할 때를 잘 파악하기 위해서는 균형을 잡을 줄 알아야 해요.

이 프로그램의 목표는 내면의 균형을 찾는 것이에요. 여러분은 마음챙김 연습에 자유롭게 참여할 수도, 참여하지 않을 수도 있어요. 어떻게 마음챙김 연습에 참여하면 되는지 함께 살펴볼게요.

322쪽의 〈트라우마를 겪은 청소년을 위한 마음챙김〉을 안내한다.

> 평범해 보이지 않는 새로운 것을 해보는 기분이 어떤가요? 어색하고 약간은 불편함도 느낄 수 있을 거예요. 이럴 땐 어떻게 해야 할까요?

⊙ 학생 응답

> 모두 좋은 방법이에요. 장난치거나 여기서 빠져나가길 바라는 학생 있을 수 있어요. 그렇게 느껴도 괜찮아요. 왜냐하면 그런 감정은 자연스러운 거니까요. 그런 감정에 이끌려 행동하지 않고, 다른 친구들이 집중하는 것을 방해하지 않으면서 지금 내가 느끼는 감정을 알아차릴 수 있는지 살펴보세요.
실제로 연습해 보는 것이 중요해요. 기억하세요. 지금 우리가 연습하려는 것은 우리의 마음을 더 강하고 균형 잡게끔 도와줘요. 이러한 연습은 우리가 집중하거나 내면의 힘을 북돋을 필요가 있을 때 유용해요.

---

● Trauma Informed Practice를 번역한 것으로, 트라우마에 관한 정보들을 이해함으로써 트라우마에 영향을 받는 사람이 트라우마를 관리 또는 치료하도록 돕고, 트라우마가 악화되는 것을 예방하기 위해 제안된 방법이다. 최근 미국, 영국, 호주와 같은 국가들은 트라우마 이해 훈련을 정책적으로 추진함으로써 트라우마 경험의 부정적인 영향을 줄이고 정신적, 신체적 건강을 지원하고 있다. — 옮긴이

연습 도중에 산만해지거나 하기 싫은 기분이 들 수도 있을 거예요. 그럴 때는 연습을 멈춰도 돼요. 하지만 마음챙김 연습이 어려울 때는, 연습을 하고 있는 다른 친구들을 위해 조용히 해야한다는 것을 잊지 마세요.

또 이 프로그램을 최대한 잘 활용하려면 어떤 약속이 필요할까요? 함께 이야기해 봅시다.

⊙ 학생 응답

### 📋 지도 시 유의점

L2B는 일반적인 교과와는 다르기 때문에 교과 수업을 위한 규칙이 이미 있더라도, L2B를 위한 규칙을 따로 논의하고 정하는 것이 중요하다. L2B 수업 규칙은 게시판에 붙여놓거나 포스터 형태로 교실 벽에 붙여놓을 수 있다. L2B 수업 규칙의 각 항목들은 학생들이 정할 수 있게 한다. 이때 교사는 규칙에 "친구가 말한 것들(특히, 개인적인 경험)에 대해 비밀을 유지해야 한다."는 약속이 명시적으로 포함되었는지 확인한다.

학생들이 자율적으로 만든 수업 규칙에 중요한 내용이 빠진 경우에 교사는 '빈칸 채우기' 방법으로 포함되도록 유도할 수 있다.

**L2B 수업 규칙 예시**

- 모든 학생의 말을 존중합니다.
- 친구들이 말한 개인적 경험에 대해서는 비밀을 유지합니다.
- 누구나 자유롭게 자신의 경험을 이야기할 수 있습니다.
- 마음챙김을 연습할 때는 말하지 않을 권리가 있습니다.

이렇게 정한 수업 규칙은 필요한 경우 학생들이 떠올려 활용할 수 있도록 한다.

ⵣ **트라우마 이해 훈련**

교사는 트라우마가 있는 학생을 위한 약속이나 주의 사항을 L2B 수업 규칙에 추가할 수 있다. 이러한 규칙을 바탕으로 트라우마가 있는 학생은 잠시 책상에 엎드리거나 교실 밖 다른 공간으로 가거나(가능한 한 교사의 감독하에), 조용하고 안전하다고 느낄 수 있는 교실 안 공간에 있거나, 물을 조금 마시거나, 서거나, 자세를 바꿀 수도 있다.

수업을 개방적인 공간(이를테면, 체육관 또는 도서관)에서 진행하는 경우에는, 되도록 조용하고 안전한 곳으로 학생을 안내한다. 이때 학생들이 소지품 때문에 불안해하지 않도록 자신의 가방과 외투 등을 안전하게 보관할 곳을 미리 준비해 둔다. 또한 수업을 시작할 때 휴식이 필요한 학생이 쉬거나 음료를 마실 수 있는 장소를 명확히 안내한다.

# 마음챙김일까? 아닐까?

## 마음챙김하며 듣기

| **준비물** | 종, 칠판 또는 종이

> 마음챙김이 무엇인지 그리고 우리 삶에 어떻게 도움을 주는지 좀 더 알아봅시다.

'마음챙김하며 듣기'는 마음챙김을 처음 가르칠 때 자주 활용되는 활동이다. 먼저 학생들이 편안한 자세로 앉아 눈을 감게 한다. 그리고 아래 제시된 스크립트를 읽으며 마음챙김하며 듣기를 진행한다. 이 활동이 효과가 있기 위해서는 '듣는 것'에 관한 명상이라는 사실을 미리 알리지 않는 것이 중요하다.

> 들고 있던 것을 모두 내려놓고 편안한 자세로 눈을 감으세요. 눈을 감는 것이 불편하면, 시선을 부드럽게 내려놓으세요. 선생님이 종을 울릴 때까지 이렇게 잠시 앉아있습니다.

약 2분 뒤, 종을 울린다.

> 이제 눈을 떠보세요. 짧은 시간 동안 어떤 소리를 들었는지 궁금하군요. 어떤 소리를 들었나요?

⊙ 학생 응답

칠판이나 빈 종이 가운데에 선을 그어 두 개의 칸을 만든다. 왼쪽 칸에 학생의 응답을 적는다.

> 자, 다시 한번 해봅시다. 이번에는 들리는 모든 소리에 주의를 기울여보세요. 아주 멀리서 들리는 소리, 더 가까이 들리는 소리, 여러분의 몸 안에서 날 수 있는 소리까지 들어보세요. 소리가 들렸다 어떻게 사라지는지 관찰해 보세요.

약 2분 뒤, 종을 울린다.

> 이번에는 어떤 소리를 들었나요?

⊙ 학생 응답

학생들이 말한 것을 오른쪽 칸에 적는다.

> 오른쪽 칸에 적힌 것을 보고 무엇을 깨달았나요?

⊙ 학생 응답

일반적으로 오른쪽 칸에 적힌 것이 왼쪽에 적힌 것보다 많다.

> 여러분은 왼쪽 칸과 오른쪽 칸이 왜 다르다고 생각하나요? 첫 번째와 두 번째의 마음챙김은 어떻게 다른가요?

⊙ 학생 응답

### 📋 지도 시 유의점

'마음챙김하며 듣기' 활동의 목적은 학생들이 마음챙김의 세 가지 요소, '목적', '현재', '비판단'을 발견하게끔 하는 것이다(Kabat-Zinn, 1994 참조). 교사는 이 세 가지 요소를 직접 설명하기보다는 학생들이 스스로 발견할 때까지 기다려야 한다. 학생들이 각 요소를 언급할 때마다 교사는 그것들을 칠판에 적는다. 예를 들어, 학생이 다시 '마음챙김하며 듣기'를 할 때는 소리에 주의를 기울여야 할지 알았기 때문에 더 잘 들렸다고 말한다면, 교사는 "어떤 목적을 가지고 들었다는 뜻인가요? 그럼 의도적으로 주의를 기울여 들었다는 거군요?"라며 학생의 응답을 마음챙김의 한 요소로 재구성할 수 있다.

다른 요소를 더 이끌어내기 위해 다음처럼 초점을 좁혀 질문할 수도 있다. "마음챙김 듣기를 하면서 자신이 어떤 소리를 좋아하거나 싫어한다는 것을 알게 되었나요?" 판단하지 않는 '비판단'을 경험하는 것은 호기심과 열린 마음을 바탕으로 선입견이나 좋고 싫음과 상관없이 대상을 있는 그대로 인식하는 것을 뜻한다.

우리는 이러한 태도를 의도적으로 지닐 수 있으며, 이는 세상을 경험하는 마음챙김의 기초적인 방식이라고 할 수 있다. 우리는 모두 세상을 쉽게 이해하기 위해 정립된 선호와 개념을 가지고 있다. 이러한 선호와 개념은 우리의 삶에 도움을 줄 때가 많지만, 반대로 세상을 충분히 경험하는 것을 막는 눈가리개가 될 때도 있다.

> 우리가 지금 연습한 것이 바로 마음챙김이에요. 마음챙김은 일어나는 일에 의도적으로 주의를 기울이는 것을 의미합니다. 또한 지금 이 순간, 바로 여기에 있는 것에 주의를 기울이는 것을 뜻합니다. 나아가 마음챙김은 경험을 판단하지 않는다는 특징이 있어요. 마음챙김을 하기 위해서는 기본적으로 현재의 경험에 대해 열린 마음을 바탕으로 흥미로운 태도를 지니는 것이 중요합니다.

시간이 충분하다면 교사는 마음챙김의 세 가지 요소를 예를 들어 설명하고, 마음챙김 듣기 활동과 연결시켜 마음챙김의 특징을 살펴볼 수 있다.

> 여러분은 일상생활을 할 때 마음챙김을 할 때처럼 주의를 기울이나요? 평소는 마음챙김을 할 때와 어떻게 다른가요?

⊙ 학생 응답

> 처음에 많은 소리를 듣지 못했듯이, 우리는 의식하지 않거나 생각 없이 무언가를 하는 경우가 많아요. 이는 마치 자동 운항 장치에 따라 조종되는 비행기를 탄 것과 같아요. 앞으로 선생님은 이런 상태를 '자동 조종' 상태라고 부를 거예요.

📋 **지도 시 유의점**

현재의 순간에 주의를 기울이는 것이 평상시 우리가 주의를 기울이는 것과 어떻게 다른지 설명한다. 무엇이 '자동 조종'의 개념 안에 포함될 수 있는지 설명한다. '자동 조종'은 주의를 기울이지 않고 기계적으로 행동하는 것을 의미한다. 우리는 삶에서 너무 많은 시간을 주의를 기울이지 않은 채(마음챙김 없이) 보낸다.

## 마음챙김을 할 때와 하지 않을 때

| 준비물 | 활동지, 칠판 또는 종이

교사는 활동지의 주제 B '마음챙김을 하는 하루와 하지 않는 하루'(92쪽 참조) 활동을 통해, 학생이 자신의 삶과 관련지어 자동 조종을 성찰할 수 있게끔 도울 수 있다. 학생은 개별적으로 또는 짝이나 모둠으로 마음챙김을 하는 또는 하지 않는 사례를 찾을 수 있다. 활동지를 모두 작성한 학생은 칠판에 그린 두 개의 칸('마음챙김을 하는 사례'와 '마음챙김을 하지 않는 사례' 칸)을 채운다. 두 칸이 채워지면 교사는 토론을 진행한다. 예를 들어 '먹기'나 '공부하기'와 같은 사례가 있다면, 마음챙김의 세 가지 요소를 토대로 그 사례가 어떨 때 마음챙김을 하는 것이 되고 어떨 때 마음챙김을 하지 않는 것이 되는지 토의한다. 이때 교사는 의식적이거나 무의식적인 행동이 지니는 장점과 단점을 함께 토의하도록 한다. 교사는 설명을 통해 학생이 자신의 경험에 호기심을 갖게끔 유도하고, 학생이 놓쳤을지 모르는 것에 주의를 기울이게 한다. 이때 교사가 유의할 점은 개별 학생에게 초점을 맞추기보다는 '우리'에 초점을 맞춰야 한다는 것이다. 즉, 교사는 '너' 대신 '우리'나 '사람들', '또래'라는 말을 사용해서 질문해야 한다.

> 조금 더 자세히 알아볼까요? 우리는 사람들이 주의를 기울이며 하는 행동과 주의를 기울이지 않고 행동하는 것을 구별할 수 있어요. 여러분이 쓴 대답을 살펴봅시다. 마음챙김을 하는 또는 하지 않는 사례가 더 있나요? 예를 들어 숙제하기가 두 칸 모두에 적혀있다면, 어떻게 이 둘을 구분할 수 있을까요? 마음챙

김을 하지 않는 것의 장점 또는 단점은 무엇인가요? 마음챙김을 하는 것의 장점 또는 단점은 무엇인가요?

⊙   학생 응답

## 마음챙김 실험 ────────────────

### 마음챙김하며 먹기

| 준비물 | 건포도(또는 다른 먹을 것), 휴지나 작은 종이 접시, 종

마음챙김은 카밧진의 획기적인 저서, 《마음챙김 명상과 자기치유》를 통해 처음으로 널리 알려졌다. 이 책에 실린 '건포도 먹기'는 평범한 것을 대상으로 어떻게 커다란 알아차림을 할 수 있는지 보여주는 간단한 마음챙김 연습 방법이다. 학생은 교사의 지시에 따라 건포도 한두 개를 받는다. 보통 두 개 정도가 적당하다(손으로 만진 건포도 대신, 만지지 않은 건포도를 먹을 수 있으므로 두 개가 적당하다). 교사는 학생들이 건포도를 충분히 관찰할 수 있도록 말과 말 사이에 간격을 두고 천천히 진행하도록 한다. 학생들은 침묵하는 동안 마음챙김을 연습한다.

건포도 대신 다른 종류의 과일이나 사탕을 사용하거나, 여러 가지 먹을 것이 든 주머니를 사용할 수 있다. 어떤 것을 사용하든 핵심은 모든 감각을 사용하여 먹기가 지닌 풍부함을 충분히 경험하는 것이다. 교사는 제공할 음식물에 알레르기가 있는 학생이 있는지 확인해야 한다.

> 우리는 마음챙김하지 않는 것을 더 잘하기 마련이에요. 왜냐하면 평소에 우리는 마음챙김하지 않는 연습을 많이 하니까요. 마음챙김을 하지 않는 것의 단점 가운데 하나는 삶에서 일어나는 많은 것들을 놓친다는 것이에요. 내면의 힘을

키우고 더 균형 잡힌 삶을 살 수 있도록 마음챙김을 더 많이 연습해 봅시다.

> 의자에 편안하게 앉으세요. 선생님이 교실을 돌며 여러분에게 무언가를 나누어줄 거예요. (건포도를 나누어준다.) 이제 손바닥 위에 놓인 건포도를 잡아보세요. 마치 난생처음 보는 것처럼 건포도를 집중해서 바라보세요. 다른 행성에서 와서 건포도를 완전히 처음 본 것이라고 상상해 보세요.

> 얼마나 무거운지 살펴보세요. 무겁나요? 가볍나요? 어떤 모양인가요? 둥근, 네모진, 세모진, 울퉁불퉁한 모양인가요? 색깔은 어떤가요? 밝은, 어두운, 윤기 나는, 금속 같은 여러 색을 지녔나요? 질감은 어떤가요? 부드러운가요? 딱딱한가요? 매끄러운가요? 올록볼록한가요? 간지러운가요? 폭신폭신한가요? 보드라운가요? 거친가요?

> 혹시 여러분이 무언가를 생각하고 있다는 것을 알아차렸나요? '내가 지금 뭐 하고 있는 거지?' 이런 생각이 들었나요? 아니면 '왜 이런 바보 같은 짓을 하고 있지?'라는 생각이 들었나요? 이런 생각이 들면 그냥 '내가 그런 생각을 했구나.' 하고 건포도에 다시 주의를 기울여보세요.

> 이제 온도를 느껴볼까요? 따뜻한가요? 시원한가요? 차가운가요? 이제, 팔의 움직임을 의식하면서, 건포도를 코 가까이로 가져와 냄새를 맡아보세요. 냄새가 달콤한가요? 코를 찌르나요? 향기롭나요? 신선한가요? 흙내음이 나나요? 건포도를 조물거리면 소리가 날 수도 있어요. 귀에 대고 들어보세요. 아무 소리도 안 나나요? 탁탁? 슉슉?

> 이제 건포도를 입에 넣으세요. 하지만 삼키거나 씹으면 안 됩니다. 여러분이 경험하고 있는 모든 감각을 인식하세요. 준비가 되면, 의식적으로 한 입 먹고 맛을 관찰해 보세요. 어떤 식으로든 맛이 바뀌면 주목하세요. 음식의 질감에

집중해 보세요. 입의 다른 부분과 감각들을 주목하세요. 천천히 그리고 의식적으로 건포도를 씹고, 준비가 되면 삼키세요.

종을 울려 활동을 마친다. 학생들이 경험한 것에 관해 이야기를 나누도록 한다. 다음과 같은 질문을 활용한다.

> 건포도를 보면서 어떤 점이 눈에 띄었나요? 냄새? 질감? 색깔? 맛? 건포도를 먹기 전에는 무슨 생각을 했나요? 여러분은 평소에 이런 방식으로 먹나요? 활동을 하면서 어떤 생각을 했나요? 생각이 산만해졌을 때 무슨 일이 일어났나요? 오늘 우리는 '마음챙김하며 먹기'라고 불리는 연습을 해보았어요. 이렇게 먹는 것에는 어떤 장점이 있나요?

⊙ 학생 응답

> 먹기 이외에도 '감각의 문'이라고 불리는 다른 유형의 마음챙김 연습을 할 수도 있어요. '감각의 문'은 먹기 대신 또는 추가로 할 수 있는 연습이에요.

## 선택 활동: 감각의 문

| 준비물 | 물건, 가방이나 상자, 종

우리는 매 순간 느끼는 감각을 통해 세상을 경험한다. 그러므로 모든 것(음식, 자연, 주변의 모든 것)은 마음챙김의 대상이 될 수 있다. '감각의 문' 활동은 다양한 사물을 주의 깊게 관찰하거나 인식하게끔 돕기 위한 연습이다. 교사는 다양한 특징(색, 모양, 소리, 냄새, 무게, 질감 등)이 있는 물건을 모아 준비한다. 모은 물건들을 주머니나 상자에 넣고, 학생들이 한 명씩 차례차례 고르게끔 한다. '마음챙김하며 먹기' 활동과 마찬가지로 조용한 분위기에서 자신이 물건을 어떻게 고르는지 주의를 기울여 관찰하게 한다.

모두가 물건을 고르고 나면, 건포도 먹기 활동의 스크립트를 수정하여 물건의 밝기, 무름, 뾰족함, 날카로움, 거칢, 부드러움, 무거움, 가벼움, 시원함, 따뜻함, 달콤함 등 여러 특징에 대한 감각을 탐색하도록 한다. 학생들이 원한다면, 관찰한 것에 관해 이야기를 나누고 자신이 알아차린 감각적 특징들을 적을 수 있게 한다. 또한 학생들은 자신이 물건을 선택하는 과정을 관찰하며 알아차린 것에 관해 이야기를 나눌 수도 있다. 다양한 물건들로는 천 조각, 종, 돌, 작은 장난감, 향수병, 반짝이 공, 열쇠, 테이프, 사포, 고무줄, 나무나 금속 조각, 아로마 오일 등을 사용할 수 있다.

> 이제 다른 방법으로 마음챙김을 연습해 봅시다. 의자에 편히 앉으면, 선생님이 여러 물건들이 든 상자를 들고 교실을 돌게요. 상자에서 물건을 하나씩 고르세요. 물건을 고를 때의 느낌을 주의해서 관찰해 보세요. 자신이 선택한 물건이 난생처음 본 것이라고 상상해 봅시다. 여러분은 다른 행성에서 왔고 그래서 이 물건을 완전히 처음 보았다고 상상해 보세요. 이제 물건을 손에 들고 돌려가며 관찰해 보세요. 모든 각도에서 물건의 특징을 살펴보세요. 나의 손에 물건이 있다는 것을 의식해 보세요.

'마음챙김하며 먹기' 스크립트를 참고해서 질문들을 천천히 읽는다. 학생들이 물건을 주의 깊게 살펴볼 수 있도록 시간을 충분히 준 뒤 다른 특징도 관찰하게끔 한다(예를 들어 무게를 충분히 관찰한 뒤 모양을 살펴보게 한다).

> 손에 있는 물건의 무게를 느껴보세요. 무거운가요, 가벼운가요? 어떤 모양인가요? 동그라미? 네모? 세모? 울퉁불퉁? 넓적한가요? 얇은가요? 어떤 색깔인가요? 밝은가요? 어두운가요? 윤기가 나나요? 칙칙한가요? 알록달록한가요? 선명한가요? 흐릿한가요? 이제 질감을 살펴보세요. 매끄러운가요? 거친가요? 미끄러운가요? 헐렁한가요? 날카로운가요? 단단한가요? 부드러운가요?

> 온도는 어떤가요? 따뜻한가요? 시원한가요? 뜨거운가요? 차가운가요? 이제, 물체를 코 가까이에 가져가 냄새가 나는지 느껴보세요. 코를 찌르는 냄새가 나나요? 아니면 냄새가 잘 느껴지지 않나요? 매운 향이 나나요? 꽃향기가 나나요? 곰팡내가 나는지 금속 냄새가 나지 않는지 살펴보세요. 이제 소리가 나는지 살펴봅시다. 부드럽고, 소리가 크고, 음량이 크고, 음질이 거칠고, '탁탁탁' 소리가 나나요?

> 물건에 대해 호기심을 가져보세요. 여러분의 모든 관심을 물건에 기울여보세요. 여러분이 무언가를 생각하고 있다는 것을 알아차렸나요? 혹시 "내가 왜 이런 일을 하고 있는 거지?"라는 생각이 들었나요? 아니면 "왜 이런 바보 같은 짓을 하는 거지?" 이런 생각이 들었나요? 그렇다면 "내가 그런 생각을 했구나." 하고 다시 물건에 주의를 기울여보세요.

다음 활동에 대해 안내한다. 종을 울려 활동을 마친다.

> 물건을 보면서 무엇을 깨달았나요? 어떤 특징들을 알아차렸는지 예를 들어 이야기해 볼까요? 여러분은 평소에 이런 식으로 사물을 관찰하나요? 활동을 하면서 여러분은 무엇에 주의를 기울였나요? 물건에 집중하지 못했을 때는 어떤 일이 일어났나요? 물건에 관해 이전에는 전혀 알아차리지 못했다가 새롭게 알게 된 것이 있나요? 있다면 무엇인가요?

⊙ 학생 응답

## 추가 활동: 마음챙김하며 걷기

| 준비물 | 종이, 필기구, 클립보드, 종

'마음챙김하며 걷기'는 기본 버전과 확장 버전 모두에서 언제든지 활용할

수 있는 바깥 활동이다. 이 활동의 목표는 그리기나 시 짓기를 통해 자연 속 대상물을 가까이서 관찰하고, 마음챙김을 바탕으로 관찰한 것에 관해 토의하는 것이다. 이 활동은 어디에서나 할 수 있지만 공원이나 숲에서 하는 것이 가장 좋다.

학생들에게 종이와 연필을 나누어준다. 학생들이 주의 깊게 걸으며 장소를 관찰하고 자연을 관찰하도록 안내한다. 이때, 학생들이 예전에는 무심코 지나쳤던 흥미로운 것을 알아채면 잠시 멈추어 그것을 주의 깊게 관찰하도록 한다(눈에 띄는 모양, 색깔, 질감, 움직임, 주변, 크기 등). 교사는 학생들이 감사하는 마음을 바탕으로 호기심을 가지고 관찰하도록 격려한다. 종이와 연필을 사용하여 지금 걷는 길을 '지도'로 그려보게 한다. 또 걷는 도중에 주의 깊게 관찰한 사물들을 스케치하게 한다. 전체 활동은 10~15분 정도 걸리지만, 학생들이 바란다면 더 연장할 수 있다. 그림을 잘 그리거나 시를 잘 쓰는 것은 중요하지 않다고 안내한다. 교사가 종을 울리면 학생은 원래 자리로 돌아온다. 이제 학생들이 경험한 것에 관해 전체 토의를 진행한다. 학생들은 자신이 그린 지도를 발표한다. 또한 자신이 주의 깊게 관찰한 것에 관해 2행시를 지을 수도 있다. 교사는 학생들이 모둠별로 첫 행을 선택하게 하거나, 모둠원마다 다른 첫 행을 나누어줄 수도 있다. 첫 행이 적힌 유인물을 나누어주고 나면, 학생들이 두 번째 행을 10자 내외로 쓰도록 한다. 시를 완성하면 학생들은 각자 또는 함께 소리 내어 읽는다. 행을 추가하여 협동시를 쓰게 하는 것도 가능하다.

**첫 행 문구**

- 멈춰 서서 보는 시간
- 아직도 나는 멈춰 서서 바라본다
- 나의 시선을 꼭 붙든 채
- 여행에서 나는 보았지
- 이보다 아름다운 것이 무엇이랴?

• 걷다 보면 보이지 숨겨진 것들

**협동시 예시**

나의 시선을 꼭 붙든 채,

온종일 하늘을 떠다니는 구름.


걷다 보면 보이지 숨겨진 것들이,

나무 바닥 위에서 놀이하는 그림자들이.


# 마무리

## 바디 스캔 연습

**| 준비물 |** 매트 또는 담요


> 지금까지 우리는 마음챙김이 무엇인지 배웠어요. 그리고 마음챙김이 어떻게 주의력과 내면의 힘을 키우고 균형 있는 삶을 사는 데 도움을 줄 수 있는지 알았지요. 마음챙김의 첫 단계는 열린 마음과 호기심을 가지고 주의를 기울이는 연습을 하는 것이에요. 이제 우리는 자신의 몸에 주의를 기울이는 연습을 해볼 거예요. 앞으로 살펴보겠지만, 마음은 미래나 과거에 갇혀 있을 때가 많아요. 하지만 몸이 머무르는 곳은 항상 현재지요. 평소에 우리는 몸에 별 관심을 기울이지 않아요. 아니면 몸의 일부에 너무 많은 관심을 쏟으면서 전체는 소홀히 하죠. 그래서 오늘 우리는 몸 전체에 집중하고, 몸이 우리에게 하는 말을 주의 깊게 듣는 연습을 해볼 거예요.

B 글자를 칠판이나 게시판에 추가하여 적는다. B와 E 사이에는 간격을 둔다. 매 단원마다 한 글자씩 추가하면 프로그램을 마칠 즈음에는 BREATHE라는 단어가 완성된다.

'바디 스캔' 활동은 충분한 준비가 필요하다. 교사는 원활한 진행을 위해 매 트나 담요를 미리 깔아두는 것이 좋다. 교사는 앉거나 눕는 자세를 직접 보 여줄 수 있다. 학생들이 더 편안하게 참여할 수 있도록 가능하면 누워서 훈 련하게 하는 것이 좋다. 공간이 좁아서 눕기 어렵다면 앉아서 해도 된다. 만 약 누워서 한다면, 학생들이 딱딱함을 느끼지 않도록 바닥에 매트와 담요를 두텁게 깔아둔다. 이를 통해 포근함을 느끼고 자신만의 공간이 보호받는 느 낌을 가질 수 있다. 주위 학생들 때문에 주의가 흐트러지지 않도록 충분히 넓은 공간에서 진행하는 것이 좋다. 교실을 선택할 때 조명이나 소음을 고 려해서 편안하고 사색적인 분위기를 조성하도록 한다.

처음에는 짧게 호흡을 관찰한 뒤 본격적으로 '바디 스캔'을 시작하도록 한 다. 시간이 부족한 경우에는 확장 버전(89쪽)을 참고하여, 몇몇 부위(발, 허리, 어깨, 머리 등)에만 초점을 맞춰 바디 스캔을 진행할 수 있다. 학생들이 각자의 내면에 '주의를 기울이는' 동안, 교사는 마음챙김 연습을 안내한다. 이때 교 사는 학생이 잘 따라올 수 있도록 안내 사이에 시간 간격을 충분히 둔다. 이 는 학생들이 교사의 지도를 따르고 흩어진 주의를 다시 모으는 데 필요한 시간을 주기 위해 중요하다. 특히 산만한 학생들이 다시 집중하도록 돕기 위해서 중요하다. 안내는 매끄러워야 하며 서두르거나 너무 느려서도 안 된 다. 목소리는 부드러우면서도 잘 들리게 해야 하며 지침은 명확해야 한다. 스크립트 문장과 문장 사이, 단어와 단어 사이에 잠시 멈춘다. 잠시 멈출 때 교사 스스로 마음챙김 호흡을 하는 것은 진행 속도를 조절하고 연습 흐름을 유지하는 데 도움이 된다.

### ⍤ 트라우마 이해 훈련

어떤 학생은 벽을 향해 앉는 것을 더 편안하게 느낄 수 있다. 어떤 학생은 옷에 달린 모자로 얼굴을 덮는 것을 편하게 느끼기도 한다. 학생이 바란다면 눕는 대신 앉거나 서는 것을 허락한다. 또 눈을 감는 대신, 바닥에 시선을 둘 수도 있다.

교사는 학생들이 연습 중에 불안하거나 다른 감정에 압도될 때 어떻게 해야 하는지 지침을 미리 제공하는 것이 좋다. 여기에는 '긍정하기, 안전한 공간이나 장소에 집중하기, 편안함을 느끼게 하는 손 또는 발 등의 감각 관찰하기'가 포함된다. 어떤 소리에 귀를 기울이게 하거나 어떤 물건을 잡고 느낌을 관찰하게 해서 주의를 환기시키는 것도 도움이 된다. 아니면 '바디 스캔' 연습 시간을 줄이거나, 몇 번의 심호흡을 하고 부드럽게 마무리할 수도 있다. 더 짧은 버전의 '바디 스캔' 연습은 활동지(96쪽)에 안내되어 있다. 트라우마 적용에 관한 자세한 설명은 모두 〈트라우마를 겪은 청소년을 위한 마음챙김〉(322쪽)에 안내되어 있다.

학생들이 차분해지고 조용해지면 눕거나 편안하게 앉게 한 뒤, 아래 스크립트를 이용하여 연습을 시작한다.

> (학생들이 누워있다면) 자, 이제 등을 대고 매트나 담요 위에 누우세요. 발은 편하게 내려놓고 팔도 옆에 편하게 둡니다. (학생들이 앉아있다면) 허리를 곧게 펴세요. 너무 곧게 펴지 않아도 됩니다. 나비 다리를 하고 양손을 무릎에 편안하게 올려놓으세요.
> 이제 눈을 감으세요. 눈을 감는 것이 불편하면 앞의 공간을 부드럽게 바라봅니다. 이마와 눈에 힘을 빼고 얼굴 근육을 부드럽게 푸세요. 호흡에 먼저 주의를

기울여보세요. 우리는 가슴으로 숨을 쉬는 경우가 많아요. 위쪽 갈비뼈 위의 가슴에 손을 얹고 그곳에서 숨을 들이마시거나 내쉬어보세요.

잠시 말을 멈추고 학생들이 자신의 호흡을 관찰하게끔 시간을 준다.

> 이렇게 숨을 쉬면서 발견한 것이 있나요? 갑갑하거나 긴장감이 느껴지지 않았나요? 숨이 가쁘진 않았나요? 이런 식으로 숨 쉬는 것을 얕은 호흡이라고 해요. 불안할 때 이렇게 숨을 쉬는 경우가 많지요. 이제 손을 배 위에 대고 배로 숨을 쉬어보세요. 숨을 들이쉴 때 어떻게 배가 커지고 숨을 내쉴 때 배가 어떻게 줄어드는지 주의를 기울여보세요.
숨결이 코를 통해 들어오고 나가는 느낌을 관찰해 보세요. 호흡을 일부러 바꾸려 애쓰지 말고 호흡을 따르는 몸의 움직임을 느껴보세요. 지금 여러분이 어떤 경험을 하는지 호기심을 지니고 호흡을 관찰해 보세요.

> 이제, 여기 누워있는 (또는 앉아있는) 자신의 몸에 주의를 기울여봅시다. 바디스캔은 긴장을 풀게 도와주고, 자신의 몸이 어떻게 느끼고 여러분에게 무엇을 말하는지에 주의를 기울이게끔 돕는 마음챙김 방법이에요. 가능한 한 몸에 귀를 기울이고, 몸에 주의를 기울여보세요. 선생님의 말을 잘 듣고 따라해 보세요. 정신을 깨우고 집중하려고 노력해야 합니다. 몸 안과 밖으로 충분히 자연스럽게 숨을 쉬어야 한다는 것을 기억하세요. 마음이 방황하는 것을 알아차리면, "방황하는구나." 하고 내버려두고, 부드럽게 다시 선생님의 말에 집중해 보세요.
이제 다시 숨을 들이쉬면서 배가 올라가고, 내쉬면서 내려가는 것을 관찰하세요. 어떤 식으로든 억지로 호흡을 조절하지 말고, 리듬을 찾아보세요. 숨을 쉴 때 자신의 몸이 매트나 의자에 더 깊이 가라앉는 느낌에 주의를 기울여봅니다. 자, 이제 숨을 들이마실 때 발끝, 발바닥, 발꿈치가 바닥과 맞닿는 곳, 발에서 느껴지는 온기나 차가움, 눌림, 따끔거림과 같은 느낌에 주의를 기울입니다.

> 이제, 여러분의 호흡이 발로 향하게 해보세요. 처음에는 오른발로, 이제는 왼발로 숨을 쉴 수 있다고 상상해 보세요. 숨을 내쉬면서 긴장을 풀어보세요. 이제 여러분의 주의를 발에서 다리로 이동시킵니다. 다리에 어떤 느낌이 드는지 관찰해 보세요. 피부, 뼈, 근육, 피가 순환하는 느낌을 살펴보세요. 따뜻함이나 시원함이 느껴질 수도 있습니다. 이제, 다리가 매트나 의자와 닿는 느낌에 주목하세요. 어떤 감정이 들든 주의 깊게 탐구해 보세요. 왼쪽 다리를 내려가며 살펴보면서 호흡을 느끼고, 오른쪽 다리를 내려가며 살펴보면서 호흡을 느낍니다. 호흡을 양다리의 아래로 향하게 합니다. 긴장을 풀고 호흡과 함께 피곤함이나 긴장감이 나가게 합니다. 마음이 방황하고 있는 것을 발견할 때마다, 가능한 한 부드럽게 생각을 내려놓고 몸에 집중하기 위해 돌아와야 한다는 것을 기억하세요.

> 자, 이제 여러분의 모든 주의를 허리 쪽으로 옮기세요. 어떤 느낌이 드는지 관찰해 보세요. 조이는 느낌, 따끔거림, 아무 느낌도 없는지 살펴보세요. 이제 여러분의 주의를 척추를 따라 천천히 옮겨보세요. 그러면서 척추 주위의 근육, 피부, 의자나 매트에 등이 닿는 느낌을 관찰해 보세요. 그리고 다음 숨을 쉴 때, 등 전체로 숨을 들이마시고, 숨을 내쉬면서 근육에 힘을 빼고, 긴장과 피로를 풀어보세요. 등 전체로 호흡하면서 몸을 편안하게 합니다.
> 이제 여러분의 주의를 배 쪽으로 옮기세요. 숨을 쉴 때마다 오르락내리락하는 배의 움직임을 느끼세요. 숨을 들이마시고 내쉬고, 배가 오그라드는 것을 알아차려 봅니다. 가슴 부위로 주의를 이동합니다. 가슴의 움직임을 살펴보세요. 아마도 심장 박동이 느껴질 거예요. 이제 다시 주의를 집중해서 양손과 팔을 살펴봅니다. 양손의 손가락 끝에 주의를 집중합니다. 손끝의 따끔거리는 느낌, 공기가 닿는 느낌, 축축함 또는 건조함, 손가락의 옆, 손목, 손바닥, 손등을 관찰합니다.

> 이제 어깨로 주의를 옮겨보세요. 근육에 주목하세요. 어깨의 감각을 느낍니다.

화끈거리는지, 긴장되어 있는지, 무거운지, 가벼운지 살펴보세요. 어깨로 깊게 숨을 들이마시고, 걱정을 내려놓고, 어깨가 완전히 부드러워지도록 하세요. 다음으로, 머리에 주의를 기울이세요. 머리 꼭대기에 어떤 느낌이 드는지 살펴보세요. 이마, 눈, 코, 뺨, 입, 턱, 목. 할 수 있는 한 집중해서 얼굴과 머리에서 느껴지는 모든 느낌을 살펴보세요.

그러고 나서, 호흡이 여러분 몸 전체를 채우도록 합니다. 숨을 들이마실 때 몸 안으로 편안함과 새로운 에너지를 불어넣으세요. 내쉴 때는 모든 긴장과 피로를 몸 밖으로 내보냅니다. 이제 의식을 깨웁니다. 누워서 (또는 앉아서) 호흡이 온몸을 통해 자연스럽게 움직이는 것을 느끼세요. 머리에서 발로 의식을 옮기면서 호흡을 느껴봅니다. 편안하고, 튼튼한, 완전한 몸 전체를 인식해 보세요. 명상을 마칩니다.

실습이 끝났다는 의미로 종을 울린다. 시간이 충분하다면, 학생들이 '바디 스캔'에 대한 경험을 이야기하고 질문할 수 있도록 한다.

## '집에서 연습하기' 안내

교사는 학생들이 가정에서도 '바디 스캔'을 연습할 수 있도록 안내한다. 어떤 학생은 바디 스캔을 하다 잠들 수 있다. 이때를 활용해서 교사는 '비판단(판단하지 않음)'의 좋은 점을 설명할 수 있다. 예를 들어 졸린 것은 몸이 피곤하고 돌봐달라고 나에게 말하는 것일 수 있다. 마음챙김에서 중요한 것은 특별한 결과가 아니라 경험이다.

첫 차시를 마칠 때, 일상생활의 모든 순간마다 연습할 수 있다는 것을 강조한다. 학생들은 활동지('나만의 마음챙김 연습')의 예를 활용해서 수업이 끝난 뒤에도 개인적으로 마음챙김을 연습할 수 있다. 교사는 다양한 활동 제목을 적은 붙임 쪽지를 칠판에 붙이고 학생들이 하고 싶은 활동을 선택하게 한다.

'세 개의 점' 활동(제퍼슨 대학교 다이앤 라이벨<sup>Diane Reibel</sup>이 개발한 활동)은 일상생활에서의 마음챙김 연습을 돕는 또 다른 방법이다. 교사는 세 개의 스티커(예: 단색의 원형 스티커)를 나누어준다. 학생은 모니터, 휴대폰, 사물함 또는 노트북 커버와 같이 자주 볼 수 있는 곳에 이 스티커들을 붙인다. 그러고 나서 이 스티커를 발견할 때마다, 마음챙김하며 세 번씩 숨쉬기를 한다.

다음처럼 일상생활에서 마음챙김을 연습하는 방법을 안내한다.

> 하루에 세 번, 한 번에 적어도 세 번 마음챙김하며 숨쉬기를 해봅시다. '세 개의 점'은 이를 돕는 활동이에요. '바디 스캔'도 연습해 보세요.

교사는 차시 순서에 따라 연습 횟수를 정해줄 수 있다.

> 매일 학교나 집에서 활동지에 실린 '삶과 연계하기-3분 바디 스캔'을 해보세요. 활동지의 '나만의 마음챙김 연습'을 활용해서 여러분만의 특별한 마음챙김 활동을 만들고 연습해 보세요. 연습하면서 알아차린 것에 대해서는 활동을 마친 뒤, '집에서 연습하기'에 적도록 합니다.

## '연결감<sup>•</sup> 지니기' 연습

'나와 같은 사람<sup>Person Just Like Me</sup>' 연습(차드 멩 탄<sup>Chade-Meng Tan</sup>이 쓴 스크립트를 L2B에 맞게 응용)은 마무리 활동이다. 이 연습의 전체 활동은 주제 T 단원에 자세히 실려있다. 자비심<sup>compassion</sup> 또는 다른 사람과의 연결감은 마음챙김 연습의 바탕이 되는 태도이다. 그러므로 교사는 프로그램 전체에 걸쳐 연결감을 향상시키는 연습을 지속적으로 다루어야 한다. T를 제외한 모든 주제

---

• compassion을 번역한 것으로 사전적으로는 자비를 뜻한다. 이 부분에서는 다른 사람을 불쌍히 여긴다는 의미보다는 타인과 연결되어 있다는 알아차림을 의미하고 있으므로 연결감이라고 번역하였다. 그러나 compassion은 이미 학계에 자비나 연민으로 자주 번역되고 있으므로 다른 부분에서는 문맥에 따라 자비 또는 연민으로 번역하기도 하였다.—옮긴이

들은 짧은 버전과 긴 버전의 '나와 같은 사람' 활동을 포함하고 있다. 교사는 수업 시간을 고려해서 적당한 버전을 자유롭게 선택할 수 있다.

## 짧은 버전

> 수업을 마치기 전에 편하게 눈을 감고, 교실에 있는 사람 모두를 떠올리며 되돌아보는 시간을 갖겠습니다. 우리가 느끼고 생각한 점은 서로 달랐을지 모르지만 오늘 모두 마음챙김을 연습했습니다. 이제 이 교실에 있는 어떤 한 사람의 이미지를 떠올려보세요. 그 사람은 친한 친구일 수도 있고 그렇지 않은 친구일 수도 있습니다. 이제 그 친구에 대해 생각해 봅시다.
> 그 친구는 때때로, 자신의 일상에 주의를 기울이지 않고 자동 조종을 해왔을 거예요. 나처럼 말이죠. 그 친구도 몸에서 긴장감, 피로감, 불안감을 느꼈을 거예요. 나처럼 말이죠. 그래서 그 친구가 스스로 기쁨을 느낄 수 있는 삶의 작은 것에 주의를 기울이길 바라보세요. 그 친구가 가능한 한 긴장과 피로와 불편함이 없기를 바랍시다. 왜냐하면 그 친구는 내 이웃이자 한 인간이니까요. 나처럼 말이죠.

## 긴 버전

> 편안하게 앉아서 눈을 감으세요. 이제 이 교실에 있는 한 사람을 떠올려보세요. 그 사람은 친한 친구일 수도 있고 그냥 잘 아는 친구일 수도 있어요. 이제 그 친구의 이미지를 가능한 한 생생하게 떠올려보세요. 한 인간으로서 인격을 지닌 그 친구의 이미지를 떠올려봅시다.
> 이제 그 친구에 대해 생각해 봅시다. 그 친구는 때때로, 자신의 일상에 주의를 기울이지 않고 자동 조종을 해왔을 거예요. 나처럼 말이죠. 그 친구는 힘든 일을 겪을 때 균형을 잃고 준비가 되어있지 않다고 느꼈을지 몰라요. 나처럼 말이죠. 그 친구도 몸에서 긴장, 피로, 불안을 느꼈을 거예요. 나처럼 말이죠.

> 이런 것도 생각해 봅시다. 그 친구는 삶의 모든 경험과 그 경험이 일어나는 순

간에 주의를 기울이기를 바랄 거예요. 나처럼 말이죠. 그 친구는 힘든 일이 있

을 때 더 대처를 잘하고 자신감을 느끼길 바랄 거예요. 나처럼 말이죠. 그 친구

는 피로, 긴장, 불안, 불편을 느끼지 않길 바랄 거예요. 나처럼 말이죠.

그러면 이제 진심으로 바라봅시다.

그 친구가 일상의 작은 것들에도 주의를 기울여 기쁨을 느끼길,

그 친구가 힘든 일이 생겨도 자신감 있게 대처하고 균형을 잃지 않길,

그 친구가 안전함과 편안함을 느끼길,

그 친구가 친절한 태도로 자신의 몸이 힘들지 않은지 잘 살피길 바라봅시다.

그 친구도 내 이웃이자 한 인간이니까요. 나처럼 말이죠.

# 확장 버전 18주

| | 1차시 | 2차시 | 3차시 |
|---|---|---|---|
| **도입** | • L2B 소개 | • 짧은 마음챙김 연습<br>• 지난 차시 상기 | • 짧은 마음챙김 연습<br>• 지난 차시 상기 |
| **마음챙김일까? 아닐까?** | | | • 마음챙김의 정의 |
| **마음챙김 실험** | • 마음챙김하며 종소리 듣기 | • 마음챙김을 할 때와 하지 않을 때<br>• 마음챙김하며 먹기 | • 마음챙김의 요소<br>• 나만의 마음챙김 연습 |
| **마무리** | • 짧은 호흡 알아차리기 연습<br>• '집에서 연습하기' 안내 | • 마음챙김하며 발 관찰하기<br>• '집에서 연습하기' 안내 | • 바디 스캔 연습<br>• '연결감 지니기' 연습<br>• '집에서 연습하기' 안내 |

| | 1차시 | 2차시 |
|---|---|---|
| 도입 | • L2B 소개 | • 짧은 마음챙김 연습<br>• 지난 차시 상기 |
| 활동 | • 마음챙김하며 듣기 실험<br>• 마음챙김 정의<br>• 마음챙김하며 먹기(또는 감각의 문) | • 마음챙김을 할 때와 하지 않을 때 |
| 연습 | • 바디 스캔(짧은 버전) | • 바디 스캔(긴 버전) |
| 마무리 | • '집에서 연습하기' 안내 | • '집에서 연습하기' 안내<br>• '연결감 지니기' 연습 |

확장 버전은 기본 버전의 수업 스크립트, 지도 시 유의점, 활동을 바탕으로 구성된다. 다음은 추가 활동이다.

# 1차시

## 마음챙김하며 종소리 듣기

> 마음챙김을 할 때는 스스로를 위해 모든 감각을 깨우고 주의를 기울여야 해요. 다시 말해서, 마음챙김을 할 때 우리는 정말로 깨어있고 지금 이 순간에 일어나는 일에 주의를 기울이죠. 이제 실험해 봅시다. 조용히 앉아 눈을 감으세요. 자세가 불편하면 자세를 바꾸거나 시선을 편안하게 두어도 됩니다. 이제 주의를 기울여 종소리를 들어보세요. 종소리가 더 이상 들리지 않을 때 손을 드세요.

  학생들이 차분해지고 공간이 고요해질 때까지 기다린다. 종이나 차임벨을 울린다.

> 마음챙김하며 주의를 기울이는 것은 우리가 평소에 주의를 기울이는 방식과 어떻게 다른가요?

⊙ 학생 응답

> 어느 순간 무슨 일이 일어나고 있는지 매우 주의 깊게 관찰해 본 경험이 있나요?

⊙ 학생 응답

> 이렇게 주의를 기울이는 것을 마음챙김이라고 해요. 이제 나의 호흡에 주의를 기울이는 연습을 다시 해봅시다. 호흡에 주의를 기울이는 것은 다른 것도 집중을 잘할 수 있도록 도와줍니다.

## 짧은 호흡 알아차리기 연습

학생들이 준비할 수 있도록 충분히 시간을 주고, 천천히 안내를 시작한다.

> 이제 편한 자세를 찾아보세요. (앉아있다면) 두 발을 바닥에 평평하게 놓습니다. 등을 곧게 펴세요. 하지만 너무 뻣뻣하지 않아도 됩니다. 양손은 무릎 위에 놓거나 손바닥을 아래로 하고 다리 위에 올려놓으세요. (누워있다면) 일자로 누워 발에 힘을 빼고, 양팔을 몸 옆에 가지런히 놓으세요. 이제 자신의 내면을 들여다봅시다. 자신이 숨 쉬는 모습을 살펴봅니다. 호흡을 관찰하기 가장 쉬운 곳을 살펴보세요. 코, 가슴, 또는 배에 숨이 들락날락하는 것에 주의를 기울입니다.
> 여러분이 자신의 호흡을 알아차릴 수 있는지 보고, 들숨과 날숨을 계속 따라가며 관찰해 보세요. 가능하다면 여러분의 배 위에 손을 올려놓고 호흡의 리듬도 느껴보세요. 우리는 지금 호흡 한 가지에만 집중하고 있어요. 숨을 들이마시고 내쉬는 모든 과정에 주의를 기울여서 따라 갑니다. 우리는 우리 안에 주의를 기울이고 있습니다.

종을 울려 명상을 마친다. 시간이 있다면 활동 내용을 간략하게 정리한다.

## 2차시

## 지난 차시 상기

> 우리가 내면의 힘을 기르는 것에 관해 얘기했던 것이 기억나나요? 우리가 마음챙김에 대해 배우고 마음챙김을 연습하는 것은 내면의 힘을 기르기 위해서입니다. 우리는 마음챙김을 하지 않는 방법은 이미 알고 있어요. 왜냐하면 우리

대부분은 평소에 마음챙김을 하지 않고 살아가니까요. 마음챙김을 하지 않는 한 가지 방법은 우리의 관심을 자동 조종에 맡기는 것입니다. '자동 조종'이 무슨 뜻인지 함께 알아봅시다.

## 마음챙김을 할 때와 하지 않을 때

이 활동은 학생 모두가 참여하는 토론으로 실시할 수 있다.

## 마음챙김하며 먹기

> 마음챙김을 익힐 수 있는 한 가지 쉬운 방법은 간단한 일을 특정한 방식으로 해보는 거예요. 예를 들어, 그 간단한 일을 매우 신기한 일인 것처럼 관찰해 보는 거예요.

## 마음챙김하며 발 관찰하기

학생들이 준비할 수 있도록 충분히 시간을 준 다음, 여유 있게 안내를 시작한다.

> 마음챙김하며 먹기를 통해 우리는 몸의 감각을 알아차릴 수 있는 법을 배웠어요. 이번에는 다른 방법으로도 해봅시다. 우리는 평소 자신의 몸에 별로 관심을 두지 않아요. 몸에 주의를 기울이면 마음챙김에 관해 많은 것을 배울 수 있어요. 먼저 건포도를 먹을 때처럼 몸에 주의를 기울이는 것부터 시작해 봅시다.
> (의자에 앉은 채로) 자, 두 발을 바닥에 평평하게 놓고 편안한 자세를 취하세요. 척추를 펴고 앉으세요. 하지만 너무 뻣뻣하게 세우지 않아도 됩니다. 양손은 손바닥을 아래로 하고 무릎 위나 다리 위에 놓으세요. 이제 여러분의 호흡을 관찰해 보세요. 몸 어디에서 숨이 들락날락하는지 찾아보세요. 들숨을 따라서 자

신의 관심을 몸에서 발바닥까지 옮길 수 있는지 살펴보세요.

> 신발과 바닥이 닿는 부분의 감각에 주의를 집중할 수 있는지 보세요. 양말이나 신발의 감각을 알아차릴 수 있을지 모르겠군요. 발에 따뜻함이나 시원함, 가벼움이나 무거움, 또는 맥박이 느껴지는지 관찰해 보세요. 두 발의 발가락, 발바닥, 뒤꿈치에 주의를 기울여봅시다. 이제 여러분의 주의를 바닥에 닿아있는 오른쪽 발바닥 전체에, 그리고 왼쪽 발바닥 전체에 차례로 옮겨보세요. 이제 두 발바닥 전체의 감각을 관찰해 봅시다. 다시 한번 숨을 들이마시고 내쉬는 숨에 집중하면서 발에서 배로 주의를 옮겨봅시다.
> 종이 울리면 조용히 눈을 뜹니다.

종을 울린다.

## 3차시

### 지난 차시 상기

B와 마지막 글자 E를 칠판 위에 적거나 붙인다. 3차시는 수업 대부분을 '바디 스캔' 연습에 할애한다. 학생들이 준비할 시간을 충분히 준 뒤, 천천히 안내를 시작한다.

> 마음챙김은 무언가에 주의를 집중하는 것을 뜻해요. 우리가 주의를 기울여 무언가를 한다는 것을 의미하는 말에는 또 무엇이 있을까요?

학생들은 '의도적으로'라는 말을 생각해 낼 수 있다.

> 맞아요. 이제 우리 안팎에서 일어나고 있는 일에 주의를 기울이는 것을 연습해 봅시다. 친절한 태도를 바탕으로 무슨 일이 일어나고 있는지 관심과 호기심을 갖고 집중하여 봅시다.

## 마음챙김의 요소

활동지(97쪽)의 이미지를 사용하여 마음챙김의 세 가지 주요 특징을 살펴 본다.

> 어떻게 하면 스스로를 친절하게 대할 수 있을까요? 자신을 친구처럼 대하는 것이 한 방법이에요. 판단하기보다는 흥미를 가지고 관찰해 보세요. 지금까지 우리는 마음챙김에 관해 많은 것을 배웠습니다. 여러분은 마음챙김의 장점이 무엇이라고 생각하나요?

⊙ 학생 응답

> 마음챙김은 우리의 삶을 더 온전히 경험할 수 있는 수단을 제공합니다. 하지 만, 약간의 연습이 필요해요. 수업 시간 외에도 마음챙김을 연습할 수 있는 방 법에 대해 이야기해 봅시다.

## 나만의 마음챙김 연습

학생들이 일상생활에서 연습할 수 있는 마음챙김 방법을 활동지(93쪽)에서 자유롭게 고르게끔 한다.

# 바디 스캔 연습

다음은 발, 배, 어깨, 머리, 얼굴에 집중해 보는 바디 스캔 스크립트이다. 교사는 상황에 따라 일부 신체 부위에 대해서만 마음챙김 수업을 실시할 수 있다. 매트 또는 담요 위에 앉거나 누워서 연습하게끔 한다. 학생들이 준비할 수 있도록 충분히 시간을 준 뒤, 천천히 안내를 시작한다.

> 오늘 우리는 몸 전체에 주의를 기울여보려고 합니다. 우리는 '바디 스캔'을 할 거예요. '바디 스캔'은 몸에 긴장을 풀고 자신의 몸이 어떻게 느끼는지 그리고 무엇을 말하는지 주의를 기울이게 돕는 연습이에요. 가능한 한 완전히 몸 안에 주의를 기울여봅시다.
> (학생들이 누워있다면) 매트나 담요에 등을 대고 누워 발을 엉덩이 너비 정도로 벌려 편안하게 놓으세요. 팔은 몸 양옆으로 내려놓으세요. (학생들이 앉아있다면) 허리를 곧게 펴되 뻣뻣하게 세우진 마세요. 두 발은 바닥에 대고 두 손은 무릎 위에 편안하게 놓습니다.

> 눈을 감으세요. 눈을 감는 것이 불편하면 뜬 채로 편안하게 시선을 내려놓으면 됩니다. 가능한 한 선생님의 말을 잘 듣고 따르세요. 깨어있으려고 노력해 보세요. 충분히 숨을 들이마시고 내쉬면서 자유롭게 호흡해야 한다는 것을 기억하세요. 자신이 이런저런 생각을 하고 있다는 것을 알아차렸다면, 생각이 어디로 흘러가는지 살펴보세요. 그리고 다시 주의를 부드럽게 선생님의 말로 가져옵니다.
> 이제 배가 숨을 들이마실 때 올라가고 숨을 내쉴 때 내려가는 것을 관찰해 보세요. 억지로 호흡을 바꾸려 하지 말고, 자연스러운 리듬을 찾아 호흡할 수 있도록 내버려둡니다. 숨을 내쉴 때마다 매트나 의자에 몸이 더 깊이 가라앉는 것을 느껴보세요. 다음 숨을 들이마실 때, 호흡이 몸을 거쳐 양 발바닥으로 향하게 주의를 기울입니다. 여러분의 발가락, 발꿈치가 바닥과 닿는 느낌을 살펴보세

요. 발에서 느껴지는 온기나 차가움, 압박감, 따끔거림과 같은 느낌에 주의를 기울입니다.

> 자신의 숨이 양발에 이르게 호흡하면서 숨을 내쉴 때 피곤함이나 긴장감이 오른발 발바닥을 통해 나간다고 상상해 보세요. 이제 왼쪽 발끝까지 숨을 들이마시고, 숨을 내쉬면서 왼쪽 발바닥의 피로와 긴장을 풀어줍니다. 발에서 배로 주의를 옮겨 숨을 쉴 때마다 배가 오르락내리락하는 움직임을 느껴보세요. 숨을 깊게 들이마실 때 배가 부풀어 오르게 한 다음, 숨을 내쉴 때 배가 작아지는 느낌을 느껴보세요. 호흡의 리듬을 바꾸지 말고 있는 그대로 관찰합니다. 숨을 들이마실 때부터 숨을 내쉬는 끝까지 배의 호흡에 집중할 수 있는지 알아차려 보세요. 만약 여러분의 생각이 방황하고 있다면, 그 생각에 대해 판단하지 말고 부드럽게 다시 호흡에 주의를 기울여보세요.

> 이제 여러분의 주의를 배에서 어깨로 옮겨보세요. 근육의 움직임과 느낌을 관찰합니다. 뜨거움이나 당김, 긴장, 무거움 또는 가벼움이 느껴지는지 살펴보세요. 어떤 느낌이든 호기심을 가지고 흥미롭게 관찰해 보세요. 어깨로 깊게 숨을 들이마시면서 걱정을 내려놓고, 어깨가 편안해지도록 느껴보세요. 만약 마음이 방황한다면, 다시 부드럽게 호흡에 집중하면 된다는 것을 기억하세요. 언제든지 여러분은 자신의 호흡을 주의를 기울이기 위한 닻으로 사용할 수 있습니다.

> 다음은 머리에 주의를 기울여볼게요. 머리가 바닥과 닿는 곳을 주목하세요. 무거운가요, 가벼운가요? 정수리, 이마, 눈, 코, 뺨, 입, 턱에 감각을 느껴보세요. 가능한 한 얼굴과 머리 위의 모든 감각에 주의를 기울여보세요. 이제 머리에서 발까지 호흡에 따라 몸이 움직이는 것을 살펴보면서, 온몸을 통해 편안하게 숨을 쉬는 것을 느낄 수 있는지 관찰해 봅니다. 마지막으로 누워서 자연스럽게 호흡하는 자신의 몸 전체를 느껴보세요. 편안하고, 튼튼한, 완전한 몸 전체를 인

식해 보세요. 연습을 마칩니다.

## '연결감 지니기' 연습

'나와 같은 사람' 활동으로 주제 B를 마친다.

# 활동지

## 마음챙김을 하는 하루와 하지 않는 하루

살면서 무의식적으로 '자동 조종'에 맡기는 일이나 행동에는 어떤 것이 있을까? 내가 마음챙김을 하며 완전히 집중하는 일은 무엇일까? 가능한 한 많이 떠올려 써보자. 또 마음챙김할 때, 또는 마음챙김하지 않을 때 어떤 느낌이 드는지도 써보자.

내가 마음챙김할 때는

_____

_____

_____

_____

_____

_____

내가 마음챙김하지 않을 때는

_____

_____

_____

_____

_____

_____

## 나만의 마음챙김 연습

우리는 매일 모든 순간, 주의를 기울이는 연습을 할 수 있어요. 아래에서 하고 싶은 활동을 하나 골라 연습해 봅시다. (하고 싶은 활동이 없으면 빈칸에 쓰세요.)

| | | |
|---|---|---|
| 쉬는 시간에 놀이를 하면서 | 계단을 오르내리면서 | 양치하면서 |
| 옷을 입으면서 | 다른 사람 이야기를 들으면서 | 이메일이나 문자를 보내면서 |
| 밥이나 간식을 먹으면서 | 복도를 걸으면서 | 사물함을 정리하면서 |
| 손을 씻으면서 | 학교 활동이나 숙제를 하면서 | 줄을 서면서 |
| 버스를 기다리면서 | 책가방을 싸면서 | 등교하면서 |
| | | |

위의 목록을 잘라서 다음에 붙이세요. 매일 새로운 활동을 더합니다.

마음챙김 일지에 활동을 하면서 알아차린 감각, 감정, 생각을 쓰거나 그려보세요.

## 마음챙김 일지

| 감각: |
|---|
| 감정: |
| 생각: |

## 집에서 연습하기

- 하루에 세 번씩 한 번에 세 번 이상, 마음챙김하며 호흡하기를 연습해 보세요.
- 스스로 '바디 스캔'을 연습해 보세요.
- '나만의 마음챙김 연습'을 해보세요.
- 연습을 마친 뒤, 아래에 느낀 점을 쓰거나 그려보세요.

## 삶과 연계하기

### 3분 바디 스캔

긴장이나 불안을 느낄 때, 언제든지 짧은 '바디 스캔'을 연습할 수 있어요.

다음 상황에서 짧은 '바디 스캔'을 해보세요.

- 교실에 앉아있을 때
- 시험 전에
- 시합 전에
- 발표 전에
- 아침에 일어나기 전에
- 잠들기 전에
- 줄을 서서 기다릴 때
- 어떤 행사를 하는 동안
- 면담하기 전에

### 방법

- 자신의 몸에 집중해서 호흡을 관찰해 보세요.
- 발 또는 머리부터 시작해서 자신의 신체와 경험에 주의를 기울여보세요. 발이나 등 아래, 배, 어깨, 얼굴, 턱, 이마에 주의를 기울이며 긴장이 느껴지는 곳을 관찰하세요.
- 관찰하는 신체 부위에 숨을 불어넣어 긴장을 풀며 '바디 스캔'을 할 때처럼 새로운 에너지를 불어넣으세요.
- 주의를 몸 전체로 넓히고 머리에서 발로 숨결이 흐르는 것을 느껴보세요.

# 마음챙김

마음챙김은 건강한 삶을 살 수 있도록 자신의 경험에 주의를 기울이는 방법이에요.

- **목적이 있는 것**  의도적으로 자신의 내면과 외부에 주의를 기울이는 것
- **지금 이 순간에 머무는 것**  지금 자신의 내면과 외부에 무슨 일이 일어나는지 알아차리는 것
- **비판단**  자신의 내면과 외부의 경험과 상관없이, 어떤 경험에 사로잡히지 않고, 자신을 친절하게 대하는 것

# Reflection

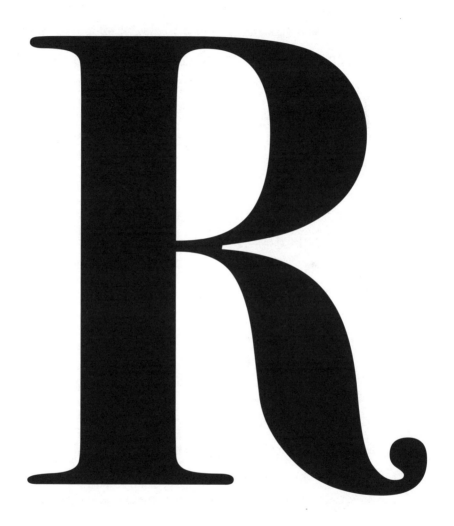

생각은 생각일 뿐이야!

# 수업 개요

주제 R의 시작을 환영한다. R은 '생각 reflection'을 뜻한다. 이 단원의 핵심은 '생각은 생각일 뿐'이라는 것이다. 이 단원에서 교사가 할 가장 중요한 일은 '생각이 끊임없이 재잘거린다는 것' 그리고 '그러한 재잘거림을 알아차리고 관찰함으로써 생각을 다룰 수 있다는 것'을 학생들이 이해하게끔 돕는 것이다. 우리가 생각하는 모든 것을 믿을 필요는 없다. 대신 우리는 내 삶의 목표를 이루는 데 도움이 되는 생각, 그리고 건강한 생각에 집중하기로 선택할 수 있다.

첫 시간 이후 모든 수업은 동일한 기본 구조를 따른다. 모든 수업은 짧은 마음챙김 연습으로 시작한다. 이를 통해 학생은 행동하기보다는 존재하고 경험하는 방식을 취할 수 있다. 수업을 시작하기 전에, 가능한 한 편안하고 조용한 교실 분위기를 조성한다. 짧은 마음챙김 연습을 한 다음에는, 발문을 통해 지난 차시에서 배우고 연습한 내용을 상기시키고 오늘 수업의 주요 주제를 소개한다.

## 수업의 목표
- 마음이 재잘거리는 방식(자기 대화)을 이해하기
- 생각과 감정의 상호적인 관계를 이해하기
- 자기 대화가 주의력, 감정, 수행에 미치는 영향을 탐구하기
- 마음챙김하며 생각이 어떻게 흘러가는지 관찰함으로써(또는 사로잡히지 않고 내버려둠으로써) 생각을 다루기

수업을 시작하기 전에, 교사 자신의 마음챙김이 중요하다는 점을 기억해야 한다. 교사는 가능한 한 자주 멈추고, 수용하고, 가르쳐야 한다. 현재의 순간에 '멈추고', 즐거운 것이든 싫은 것이든 간에 지금 여기에 일어나는 생각, 감정, 감각을 '수용하고', 학생들에게 회복탄력성과 스스로 동기를 부여하는 힘과 다른 사람과의 연결감을 길러주고자 하는 '의도'로 지도해야 한다.

# 수업의 흐름

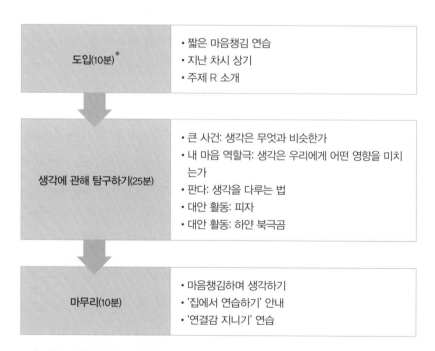

**도입(10분)**
- 짧은 마음챙김 연습
- 지난 차시 상기
- 주제 R 소개

**생각에 관해 탐구하기(25분)**
- 큰 사건: 생각은 무엇과 비슷한가
- 내 마음 역할극: 생각은 우리에게 어떤 영향을 미치는가
- 판다: 생각을 다루는 법
- 대안 활동: 피자
- 대안 활동: 하얀 북극곰

**마무리(10분)**
- 마음챙김하며 생각하기
- '집에서 연습하기' 안내
- '연결감 지니기' 연습

● 일주일에 한 차시 시행을 고려한 대략적인 소요 시간

## 짧은 마음챙김 연습

학생들이 수업에 참여할 준비를 마치고 나면 먼저 짧은 마음챙김 연습을 시작한다.

## 지난 차시 상기

> 지난 시간에 배운 것을 떠올려봅시다. 지난 수업에서 무엇이 제일 기억에 남았나요? 무엇에 관해 토의했는지 기억나나요? 마음챙김이 무엇이죠? 마음챙김의 세 가지 요소는 무엇이었죠? 우리가 어떤 마음챙김 방법을 연습했는지 기억나나요?

⊙ 학생 응답

> 마음챙김은 삶에 주의를 기울이는 특별한 방법이라는 것을 기억하세요. 마음챙김은 어떤 것에 반응하거나 무언가를 판단하거나 바꿀 필요 없이, 지금 일어나는 일에 의도적으로 주의를 기울이는 거예요. 우리가 연습한 마음챙김은 소리, 음식(또는 다른 감각 대상), 호흡, 몸이 자신에게 하는 말 등에 주의를 기울이는 것이에요.

## 주제 R 소개

> 오늘은 자신의 생각을 알아차리는 연습을 해볼 거예요.

📋 **포스터**

부록의 R 포스터를 칠판이나 교실 게시판에 붙인다. 포스터는 수업 시간 외에도 학생들이 마음챙김을 떠올리게끔 도울 수 있다.

> 짧은 마음챙김 연습을 하는 동안 마음속 떠오르는 생각들을 알아차렸나요? 어떤 생각이었나요? 생각이 많았나요? 몇 가지의 생각이었는지 셀 수 있나요? 모두 같은 생각이었나요? 완성된 문장으로 이루어진 생각이었나요, 아니면 단어나, 아이디어, 또는 이미지였나요? 자신의 생각을 설명할 수 있나요?

⊙ 학생 응답

📋 **지도 시 유의점**

마음챙김을 하려면 몇 가지 기본적인 태도가 중요하다(Kabat-Zinn, 2013). 그 가운데 하나가 주제 B '지도 시 유의점'(58쪽)에서 언급한 인내심이다. 인내심은 기다리는 시간을 통해 파악할 수 있다. 교사는 학생들이 계속 집중할 수 있도록 진행 속도를 유지해야 하지만, 학생들이 성찰을 다 할 때까지 조용히 기다림으로써 인내심을 보여주고 타인과 관계를 맺는 방법을 보여줄 수 있다. 교사는 '올바른' 답을 알려주는 것보다 성찰하도록 독려해야 한다.

📋 **트라우마 이해 훈련**

모든 수업과 토론에서, 학생들은 스스로 원하지 않는 한 자신의 생각을 구체적으로 공개하지 않아도 된다. 이는 L2B의 기본 원칙이다. 왜냐하면 청소년은 대개 상대적으로 높은 수준의 자의식을 경험하기 때문이다. 이것은 또한 L2B 프로그램이 '너' 대신 '우리'라는 단어를 사용하는 이유이기도 하다. L2B는 개인적인 이야기나 정보를 공유하기 위한 프로그램이 아니다. 그보다는 공통의 인간성을 활용하여 경험의 본질을 인식하도록 돕기 위한 것이다. L2B는 모든 청소년에게 중요하지만, 특히 트라우마를 경험한 학생에게 중요할 수 있다. 트라우마가 있는 사람은 일반적으로 수치심을 느끼는 경우가 많아서 자신의 느낌이나 생각을 공개하라는 요구는 도움이 되지 않을 뿐 아니라 부적절하다.

## 생각에 관해 탐구하기

### 큰 사건: 생각은 무엇과 비슷한가

> 우리의 뇌는 놀라워요. 뇌는 생각하고, 문제를 해결하고, 계획하고, 기억하고, 다른 사람들과 소통하고, 대상을 느끼고, 우리가 하고 싶은 것들을 하게 해주죠. 대부분의 경우, 우리의 뇌는 생각을 만들어내요. 우리는 뇌가 끊임없이 수다를 떨고 있다는 것을 평소에는 잘 인식하지 못해요. 하지만, 주의를 기울이면 인식할 수 있어요. 오늘 우리는 내면의 힘을 기르는 연습인 '마음챙김하며 생각하기'를 배울 거예요. 마음챙김하며 생각하기가 내면의 균형감을 기르는 데 어떻게 도움을 줄 수 있는지 이야기해 봅시다.

다음은 사고의 본질을 이해하는 데 도움을 주는 인지행동치료 활동 또는 일반적인 자조활동이다. 학생들은 활동을 통해 생각이 감정, 행동과 어떻게 연관되는지 탐구할 수 있다. 생각과 감정의 차이를 이해하는 것은 중요한 사회정서적 기술이다. 교사는 우리의 생각이 좋거나 나쁘거나 중립적이라고 평가하는 경향이 있다는 것을 알아차리게 한다.

> 우리의 생각과 마음이 어떻게 작동하는지에 관해 조금 더 배워봅시다. '큰 사건 동그라미' 활동지(133쪽)에 여러분의 생각을 적어볼 거예요. 이제 선생님이 여러분에게 이야기 하나를 들려줄 거예요. 눈을 감고 잘 들어보세요. 선생님이 어떤 장면을 묘사할 때 그 장면 속에 자신이 있다고 상상해 보세요. 여러분에게 어떤 생각과 감정이 일어나고 있는지 가능한 한 열심히 집중해서 관찰해 보세요. 이야기가 끝나면 활동지 왼쪽 위의 동그라미에 가장 먼저 떠오르는 생각을 적으세요. 그리고 이야기를 들으면서 느낀 점을 오른쪽 위의 동그라미에 적습니다.
질문이 있나요? (필요에 따라 여러 번 물어볼 수 있다.)

학생들이 준비를 마치면 다음 스크립트를 읽는다.

> 여러분의 학교에 큰 행사가 열린다고 상상해 보세요. 그 행사는 춤을 추는 파티일 수도 있고, 축제일 수도 있어요. 여러분 또래의 다른 학교 친구들도 많이 올 거예요. 여러분은 몇몇 친구에게 함께 가자고 말해보았지만, 그 친구들은 모두 다른 할 일이 있대요. 여러분은 혼자 행사에 왔고, 그래서 좀 긴장되기도 하고 신경 쓰여요. 복도를 지나가는데 행사장 건너편에서 아는 친구가 보이길래 손을 흔들었어요. 친구는 여러분을 보았지만 뒤돌아 가버립니다. 이제 눈을 뜨고 이 이야기에 대한 여러분의 생각을 왼쪽 위의 동그라미에 적으세요. 오른쪽 위의 동그라미에는 알아차린 여러분의 감정을 적으세요.

학생들이 적을 시간을 준다.

> 어떤 생각을 적었나요? 무슨 감정이 들었나요? 유쾌한? 불쾌한? 아니면 그냥

그런 것이었나요? 생각과 감정 사이에 연관성이 있나요? 생각과 감정은 감정적인 상태와 연결되어 있다는 것을 알 수 있어요.

⊙ 학생 응답

칠판에 학생들이 응답한 사례를 적는다.

---

**☑ 지도 시 유의점**

교사의 말은 학생들이 자신의 경험에 대해 어떻게 반응할지를 결정하는 데 도움을 줄 수 있다. 또한, 일상생활에서 벌어지는 일에 대해 마음챙김을 통해 반응하도록 유도할 수 있다. L2B 프로그램의 주요 목표 가운데 하나는 현재의 경험을 인식하고 수용하게끔 촉진하는 것이다. 왜냐하면 그렇게 하는 것이 마음챙김의 본질이기 때문이다. 마음챙김을 통해 우리는 자신의 경험(우리의 행동)에 대해 충동적이고 무의식적이기보다는 주의를 기울이고 성찰하는 방식으로 반응할 수 있다. 많은 정서적, 행동적 문제들은 우리가 불편함이나 고통을 피하려고 하기 때문에 발생한다. 생각, 감정, 신체적 감각을 긍정적이거나 부정적인 것으로 말하는 것은 그 경험에 대한 암묵적인 판단과 자동적인 반응을 촉발할 가능성이 높다. 이를테면, '긍정적인' 경험은 좋고 바람직하며, '부정적인' 경험은 나쁘기 때문에 피하거나 억눌러야 한다는 식으로 말이다. 대신, 교사는 유쾌, 불쾌, 중립이라는 용어를 사용해야 한다. 이를 통해 회피 습관을 강화하는 자동적인 반응을 줄이고 모든 경험에 대해 수용하는 자세를 지니게끔 할 수 있다. 이처럼 수용하는 태도는 마음챙김 연습의 핵심을 이룬다.

---

> 이제 이야기를 다시 읽어줄 거예요. 눈을 감고 이야기 속에서 자신을 떠올려보세요. 선생님의 이야기가 끝나면, 두 번째 동그라미에 자신의 생각과 느낌을

적어보세요. 왼쪽 아래 동그라미에는 눈에 띄는 생각을, 오른쪽 아래 동그라미에는 눈에 띄는 감정을 쓰세요.

> 여러분의 학교에 큰 행사가 열린다고 상상해 보세요. 그 행사는 춤을 추는 파티일 수도 있고, 축제일 수도 있어요. 여러분 또래의 다른 학교 친구들도 많이 올 거예요. 여러분은 몇몇 친구에게 함께 가자고 말해보았지만, 그 친구들은 모두 다른 할 일이 있대요. 여러분은 혼자 행사에 왔고, 그래서 좀 긴장되기도 하고 신경 쓰여요. 복도를 지나가는데 행사장 건너편에서 아는 친구가 보이길래 손을 흔들었어요. 친구는 여러분을 보았지만 뒤돌아 가버립니다. 이제 여러분은 친구가 안경을 벗고 있다는 사실을 알아차립니다.
> 이제 눈을 뜨고, 이 이야기에 대한 여러분의 첫 생각과 느낌을 아래 동그라미에 써보세요.

학생들에게 작성할 시간을 준다.

> 동그라미 안에 어떤 생각들을 썼나요? 또, 어떤 감정들을 썼나요? 여러분이 쓴 것은 유쾌한 것과 관련되었나요? 불쾌한 것인가요? 아니면 중립적인 것인가요? 첫 번째와 두 번째 쓴 것의 차이점은 무엇인가요?

⊙ 학생 응답

학생들의 응답을 바탕으로 토의를 진행한다. 둘의 공통점과 차이점을 찾으며, 생각과 감정을 유쾌한 것, 불쾌한 것, 중립적인 것으로 분류해 본다. 생각이 감정에 미치는 영향을 주목하도록 한다. 사람들마다 유쾌한 것, 불쾌한 것, 중립적인 것에 관한 인식이 다르다는 것과 우리가 스스로에게 하는 자기 대화는 우리의 감정뿐 아니라 생각하는 방식을 계속해서 바꾼다는 사실에 관해 이야기를 나눈다.

지도 시 유의점

이 수업의 배경 이론을 좀 더 알고 싶다면 생각, 감정, 행동의 상호 관련성에 관한 광범위한 연구와 임상 관련 문헌을 읽기를 바란다. 사건에 대한 우리의 인식이나 해석(생각)이 우리가 경험하는 감정적 반응과 연관된다는 것, 그리고 그 반대의 경우도 마찬가지라는 것이 이론적 근거의 핵심이다. 사건 그 자체는 감정적인 부분이 적은 반면, 인지적인 해석은 감정적인 반응을 이끌어내는 데 매우 큰 영향을 미친다. 더 자세한 내용은 아론 벡Aaron Beck(1979), 데이비드 번스David Burns(1999), 앨버트 엘리스Albert Ellis와 로버트 하퍼Robert Harper(1975)의 연구를 참고하기를 바란다.

> 우리의 뇌에는 사물에 대한 이해를 돕게끔 이야기를 만드는 기능이 내장되어 있어요. 우리의 마음은 계속해서 사람들과 사건들에 대한 이야기를 만들어내죠. 이런 이야기는 우리로 하여금 스트레스를 느끼게 해요. 우리가 만든 이야기나 생각은 감정과 연결돼요. 우리의 생각과 감정은 유쾌하거나 불쾌하거나 중립적이에요. 때때로 우리의 마음은 이야기들을 반복해서 재생하고 실제 사건이 끝난 후에도 사건들에 대해 오랫동안 생각하게 하죠. 좀 전에 우리는 같은 이야기를 들었지만, 모두 다른 생각과 감정을 가지고 있었어요. 마음이 이야기꾼이라는 것을 알아차리는 것이 정말 중요해요. 우리 모두는 자신에게 이야기를 해요. 그 이야기 내용은 저마다 다를 수 있지만 말이죠.

트라우마 이해 훈련

청소년기에는 다른 사람도 자신과 같은 방식으로 생각하고 느낀다고 생각하는 경우가 많다. 이러한 사실은 과거의 경험 때문에 고립감을 느끼고 자신이 남과 다르다고 느끼는 청소년에게 특히 중요하다. 이런 아이들의 고립감은 다른 청소년이 느끼는 외로움이나 단절감과 비슷하다. 하지만, 사회적 지지가 부족하거나 다른 사람과 자신이 '다르다'고 느끼는 트라우마가 있는 청소년은 고립감을 매우 강하게 느낄 수 있다. 그런 청소년에게 "우리는 모두 고립감을 느낀다."는 사실을 떠올려주고, 타인의 이야기에 귀 기울이게 하는 것은 그 아이들이 자신의 경험을 정상화하는 데 도움을 줄 수 있다. 이는 고립감의 무게를 덜고 더 큰 자각, 수용, 연결감을 키울 수 있다.

## 내 마음 역할극: 생각은 우리에게 어떤 영향을 미치는가

| **준비물** | 역할('친구', '부모', '선생님', '자신' 등 자신에게 영향을 끼치는 사람) 이름표, 생각 메시지를 적기 위한 종이 카드, 필기구가 달려있는 클립보드, 수학 활동지

> 마음의 일반적인 작동 방식을 이해함으로써 우리는 우리의 정신적인 이야기를 구성하는 법을 배울 수 있어요. 우리의 마음은 동시에 많은 생각을 떠올리거나 이야기를 하는 경우가 많아요. 어떤 생각은 다른 사람이 한 말 때문에 떠오를 수도 있고, 어떤 생각은 우리 내면의 어두운 곳에서 생겨날 수도 있어요. 이런 생각에 집중하면 다른 것에 주의를 기울이기 어렵고, 우리가 원래 하려던 행동을 하지 못할 수 있어요. 때때로 생각들은 배경 음악처럼 우리의 머릿속에 박혀 계속해서 재생되는 것처럼 보이기도 해요. 우리가 주목하기로 선택한 것은 우리의 삶에 영향을 미치기 때문에 중요해요. 수다스러운 마음이 우리의 행동에 어떻게 영향을 미치는지 알아보기 위해 실험을 해봅시다.

이 활동은 학생들이 역할극을 통해 내면의 언어(마음의 수다)를 관찰할 수 있도록 돕는 활동이다. 역할극을 통해 학생들은 마음의 수다를 시각적인 이미지로 구성할 수 있고, 이러한 이미지를 활용하여 '마음챙김하며 생각하기'를 연습할 수 있다. 우선 역할극에 참여할 학생들을 뽑은 다음, 그 가운데 한 명을 교실 앞에 앉도록 한다. 자리를 원형으로 배치한 경우에는 원형 가운데에 앉도록 한다. 또 다른 학생들은 '생각' 역할을 맡을 것이다. 이 학생들은 앉아있는 학생으로부터 몇 걸음 떨어져 서도록 한다.

> ○○이 주인공 역할을 맡을 거예요. 선생님은 조금 있다가 역할극을 할 친구들에게 무언가를 지시할 거예요. 역할극에서 ○○의 옆에 서있는 친구들이 하는 역할은 ○○의 생각이에요. 선생님이 이제 이 친구들에게 자신의 역할이 적힌 명찰과 어떤 생각을 대변할 것인지 알려줄게요.

 **지도 시 유의점**

생각 역할을 맡은 학생들에게 역할(부모님, 선생님, 친구, 자신)을 나타내는 명찰과 대사가 적힌 종이 카드를 나누어준다. 다음은 각 역할의 대사이다.

**부모님 1** 숙제는 했니?

**부모님 2** 빨리 끝내지 않으면 지각할 거야.

**선생님 1** 이 시험은 총점에 40%가 반영됩니다.

**선생님 2** 여기서 기말고사 문제가 나올 거예요.

**친구 1** 넌 왜 항상 공부를 많이 해?

**친구 2** 오늘 승민이가 너에 대해 뭐라 말했는 줄 아니?

**자신 1** 나는 수학을 못해. 내가 수학을 못하는 게 짜증 나.

**자신 2** 나는 수학이 싫어. 너무 지루해.

역할극을 시작하기 전에 생각 역할을 맡은 학생들이 대사를 읽을 수 있도록 시간을 충분히 준다. 역할극을 시작하기 전까지는 수학 시험에 관해 어떤 언급도 하지 않도록 주의한다.

> 자, 이제 ○○이는 수학 시험을 볼 거예요.

○○에게 수학 시험지를 준다.

> ○○이 시험을 보는 동안, ○○의 생각을 맡은 학생들은 ○○ 주위를 돌면서 한 명씩, 자신의 종이에 적힌 대사를 큰 소리로 읽으세요. ○○에게 가까이 갈 때마다 대사를 반복해서 말합니다. 소리를 지르거나 너무 가까이 갈 필요는 없어요. 자신이 ○○의 머릿속 생각들을 대신 말하고 있다는 것을 기억하세요.

> ### 📋 지도 시 유의점
>
> 첫 번째 '생각' 역할을 맡은 학생(예: 부모, 친구, 자신, 선생님)은 주인공 주위를 돌며 자신의 대사를 큰 소리로 말한다. 다른 '생각' 역할을 맡은 학생이 첫 번째 학생의 뒤를 따르며 주인공 가까이 갈 때 자신의 대사를 읽는다. 주인공이 문제를 푸는 약 3~4분 동안 활동이 끝날 때까지 이 패턴을 반복한다. 생각 역할을 맡은 학생들은 우리 마음속 수다를 흉내 내면서, 대사를 반복하여 읽도록 한다.
> 다른 역할을 추가할 수도 있다. 예를 들어 '긍정적인 자신의 내면' 역할을 추가할 수 있다. 이 역할을 맡은 학생은 주인공 가까이를 돌며 "나는 수학을 잘하니깐 쉽게 풀 수 있을 거야."와 같이 긍정적인 내용을 말하도록 한다.

역할극이 끝난 후 아래 질문에 대해 토의한다.

> (문제 푸는 역할을 맡은 학생에게) 문제 푸는 것이 어땠나요? 집중을 잘할 수 있었
나요? 생각들의 이야기가 도움이 되었나요, 안 되었나요? 유쾌했나요? 불쾌했
나요? 아무렇지도 않았나요? 생각들이 하는 말을 들으니 기분이 어땠나요? 집
중하기가 얼마나 어려웠나요?

> (학생 전체에게) 우리 마음속에 자주 나타나는 메시지나 생각에는 또 어떤 것들
이 있나요?

⊙ 학생 응답

<br>

**⊟✓ 지도 시 유의점**

교사는 활동을 통해 이끌어낸 내용들을 강조하여 지도한다. 즉, 반복적이고 자동
적인 마음의 수다(자기 대화)가 지닌 긍정적인 면과 부정적인 면, 주의력과 집중력
에 미치는 영향, 그리고 모든 사람에게 보편적으로 존재한다는 점을 설명한다.
청소년은 자신의 정신세계 안에 갇혀 고립감을 느끼는 경우가 많기 때문에 그러
한 경험이 정상적이라는 것을 깨닫게 하는 것이 매우 중요하다. 마음의 수다 때문
에 고립감을 느끼는 것이 정상이라는 것을 깨닫게 하기 위해서는 마음의 수다에
대해 설명하고 비슷한 경험이 있는 사람은 손을 들어보라고 하는 방법이 유용할
수 있다. 이를 통해 학생은 마음의 수다가 계속해서 머릿속을 맴돌고 불편한 생각
에 사로잡히는 일이 얼마나 흔한 일인지를 깨달을 수 있다.

> 선생님의 질문을 듣고 비슷한 경험을 한 적이 있는 사람은 손을 들어보세요. 그런 다
음 다른 친구도 나와 같은 경험이 있는지 주위를 둘러보세요. 어떤 생각에 정신을 뺏
긴 경험이 있나요? 생각이 너무 많아서 잠이 들거나 시험공부를 하는 데 어려움을 겪
은 적이 있나요? 어떤 생각이 계속 반복되는 경험을 한 적이 있나요?

### ♡ 트라우마 이해 훈련

교사는 역할극 활동을 다음과 같은 방법으로 변형하여 활용할 수 있다. 첫째, 생각이 우리 머릿속을 맴돌고, 기분을 '사로잡으며', 행동에 영향을 준다는 사실에 대해 설명하고 토의를 진행한다. 둘째, 가상 시나리오(예를 들어, 중요한 시험을 앞두고 공부하는 학생에 관한 가상 시나리오)를 바탕으로 토론을 진행한다. 셋째, 손을 들게 하는 방법으로 다른 친구들도 자신과 같은 일을 겪는다는 것을 깨닫게 한다. 특히, 다른 사람도 나와 같은 경험을 한다는 것을 '공유'하게 하는 전략은 유용할 수 있다. 예를 들어, 학생들에게 생각이 머릿속에서 맴도는 경험을 해본 적이 있으면 손을 들라고 한 다음, 이렇게 말할 수 있다.

> 주위를 둘러보면 우리 모두가 비슷한 경험을 한다는 것을 알 수 있을 거예요. 다른 사람도 손을 들었다는 것은 우리 모두 같은 습관을 지니고 있고, 때때로 자신의 생각과 감정 때문에 불편함을 경험한다는 것을 보여줍니다. "나만 이런 경험을 할 거야."라고 생각할 수 있지만, 주위를 둘러보면 그런 생각이 사실이 아니라는 것을 알 수 있어요.

마지막으로, 교사가 생각에 사로잡힌 학생 역할을 할 수도 있다. 교사가 자신의 경험을 묘사함으로써 수다스러운 마음의 본질을 보여주고, 학생이 관찰하게끔 할 수 있다.

## 판다: 생각을 다루는 법

> 방금 한 역할극에서 볼 수 있던 것처럼 때때로 어떤 생각은 우리를 계속 괴롭혀요. 이러한 생각은 마치 끈끈이 같기도 해요. 우리의 마음속에 남아서 제거해 버리기 어렵죠. 끈끈이 같은 불쾌한 생각이 들 때 우리는 이런 생각들을 걱정이나 스트레스라고 불러요. 이런 생각이 오랫동안 지속될 때, 우리는 기분이 나

쁘다고 하죠. 이런 끈끈이 같은 생각들을 없애려고 노력해 본 적이 있나요? 그런 노력이 효과가 있었나요?

⊙ 학생 응답

> 다른 실험을 통해 생각을 마음대로 멈출 수 있는지 알아봅시다.

학생들이 손에 들고 있는 것을 내려놓고 눈을 감거나 시선을 정면 아래로 부드럽게 내려놓도록 한다. 활동을 시작할 준비가 되면, '판다'나 '피자' 또는 '하얀 북극곰' 스크립트를 읽는다. 이 스크립트들은 학생들이 대상을 시각화할 수 있게 해준다. 시각적인 이미지를 매우 자세히 설명한 다음, 학생들에게 그 이미지를 떠올리지 말라고 말한다. 그런데도 이미지가 떠오르는 학생은 손을 들어보라고 한다. 보통은 많은 학생들이 손을 든다. 이 활동은 생각을 억누르는 것이 얼마나 비효과적인지 설명하기 위해 활용할 수 있다. 원치 않는 생각을 억누를수록 오히려 더 많이 생각난다. 이 실험을 통해 우리는 불편한 생각을 회피하는 대신에, 잘 다루어야 한다는 점을 배울 수 있다.

1980년대의 유명한 실험들이 생각을 억제하려는 시도(예: 북극곰을 생각하지 마세요)가 실제로는 역설적인 반발 효과를 가지고 있다는 것을 증명했다. 의도적으로 원치 않는 생각을 억누르려고 노력하는 것은 억지로 그 생각을 억누르지 않을 때보다 오히려 더 많이 생각하게 만드는 결과를 낳았다. 이후의 연구들도 대부분 이 발견을 뒷받침한다. 이 발견과 관련한 배경 이론을 더 알고 싶다면 베그너Wegner(1989)의 논문을 참조하길 바란다. 교사는 어떤 스크립트를 사용할지 자유롭게 선택할 수 있다. '북극곰' 스크립트가 환경문제와 관련한 생각으로 이어질 가능성이 너무 높다고 생각한다면, '판다' 스크립트를 대신 사용해도 된다. '피자' 스크립트는 카밀라 드보라코바Kamila Dvorakova가 개발한 것이다.

스크립트는 문장마다 간격을 두어서 읽는다.

> 이제, 조용히 앉아 들고 있던 것을 내려놓고 손을 무릎 위에 올려놓으세요. 눈
  을 감거나, 눈을 감는 것이 불편하다면 시선을 전면 아래에 부드럽게 내려놓습
  니다. 깊게 숨을 들이마셨다 내쉬며, 마음을 차분히 가라앉혀 봅니다. 이제 판
  다의 이미지를 떠올려보세요. 흰색과 검은색을 지닌 판다의 이미지를 마음의
  눈에 담아보세요.
  판다는 대나무가 울창한 시원한 숲 한가운데서 쉬고 있습니다. 마음의 눈으로
  판다를 바라보세요. 싱그러운 대나무 초록 잎들이 바스락거리는 소리도 들어봅
  니다. 숲을 가득 채우고 있는 시원한 안개도 느껴보세요. 판다의 몸은 부드럽고
  둥글둥글합니다. 털은 부드럽고 매끄러워 보입니다. 하얀 털로 덮인 얼굴, 그리
  고 눈과 귀 주위의 검은 반점들이 눈에 띕니다. 여러분이 보고 있다는 것을 알아
  챈 듯 판다는 고개를 들어 갸웃거립니다. 판다의 검은 눈은 호기심 어린 눈빛으
  로 여러분을 바라봅니다. 이 이미지를 기억하고 마음의 눈에 담아보세요.

  여기서 말을 멈추고, 잠시 침묵한다.

> 이제, 마음속에 있는 생각들을 지우고 판다도 생각하지 말아보세요. 이제 몇
  분 동안 가만히 앉아있을 거예요. 눈을 감아도 좋아요. 하지만 판다는 떠올리
  지 마세요.

  다시 한번 침묵하면서 학생들이 자신의 생각을 관찰할 수 있도록 한다.

> 판다의 이미지가 떠오르면 손을 드세요. 이미지가 마음에 머무는 동안 손을 들
  고 있으세요.

  15~30초가 지난 뒤 진행한다.

이제 눈을 뜨고 얼마나 많은 친구들이 손을 들고 있는지 봅시다. 어떤가요?

⊙ 학생 응답

학생들이 생각을 멈추는 것에 관한 토의를 진행한다.

## 대안 활동: 피자

아래 스크립트는 선택 활동을 위한 것이다. '판다'와 같은 방식으로 지도한다.

> 숨을 깊게 들이마셨다 내쉬며 마음을 차분히 가라앉힙니다. 이제 선생님이 설명하는 이미지를 마음속에 떠올려보세요. 여러분이 음식점에 앉아있다고 상상해 보세요. 음식점에서 나는 소리와 냄새 때문에 군침이 돌고 저녁 식사가 기다려집니다. 드디어 갓 구운 맛있는 피자가 여러분 앞에 도착했습니다.
여러분은 윤기가 좌르르 흐르는 고소한 치즈를 볼 수 있습니다. 오븐에서 맛있게 구워진 치즈는 군데군데가 노릇노릇하고 바삭바삭해 보입니다. 맛있는 빨간 토마토소스가 치즈 사이로 보입니다. 첫 번째 조각을 들자 바삭바삭한 수제 도우와 치즈, 그리고 감칠맛 나는 소스의 향이 느껴집니다. 드디어 여러분은 피자를 한 입 먹습니다. 쭈욱 늘어나는 치즈, 따뜻한 도우, 그리고 풍미 있는 토마토소스의 조화를 맛봅니다.
자, 이제 여러분 마음속의 이미지를 지우고, 피자를 생각하지 마세요. 단지 몇 분만 피자를 생각하지 말고 앉아있어 봅시다. 피자의 이미지가 떠오르면 손을 듭니다.

## 대안 활동: 하얀 북극곰

'판다'와 같은 방식으로 지도한다.

> 여러분 앞에 하얀 북극곰이 있다고 상상해 보세요. 북극곰은 지구상에서 가장 웅대하고 아름다운 생명체 중 하나죠. 북극곰이 북극해로 둘러싸인 큰 얼음판 한가운데에서 쉬고 있습니다. 여러분은 바다가 얼음에 부딪히는 소리를 상상할 수 있어요. 여러분 앞에 보이는 북극곰은 몸이 길고 가늡니다. 부드러운 털이 복슬복슬 보입니다. 하얀 털이 주변 눈을 반사합니다. 여러분이 쳐다보자, 북극곰은 고개를 들어 갸웃거립니다. 북극곰의 검은 눈이 당신을 골똘히 바라봅니다.

이제, 북극곰의 이미지를 여러분의 마음속에서 지우고 생각하지 말아보세요. 북극곰을 떠올리지 않고 몇 분 동안 가만히 있어봅시다. 북극곰의 이미지가 떠오른 사람은 손을 드세요.

## 마무리

> 지금까지 살펴본 것처럼 마음은 끊임없이 재잘거리고 생각은 떠올랐다가 사라져요. 이는 정상적인 현상이에요. 사람들은 불쾌한 생각을 없애려고 노력하지만 그건 정말로 효과가 없는 싸움일 뿐이죠. 우리가 생각에 관해 이해할 수 있는 또 다른 방법이 있어요. 우리는 호기심을 가지고 우리의 생각을 알아차릴 수 있어요. 우리는 생각이 어떤 것인지 관찰할 수 있어요. 다시 말해서, 우리는 마음챙김을 통해 생각을 다룰 수 있어요. 우리는 불쾌한 생각은 단지 내 마음일 뿐이라고 스스로에게 말할 수 있어요. 내가 생각하는 모든 것을 믿을 필요는 없어요.

📋 **지도 시 유의점**

주제 R의 핵심은 우리 모두가 이리저리 떠도는 수다스러운 마음을 경험한다는 것이다. 나만 마음의 수다를 경험하는 것이 아니다! 우리가 스스로에게 하는 이야기들은 우리가 생각하고 느끼는 방식에 영향을 준다. 하지만, 우리는 생각에 집중할 수 있고 자신의 마음이 어디로 가고 있는지를 알 수 있다. 우리는 자신의 생각을 관찰하는 것을 배울 수 있다. 하지만 처음에는 자신의 생각을 관찰하는 것이 어렵기 때문에 연습이 필요하다.

교사는 학생들이 어떤 생각을 하는지 왜 그런 감정을 느끼는지 말하도록 요구해서는 안 된다. 이 수업의 목표는 학생들이 자신의 속마음을 고백하게 하는 것이 아니라, 생각과 감정이 우리 모두에게 영향을 미치는 과정을 이해하게 돕는 것이다. 교사는 스키 장갑과 같은 작은 물건을 가지고도, 인내심을 갖고 집중하면 생각이 안정되고 정신이 맑아질 수 있다는 것을 설명할 수 있다.

생각에 대한 마음챙김은 몸에 대한 마음챙김과 같다는 것을 강조할 필요가 있다. 어떤 판단이 필요한 상황이 아닐 때, '비판단적으로' 주의를 기울이는 것은, 그 일에 반응하지 않고 자신의 생각을 인식하며 관찰하는 것을 뜻한다. 우리는 생각에 사로잡히거나 생각을 억누르는 대신, 관찰하고 자연스럽게 떠나보낼 수 있다.

> 내면의 균형과 힘을 경험하려면, 생각의 본질을 이해하고 자신의 마음이 하는 말을 이해해야 해요. 생각을 멈추려는 노력은 정말로 가능하지도 않고 도움이 되지도 않아요. 우리는 머릿속을 맴도는 생각들을 집중해서 관찰할 수 있어요. 하늘을 지나가는 구름이나 눈앞에서 떨어지는 폭포를 관찰하듯 말이죠. 아니면 앞의 역할극에서 했던 것처럼 빙빙 도는 이미지를 활용해서 생각을 관찰할 수 있어요. 생각은 생각일 뿐이라는 것을 기억하세요. 우리가 생각하는 모든 것을 믿을 필요는 없습니다.
이제 현재에 대한 주의력을 기르는 짧은 연습을 해봅시다.

## 마음챙김하며 생각하기

활동을 시작하기 전에 준비를 충분히 하는 것이 중요하다. 만약 교실 분위기가 어수선하면, 학생들을 자리에 앉히기 전에 스트레칭이나 간단한 준비운동을 진행한다. 그런 다음, 자리 사이에 충분한 공간을 띄워 편안하게 앉게 한다. 들고 있는 것은 모두 내려놓고, 코로 숨을 들이마시고 부드럽게 한숨을 쉬듯 입으로 숨을 내쉬면서 몇 번의 심호흡을 하도록 한다. 느리고 긴 호흡을 두세 번 반복하여 모든 학생들이 긴장을 풀 수 있도록 돕는다. 그런 다음 학생들이 편안하게 눈을 감거나, 눈을 감는 것을 불편해하면, 시선을 전면 아래에 부드럽게 두도록 한다. 문장과 문장 사이에 간격을 두며 다음 스크립트를 읽는다.

> 이제 '바디 스캔' 때 했던 것처럼 호흡에 주의를 기울일 거예요. 나아가 호흡에 집중하기를 하면서 생각을 흘려보내는 연습을 할 것입니다. 주의가 산만해지더라도, 자신을 비난하지 말아야 한다는 것을 기억하세요. 우리는 그저 호흡에 주의를 기울이는 연습을 할 것이라는 점을 기억하세요. 주의력을 기르기 위해서는 연습이 필요해요. 생각이 다른 곳에 머무는 일이 자주 일어나는 것은 괜찮아요. 단지 다른 것에 주의를 기울이고 있다는 것을 알아차리면, 부드럽게, 하지만 단호하게 호흡에 다시 집중하면 됩니다. 우리는 끈기를 발휘하고 균형을 유지하는 법을 연습하고 있어요.

> 자, 이제 의자에 앉아 어떤 걱정이든, 계획이든, 이미지든 마음에 머물고 있는 모든 것을 내려놓아 봅시다. 머리, 등, 목을 곧게 펴세요. 하지만 너무 뻣뻣하게 펴지 않아도 돼요. 어깨에 힘을 빼고 양손을 편안하게 무릎 위에 올리세요. 눈을 감는 것이 불편하지 않다면 부드럽게 감습니다. 이마와 눈 주위의 힘을 빼고 얼굴 근육을 부드럽게 하세요.
> 이제 코로 숨을 들이쉬고 내쉬면서 몸의 안과 밖으로 숨이 이동하는 것을 알아

차려 보세요. 어떤 식으로든 억지로 호흡을 조절하려 하지 말고 숨이 들어오고 나가는 것을 느껴보세요. 자연스럽게 숨을 쉬어봅시다. 들이마실 때부터 내쉬는 숨이 끝날 때까지 완전하게 호흡의 과정을 관찰하려고 노력해 봅시다. 새로운 공기가 들어가고 나갈 때마다 모든 호흡을 완전하게 인식합니다.

> 호흡을 관찰하는 동안 자신이 다른 생각을 하고 있다는 것을 알아차릴 수도 있습니다. 자신이 했던 일이나 해야 할 일에 대한 생각 말이죠. 이러한 생각들은 우리 마음속에서 언제나 자연스럽게 생겨나죠. 자신의 마음의 공간에 어떤 생각이 떠오를 때를 스스로 알아차릴 수 있는지 살펴보세요. 내가 생각하고 있다는 것을 알아차려 보세요. 그 생각을 밀어내려고 하지 말고 그냥 알아차리세요. 부드럽게 생각이 지나가도록 내버려둔 다음 다시 호흡으로 주의를 돌립니다. 숨을 쉴 때마다 움직이는 배, 콧구멍 또는 가슴의 감각에 주의를 집중합니다. 숨 쉴 때 느껴지는 감각에 주의를 기울입니다. 여러분의 마음은 회전문과 같아요. 생각이 들어오고 나가는 동안 그것들이 오고 가는 것을 그저 관찰하세요. 숨을 쉬고 마음속에서 일어나는 생각들을 관찰하면서 알아차린 것에 대해 차분하고 조용하게 글로 적어도 됩니다.

> 어떤 생각을 알아차렸을 때, 마음속으로 스스로에게 말하세요. 그냥 생각이야. 그냥 기억이야. 그냥 계획이야. 그런 다음 알아차린 게 무엇이든 그대로 내버려둔 채로 호흡의 감각에 다시 주의를 기울입니다. 지금 이 시간 동안, 자신이 스스로의 의도에 따라 완전히 존재하고, 완전히 깨어있다는 것을 상기하세요. 단순히 숨이 몸에 들어오고 나가는 것을 지켜보고 있을 뿐입니다. 종소리가 날 때까지 매 순간 깨어있습니다.

연습이 끝났음을 알리는 종소리를 울린다. 활동을 통해 어떤 경험을 했는지 묻고 학생들이 답할 수 있는 시간을 준다.

⊙   학생 응답

수업을 마치기 전에, 활동지의 '삶과 연계하기-골치 아픈 생각 다루기' 활동 (135쪽)을 안내한다. 이 활동은 괴로운 마음을 다스리는 마음챙김을 연습하는 데 도움이 된다. 또한 가정에서도 오늘 배운 마음챙김을 계속 연습하도록 안내한다. 끝으로 '연결감 지니기 연습'을 함께 하고 수업을 마무리한다. 짧은 버전과 긴 버전의 두 가지 버전 가운데 자유롭게 골라 사용할 수 있다.

## '집에서 연습하기' 안내

일상생활에서 마음챙김을 계속 연습할 수 있는 방법은 다음과 같다.

>   하루에 3회, 한 번에 최소 세 번 마음챙김하며 호흡하기를 잊지 말고 연습하세요. 하루에 한 번, '마음챙김하며 생각하기'를 짧게라도 연습하는 것이 좋습니다. 일상생활에서, 특히 개인적인 공간에서 마음챙김을 꾸준히 연습하세요(96쪽 '삶과 연계하기' 참조).

## '연결감 지니기' 연습

### 짧은 버전

>   오늘 수업을 마치기 전에, 한 번 더 확인해 봅시다. 눈을 감고, 우리 반에 있는 친구 한 사람 한 사람을 생각해 보는 시간을 갖겠습니다. 눈을 감는 것이 불편하다면 떠도 됩니다. 오늘 우리가 공유한 것이 있든 없든, 우리 모두는 마음챙김을 함께 연습했습니다. 자, 이 교실에 있는 한 사람의 이미지를 떠올려보세요. 친한 친구일 수도 있고 여러분이 잘 모르는 친구일 수도 있어요. 그리고 우리의 소망을 더 넓혀봅시다. 한번 생각해 볼까요?

> 여러분이 떠올린 친구의 마음은 불안하거나 속상하게 만드는 괴로운 생각이나 걱정, 기억 들로 가득 차 있을 때가 있어요. 나처럼 말이죠. 친구는 마음속에 남아있는 끈적끈적한 생각 때문에 일을 마치거나 잠이 드는 데 어려움을 겪을 때가 있어요. 나처럼 말이죠. 그래서 나는 친구가 평화롭고 걱정 없는 마음을 가졌으면 좋겠습니다. 친구도 나와 같은 한 사람이니까요. 나처럼 말이죠.

## 긴 버전

> 편안하게 앉아서 눈을 감으세요. 눈을 감는 것이 불편하면 억지로 감지 않아도 됩니다. 자, 한 사람을 떠올려보세요. 그 사람은 이 교실에 있는 사람일 수도 있고, 교실 밖에 있는 사람일 수도 있습니다. 이번에는 잘 모르는 사람, 가끔 보는 사람, 별다른 감정이 없는 사람을 떠올려보세요. 이제 할 수 있는 한, 나와 같은 사람이자 동료인 그 사람의 이미지를 생생하게 떠올리세요. 이제 몇 가지를 생각해 봅시다. 그 사람도 몸과 마음을 가지고 있습니다. 나처럼 말이죠. 그 사람의 마음은 자신에게 일어나는 일들에 관해 유쾌하거나 중립적이거나 불쾌할 수 있는 이야기들을 만들어냅니다. 나처럼 말이죠. 때때로 이 사람의 마음은 자신을 불안하게 하거나 화나게 하는 골치 아픈 생각이나 걱정, 기억 들로 가득 차 있습니다. 나처럼 말이죠. 그 사람은 자신을 붙잡고 있는 경쟁적인 생각들 때문에 일을 완수하거나 잠들기 어려울 때도 있습니다. 나처럼 말이죠.

> 생각해 봅시다. 그 사람은 자신의 마음이 되도록 평온하기를 바랄 거예요. 나처럼 말이죠. 그 사람은 정신적인 스트레스와 불안으로부터 해방되기를 원할 거예요. 나처럼 말이죠. 그 사람은 자신의 몸과 마음이 안전하고 안심할 수 있는 곳에 머물길 바랄 거예요. 나처럼 말이죠.

> 자, 그 사람의 이미지를 계속 떠올리면서, 그 사람의 행복을 바라는 자신의 마음을 지켜봅시다.
그 사람이 자신의 마음속에서 도움이 되지 않는 생각들을 알아차리고 놓아줄

수 있기를.

그 사람이 평화롭고 근심이 없기를.

그 사람이 안전하고 편안하기를 바라봅시다.

왜냐하면 그 사람은 나와 연결된 한 존재이니까요. 나처럼 말이죠.

# 확장 버전 18주

|  | 4차시 | 5차시 | 6차시 |
|---|---|---|---|
| **도입** | • 짧은 마음챙김 연습<br>• 주제 R 소개 | • 짧은 마음챙김 연습<br>• 지난 차시 상기 | • 짧은 마음챙김 연습<br>• 지난 차시 상기 |
| **생각에 관해 탐구하기** | • 큰 사건<br>• 선택 활동: 빈칸 채우기 | • 생각에 이름 짓기<br>• 판다(또는 대안 활동) | • 내 마음 역할극: 생각은 우리에게 어떤 영향을 미치는가 |
| **마무리** | • 짧은 호흡 알아차리기 연습<br>• '집에서 연습하기' 안내 | • 마음챙김하며 생각하기<br>• 짧은 호흡 알아차리기 연습<br>• '집에서 연습하기' 안내 | • 마음챙김하며 생각하기<br>• '집에서 연습하기' 안내<br>• '연결감 지니기' 연습 |

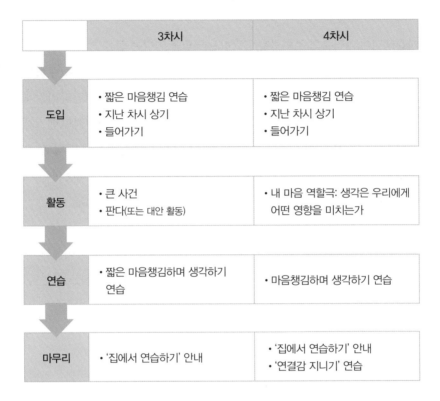

| | 3차시 | 4차시 |
|---|---|---|
| 도입 | • 짧은 마음챙김 연습<br>• 지난 차시 상기<br>• 들어가기 | • 짧은 마음챙김 연습<br>• 지난 차시 상기<br>• 들어가기 |
| 활동 | • 큰 사건<br>• 판다(또는 대안 활동) | • 내 마음 역할극: 생각은 우리에게 어떤 영향을 미치는가 |
| 연습 | • 짧은 마음챙기며 생각하기 연습 | • 마음챙기며 생각하기 연습 |
| 마무리 | • '집에서 연습하기' 안내 | • '집에서 연습하기' 안내<br>• '연결감 지니기' 연습 |

확장 버전은 기본 버전의 수업 스크립트, 지도 시 유의점, 활동을 바탕으로 구성된다. 다음은 추가 활동이다.

# 4차시

## 주제 R 소개

> 마음챙김이 여러분의 주의력을 강화하는 역할을 한다는 점을 기억하세요. 종소리와 호흡에 집중했듯이 우리는 어떤 것에 주의를 기울일 수 있어요. 우리는 매우 많은 것에 집중할 수 있어요. 그래서 집중하는 동안 자신의 내면과 바깥에서 일어나고 있는 많은 것들을 인지할 수 있죠. 집중하는 것은 사진기의 렌즈가 작동하는 것과 비슷해요. 우리는 한 가지에 초점을 좁혀 집중할 수도 있고, 초점을 넓혀 전체 장면을 관찰할 수도 있어요. 마음챙김하며 호흡을 하듯이 한 가지에 집중할 때 우리는 자신의 마음에서 무엇을 알아차릴 수 있나요?

마음속 산만함에 관해 토의를 진행한다. 즉, 마음속에서 많은 일들이 일어나는 원리와, 차분해지는 데 시간이 걸린다는 사실에 관해 토의하도록 한다. 교사는 '반짝이병(스노우볼)'을 활용해 산만한 마음을 설명할 수 있다.

## 큰 사건

아래 스크립트를 활용하여 주제 R을 소개한다. 활동지의 '큰 사건 동그라미'를 사용한다.

> 선생님이 묘사할 장면에 등장하는 인물을 상상해 보세요. 이 이야기에서 무슨 일이 일어나고 있는지 가능한 한 많은 것을 상상하면서, 여러분에게 어떤 생각과 감정이 생기는지 잘 관찰해 보세요.
> 새로 사귄 친구가 중요한 운동경기를 방과후에 보러 가자고 했다고 상상해 보세요. 많은 친구들이 그 경기를 보러 갈 것이기 때문에 여러분은 매우 들떠있어요. 오늘 밤 부모님은 늦게 귀가하실 거고, 여러분은 서둘러 집에 가서 숙제를

마쳤어요. 이제 여러분은 현관문까지 나와 친구가 오기를 기다리고 있습니다. 하지만 시간이 지나고 날이 어두워졌지만 친구는 나타나지 않습니다. 이제 이 야기를 들으며 떠오른 생각과 감정 모두를 활동지 상단의 두 동그라미 안에 써 보세요. 왼쪽 동그라미에는 생각, 오른쪽 동그라미에는 감정을 쓰세요.

동그라미에 쓴 내용에 관해 이야기를 나눈다.

> 자, 선생님이 이야기를 다시 읽을 거예요. 이야기 속 주인공이 자신이라고 상 상하세요. 선생님이 이야기를 마치면, 왼쪽 아래 동그라미에 생각을, 오른쪽 아래 동그라미에 감정을 쓰세요.
새로 사귄 친구가 중요한 운동경기를 방과후에 보러 가자고 했다고 상상해 보 세요. 많은 친구들이 그 경기를 보러 갈 것이기 때문에 여러분은 매우 들떠있어 요. 오늘 밤 부모님은 늦게 귀가하실 거고, 여러분은 서둘러 집에 가서 숙제를 마쳤어요. 이제 여러분은 현관문까지 나와 친구가 오기를 기다리고 있습니다. 하지만 시간이 지나고 날이 어두워졌지만 친구는 나타나지 않습니다. 바로 그 때, 엄마가 오셔서 친구를 기다리는 여러분을 발견합니다. 엄마는 "오늘은 수 요일이잖니? 경기는 목요일 밤이란다."라고 말씀하십니다.

사건에 관해 우리가 생각하는 방식이 어떻게 다른지 토의를 진행한다. 나아 가, 감정은 생각하는 방식(또는 사물을 인지하는 방식)에 영향을 받는다는 사실 에 관해서도 이야기를 나눈다.

## 선택 활동: 빈칸 채우기

이 활동은 '큰 사건' 활동의 추가 또는 대안 활동으로 활용할 수 있다. 문장을 하나씩 제시하며 느낄 만한 감정과 그 이유를 빈칸에 쓰도록 한다. 그리고 자 신이 적은 답에 감정의 센 정도 순으로 1에서 5까지 번호를 매기도록 한다.

| 사건 | 이유 | 감정 |
|---|---|---|
| 'C'가 나온 성적표를 받았다. | | |
| 급식실에서 단짝이 다른 친구와 대화하는 것을 보았다. | | |
| 코치님이 출전 선수를 발표하려고 하신다. | | |
| 친구들이 나를 위해 깜짝 생일파티를 열 거라는 것을 알았다. | | |
| 체험학습비가 7만원이라는 것을 알았다. | | |

빈칸에 쓸 내용에 관해 이야기를 나눈다. 사람마다 어떻게 다른 반응을 보이는지에 주목한다. 상황에 대한 관념(또는 인식)이 감정에 영향을 준다는 사실을 강조한다.

## 짧은 호흡 알아차리기 연습

기본 버전의 마음챙김 연습을 안내한다. 아래 스크립트의 각 지시 사이에 간격을 충분히 두고 천천히 읽는다.

> 먼저 자신의 내면에 주목해 볼게요. 호흡을 의식할 수 있는지 확인합니다. 코든 가슴이든 배든 들락날락하는 호흡을 관찰하기 쉬운 곳에 주목하세요. 자신의 호흡을 알아차리고 있는지 확인하고, 호흡이 시작될 때부터 끝날 때까지 숨

결을 따라가 보세요. 우리는 내 안에 주의를 기울이고 있습니다. 만약 마음속에서 어떤 생각이나 재잘거림을 알아차리면, 그것을 놓아줄 수 있는지, 할 수 있는 한 차분히 가라앉힐 수 있는지 살펴보세요. 우리는 우리의 생각을 알아차리고 놓아줄 수 있어요. 그리고 다시 호흡에 주의를 기울입니다.

종을 울려 연습을 마친다.

## 5차시

### 생각에 이름 짓기

다음 이야기를 읽고, 각 이야기마다 토론을 진행한다. 우리의 마음은 무언가를 항상 생각하고 있고, 생각은 상황에 대한 우리의 해석이나 인식에 따라 달라질 수 있다는 점을 강조한다.

> 종료 3분 전이에요. 승식이는 자유투를 던지기 위해 파울라인에 섰습니다. 승식이의 팀이 이기려면 이 자유투가 꼭 성공해야 해요. 승식이는 공을 들고 골대를 보고 있습니다. 주위에서 군중들의 함성이 들립니다. 슛! 공은 링을 벗어납니다. 승식이가 어떤 생각을 할 것 같나요? 이야기해 봅시다.

> 채민이는 과학 선생님이 교탁 안에서 종이 더미를 꺼내는 것을 보고 있습니다. 선생님은 과학 숙제 내용을 지금 시험 보겠다고 말씀하십니다. 시험지가 한 분단씩 뒤로 전달됩니다. 채민이가 어떤 생각을 할 것 같나요? 이야기해 봅시다.

> 오늘은 중학생이 된 제홍이의 첫 등교 날입니다. 제홍이는 학생들로 가득 찬 긴 복도 끝에 서있습니다. 모든 아이들이 시끄럽게 떠들며 웃고 뛰어다니는 것을

봅니다. 제홍이는 무슨 생각을 하고 있을까요? 이야기해 봅시다.

> 하연이는 학교에서 열리는 춤 경연 대회를 준비하고 있습니다. 신중하게 무엇을 입을지 고르고, 오랜 시간 머리를 하고 화장을 했습니다. 이제 거울에 비친 자신의 모습을 마지막으로 확인합니다. 하연이가 어떤 생각을 할 것 같나요? 이야기해 봅시다.

토의를 진행할 때 교사는 생각의 보편적인 특징을 강조한다. 생각은 유쾌하거나 불쾌하거나 중립적일 수 있다. 학생들이 활동지의 '이런저런 생각들'(136쪽)에 유쾌한, 불쾌한, 중립적인 생각의 사례를 써보도록 한다.

### 판다(또는 대안 활동)

'판다'나 북극곰 활동을 진행한다.

> 무언가에 대해 생각하지 않으려고 노력한 적이 있나요? 그 결과가 어땠나요?

## 마음챙김하며 생각하기

기본 버전에 제시된 도입 부분을 먼저 진행한다. 전체적으로 충분히 간격을 두고 천천히 진행한다.

> 이제 내면에 주목하는 것부터 시작하겠습니다. 자신의 호흡을 의식할 수 있는지 확인하세요. 가장 관찰하기 쉬운 곳부터 바라보세요. 예를 들어 입으로 숨이 들어갔다 나가는 것에 주의를 기울여봅니다. 아니면 코, 가슴, 또는 배가 들락날락하는 것을 보아도 좋습니다. 자신의 호흡을 의식할 수 있는지 살펴보고, 공기가 들고 나가는 것을 따라가며 관찰해 보세요.

지금 우리는 자신의 내면에 주의를 기울이고 있습니다. 만약 여러분의 마음이 방황하는 것을 발견하면, "내 마음이 방황하고 있구나." 하면 됩니다. 생각, 이야기, 계획 또는 무엇이든 지금 마음속에 있는 것들이 그냥 흘러가게 내버려두세요. 그리고 다시 호흡에 주의를 기울입니다. 단순히 생각을 알아차리고 놓아주면 됩니다.

> 지금 우리는 생각을 알아차리는 연습을 하고 있어요. 만약 그 생각이 유쾌한 것인지, 불쾌한 것인지, 중립적인 것인지를 살피고 있다면, 그런 생각에 사로잡히지 말고 내가 "그런 생각을 하고 있구나." 하고 내버려두세요. 그리고 다시 호흡에 주의를 기울입니다. 인식의 공간을 가로질러 흘러간다는 점에서 생각은 하늘의 구름과 비슷해요. 선생님이 종을 울리기 전까지 상상해 봅시다. 여러분이 매우 고요한 풀밭에 누워, 생각이 구름처럼 오고 가는 것을 그저 관찰하고 있다고 말이에요.

종을 울리며 마친다.

# 6차시

## 내 마음 역할극: 생각은 우리에게 어떤 영향을 미치는가

기본 버전을 참고하여 진행한다.

## 마음챙김하며 생각하기

기본 버전에 제시된 도입 부분을 먼저 진행한다. 전체적으로 충분히 간격을 두고 천천히 진행한다.

> 이제, '지금 여기'에 집중을 더 잘하기 위한 짧은 마음챙김 연습을 해볼게요. '바디 스캔'에서 했던 것처럼 호흡에 집중하고, 주의를 호흡으로 되돌리는 것을 반복하면서 생각을 알아차리고 흘려보내는 연습을 해봅시다. 주의가 산만해지더라도 자신을 비난하지 말아야 한다는 점을 기억하세요. 주의력을 기르려면 연습이 필요해요. 자신이 호흡에 집중하지 않고 있는 것을 발견하면, 몇 번이더라도 부드럽게, 하지만 단호하게 호흡에 주의를 다시 기울이면 됩니다. 우리는 인내력을 기르고 평정심을 찾는 법을 연습할 거예요.

> 자, 그럼 의자에 바로 앉아보세요. 머리, 등, 목을 곧게 펴고 경직되지 않은 상태에서 어깨에 힘을 빼고 양손을 무릎 위에 편안하게 올려놓고, 발을 바닥에 놓고, 편안하게 눈을 감습니다. 눈을 감는 것이 불편하면, 앞의 바닥에 시선을 내려놓으세요. 이제 몸 안으로 들고 나가는 호흡을 관찰해 보세요. 콧구멍을 지나가는 숨결을 의식해 보고, 들이쉬고 내쉴 때마다 배가 부드럽게 커지며 올라갔다 내려가는 것을 느껴보세요. 호흡을 조절하지 말고 단지 느껴보세요. 숨을 들이마실 때부터 내쉴 때까지 자신이 호흡을 관찰할 수 있는지 지켜보세요.

> 호흡을 지켜보다 보면, 몸에서 어떤 감각이 느껴질 수도 있습니다. 그러면 그 느낌이 그냥 왔다 가게 내버려두세요. 여러분은 여러분의 마음속에서 일어나는 생각들을 알아차릴 수 있습니다. 생각은 항상 우리 마음속에서 일어납니다. 여러분이 마음속의 생각을 알아차릴 수 있는지 확인하세요. 여러분이 생각하고 있다는 것을 의식해 보세요. 그런 다음 그냥 생각이 저절로 흘러가게 하고, 주의력을 호흡으로 부드럽게 돌려놓으세요. 여러분의 마음은 회전문과 같아요. 여러분이 관찰하는 동안 생각은 그저 들어왔다 나갑니다. 호흡에 다시 주의를 기울입니다. 종소리가 날 때까지 매 순간 깨어있으세요.

종을 울려 마친다.

## 큰 사건 동그라미

### 이야기 1

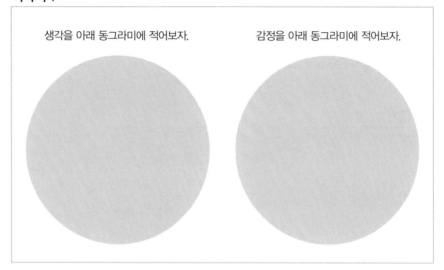

생각을 아래 동그라미에 적어보자.      감정을 아래 동그라미에 적어보자.

### 이야기 2

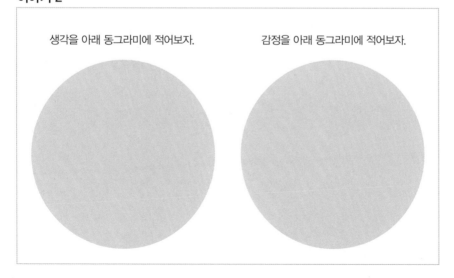

생각을 아래 동그라미에 적어보자.      감정을 아래 동그라미에 적어보자.

## 집에서 연습하기

- 하루에 세 번, 한 번에 세 번 이상 마음챙김 호흡을 연습한다.
- '짧은 마음챙김하며 생각하기'를 연습한다. (하루에 한 번이 가장 이상적이다.)
- 주제 R '삶과 연계하기 – 골치 아픈 생각 다루기'(135쪽)를 활용하여 연습한다. (저학년의 경우 생략한다.)
- 일상생활에서 마음챙김을 꾸준히 연습한다. 특히 주제 B '나만의 마음챙김 연습' 활동(93쪽)을 해보고, 아래 마음챙김 일지에 관찰하거나 성찰한 것을 기록한다. (저학년의 경우 쓰는 대신 그리게 할 수 있다.)

## 마음챙김 일지

## 삶과 연계하기

### 골치 아픈 생각 다루기

마음속에 떠오르는 생각들을 알아차려 보자.

### 마음챙김하기

- 자신의 마음이 무엇을 하고 있는지를 인식하세요. 마음이 무엇을 생각하는지, 어떻게 생각이 생겨나는지 관찰해 보세요. 생각은 마음의 공간에 생기는 거품과 같아요. 생각은 거품처럼 생겨났다 커지고 사라지는 방식으로 작동합니다.

- 마음 밖으로 한 발자국 나와 자신의 생각을 호기심을 가지고 관찰해 보세요. 마음속이 얼마나 시끄러운지, 편안한지, 강한지, 오래 지속되는지 살펴보세요. 또, 생각이 떠오를 때 어떤 감각이 느껴지는지 알아차려 보세요. 알아차린 생각을 마음 밖으로 밀어내려 하지 말고 있는 그대로 관찰합니다.

- 자신의 생각을 관찰하면서 호흡을 고르세요. 생각은 단지 생각일 뿐이라는 것을 기억하세요. 생각에 사로잡히면 그 생각이 더 강해질 수 있어요. 그러니깐 생각과 씨름하지 마세요.

- 생각의 센 정도가 어떻게 변화하는지 지켜보세요. 자신의 모든 관심을 호흡에 기울여보세요.

## 이런저런 생각들

내 머릿속 생각들을 써보자. 유쾌한 생각은 세모에, 불쾌한 생각은 동그라미에, 중립적인 생각은 네모에 써보자.

생각은 생각일 뿐입니다. 모든 것에 대해 마음챙김을 할 수 있을까요?

Emotion ─────────────────────

# 감정의 파도를 타보자!

# 수업 개요

주제 E의 시작을 환영한다. E는 '정서emotions'(또는 감정)를 뜻한다. 이 단원의 핵심은 '감정의 파도타기'이다. 학생은 에너지가 갑자기 증가하는 것이 감정이라는 점을 배울 것이다. 우리는 그러한 에너지 변화에 주의를 기울이고, 현재의 감정을 지각하며, 감정이 생겼다 사라지는 것을 보면서 감정을 관리할 수 있다.

## 수업의 목표
- 감정이 건강, 균형, 내면의 힘을 느끼는 데 어떤 역할을 하는지 이해하기
- 감정이 생겨나고 사라지는 것을 이해하고 경험하기
- 감정을 다루는 법을 연습하기
- 괴롭거나 불쾌할 때, 그러한 감정을 회피 또는 반추하거나 반응하는 습관 줄이기

# 수업의 흐름

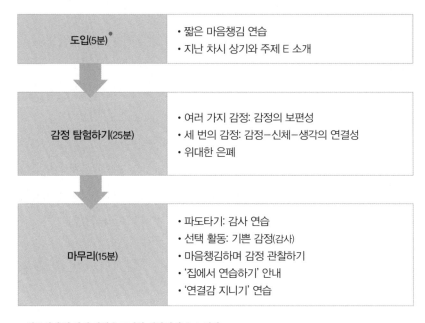

| 도입(5분)[*] | • 짧은 마음챙김 연습<br>• 지난 차시 상기와 주제 E 소개 |
|---|---|
| 감정 탐험하기(25분) | • 여러 가지 감정: 감정의 보편성<br>• 세 번의 감정: 감정−신체−생각의 연결성<br>• 위대한 은폐 |
| 마무리(15분) | • 파도타기: 감사 연습<br>• 선택 활동: 기쁜 감정(감사)<br>• 마음챙김하며 감정 관찰하기<br>• '집에서 연습하기' 안내<br>• '연결감 지니기' 연습 |

● 일주일에 한 차시 시행을 고려한 대략적인 소요 시간

## 도입

### 짧은 마음챙김 연습

주제 E를 소개하기 전에 교실을 정리하고 마음챙김 연습으로 단원을 시작한다.

### 지난 차시 상기와 주제 E 소개

> 지금까지 배운 것을 되돌아볼까요? 지난 시간에 무엇을 공부했는지 기억나나요? 무엇에 대해 이야기를 나눴었죠? 마음챙김은 무엇인가요? 어떻게 마음챙김을 할 수 있죠? 마음과 생각에 대해 이야기했던 것이 기억나나요?

⊙ 학생 응답

> 마음챙김은 주의를 기울이는 특별한 방법이라는 것을 기억하세요. 마음챙김은 어떤 것을 판단하거나, 바꾸거나, 그것에 반응하는 것이 아니에요. 마음챙김은 의도적으로, 지금 여기 일어나고 있는 일에 주의를 기울이는 것이에요. 이런 식으로 알아차림으로써 우리는 '자동 조종'에 반응하지 않고 신중하게 행동할 수 있어요. 자각 없이 반응하는 것은 상황을 악화시킬 때가 많아요. 삶을 마음속으로 경험하는 능력을 통해 우리는 자동 조종에서 벗어날 수 있어요.

> 운동선수들이 연습을 통해 운동 기술을 발전시키듯이 마음챙김도 연습을 통해 발전시킬 수 있는 중요한 정신적 기술이에요. 지난 시간에 배운 '호흡'은 하고 싶은 것이나 말하고 싶은 것에 대해 더 편안하게 느끼고 명확하게 인식하기 위한 것이에요. 마음챙김을 연습함으로써 우리는 주의를 흐트러뜨리고 행동에 영향을 주는 생각들을 잘 정리할 수 있어요.

> 지금까지 우리는 몸과 마음의 경험에 집중하는 법을 배웠어요. 마음챙김을 통해 우리는 내면과 외부, 소리, 먹을 것(또는 물체), 우리의 몸과 생각에 주의를 기울일 수 있어요. 지금까지 배운 내용에 대해 질문이 있나요? 일상생활에서 마음챙김을 연습한 경험을 나눌 사람이 있나요?

⊙ 학생 응답

> 오늘은 내면의 감정 또는 정서에 대해 살펴볼 거예요. 이번 수업에서는 '감정'과 '정서'라는 단어를 자주 이야기할 거예요. 이 두 단어는 같은 의미로 사용되는 경우가 많답니다.

---

### ℙ 포스터

E 포스터를 B와 R 옆에 붙인다. 포스터는 수업 시간 외에도 학생들이 마음챙김을 떠올리도록 돕는 역할을 한다.

---

### 트라우마 이해 훈련

사회정서학습 프로그램은 대개 감정 인식을 내용으로 다룬다. 왜냐하면 감정은 인간 경험에서 핵심적인 부분이기 때문이다. 청소년기의 경험은 지속적인 생물학적 변화와 뇌의 변화 때문에 다른 연령대보다 더 강렬하다. 따라서 청소년은 정서적 고통을 더 많이 경험하는 경향이 있다. 특히 트라우마가 있는 청소년은 정서적 고통을 빈번하게 겪을 가능성이 높다. 교사는 삶에서 감정을 방어해야 한다고 배운 학생들이 수업을 거부할 수 있다는 사실에 유념해야 한다. 이런 학생들은 무관심, 빈정거림, 무시 또는 반항의 형태로 수업을 거부하기도 한다.

그런데, 감정적 고통에 대한 회피는 결국 더 큰 문제로 이어질 수 있다. 그래서 이 수업은 다른 트라우마 관련 수업들처럼 불쾌한 감정을 다루는 방법 즉, 감정에 관한 심리학적 이해를 다룬다. 예를 들어, 스트레스가 뇌를 지나치게 민감한 위협 탐지기가 되도록 만들 수 있다는 사실을 학생들이 자세히 이해하게 도움으로써 감정적 고통을 다루는 법을 가르칠 수 있다(Bezdek & Telzer, 2017; 7장 참조). 또한 학생들이 심각한 위협과 덜 심각한 위협을 구별함으로써 자극에 지나치게 반응하지 않을 수 있다는 사실, 그리고 이러한 구별의 이점에 대해 토의를 진행하거나, 안전하다는 느낌을 촉진하는 기초적인 기술들을 가르침으로써 (활동과 연습을 통해) 평정심을 갖도록 할 수 있다.

이런 수업에는 어떤 감정은 느끼기 어렵다는 것과 감정에 대한 회피가 안 좋은 습관이 될 수 있다는 것에 관한 토의, 공통적인 감성 경험에 대한 설명, 마음챙김하며 움직이기나 간식 먹기, 글쓰기, 그리기, 특히 친절함이나 연결감 느끼기 연습이 포함된다(자세한 내용은 322쪽 참조). 가장 많이 사용되는 방법은, 학생들이 슬프거나 화난 친구나 사랑하는 사람을 떠올리게 하고, 그들을 어떻게 대할지 상상해 보게 하는 것이다. 학생들이 이를 자신에 대한 이해로 확장하고 "지금 여기에 있는 나에게 친절하기를 바라."와 같은 문구를 마음속으로 되뇌게 하여, 타인을 대하듯 자신을 대하게끔 도울 수 있다. 마음챙김하며 감정 관찰하기는 L2B의 핵심적인 목표이므로 이 수업은 두 개의 차시로 나누어 충분히 다루는 것이 좋다.

> 우리 모두는 감정이 있죠. 당연히 감정은 인간의 일부이고, 우리가 다른 사람과 소통하고 환경에 적응하게끔 도와줍니다. 예를 들어, 미소는 다른 사람에게 행복을 전달하죠. 두려움은 우리가 위험한 상황에서 벗어날 수 있게 도와줍니다.

감정에는 어떤 것이 있는지, 감정을 통해 무엇을 소통할 수 있는지 묻는다.

제스처나 신체 동작과 같은 비언어적 행동이 감정을 어떻게 전달하는지도 묻는다.

⊙    학생 응답

>    감정을 이해하는 것은 중요합니다. 심지어 숨겨진 감정도 말이죠. 감정은 행동을 일으키는 중요한 요인이기 때문입니다. 인식되지 못한 감정은 우리 자신과 다른 사람에게 문제를 일으킬 수 있습니다. 예를 들어, 인식되지 못한 분노는 괴롭힘으로 이어질 수 있어요. 인식되지 못한 슬픔은 우리 자신에게 상처를 주는 행동으로 이어질 수 있습니다.

⊙    학생 응답

질의응답이나 토론 시간을 갖는다.


## 감정 탐험하기

>    감정에 대해 더 자세히 알아보기 위해 실험을 해봅시다.

### 여러 가지 감정: 감정의 보편성

이 활동의 목적은 우리가 경험하는 감정이 정상적이라는 사실을 이해하는 것이다. 청소년기에는 어떤 감정을 자신만 느낄 것이라고 생각하는 경우가 많다. 그런데 이런 생각은 고립감을 느끼게 만들고, 감정을 인식하고 인정하는 것에 대한 거부감을 일으킬 수 있다.

학생들이 한 줄로 나란히 앞으로 걸어갈 수 있게끔 교실 한 면에 모두 서도록 한다. 그런 다음 학생들 앞에 기다란 '상상의' 줄이 있다고 이야기한다. 줄자나 줄을 사용할 수 있는 경우에는 바닥에 선을 표시해도 된다. 그리고 감정 경험 여부를 묻는 질문들을 순서대로 던진다. 교사가 말한 감정을 느껴본 적이 있는 학생은 상상의 선을 넘어 한 걸음 앞으로 나아간다. 그러면 교사는 가상의 선을 한 걸음 앞으로 움직인다. (만약 공간이 좁다면, 다음 질문을 하기 전에 학생들을 원래 위치로 되돌아가게 한다.)

> 선생님이 몇 가지 감정을 말할 거예요. 만약 여러분이 선생님이 말하는 감정을 경험한 적이 있다면, 선을 넘으세요. 경험한 적이 없다면, 가만히 있으면 돼요.

> 나는 행복을 느껴본 적이 있다.

학생들이 한 걸음 앞으로 나아갈 수 있도록 잠시 멈춘다.

> 주위를 둘러보세요. 다른 친구들도 행복을 느낀 적이 있는지 둘러보세요.

> 자, 나는 화가 난 적이 있다.

중간중간 학생들이 주변을 둘러보고 얼마나 많은 친구가 자기와 같은 감정을 경험했는지 확인할 수 있게 한다. 다음 목록의 감정을 경험했는지에 대해서도 묻는다.

| 걱정스럽다 | 겸손하다 | 경계하다 | 경멸하다 |
|---|---|---|---|
| 고맙다 | 고요하다 | 긍정적이다 | 기쁘다 |
| 긴장하다 | 비난하고 싶다 | 낙담하다 | 놀라다 |

| | | | |
|---|---|---|---|
| 당황하다 | 딱하다 | 두렵다 | 만족하다 |
| 무섭다 | 믿음직하다 | 바보 같다 | 부끄럽다 |
| 불안하다 | 불행하다 | 뿌듯하다 | 사랑하다 |
| 소름 끼치다 | 수줍다 | 스트레스받다 | 슬프다 |
| 신경질 나다 | 돕고 싶다 | 열정적이다 | 예민하다 |
| 외롭다 | 용기를 북돋우다 | 원망스럽다 | 자기의식적이다 |
| 자신감 있다 | 장난치고 싶다 | 재미나다 | 죄책감이 든다 |
| 즐겁다 | 짜증 나다 | 창피하다 | 평화롭다 |
| 호기심 어리다 | 확신에 차다 | 흥미진진하다 | 희망적이다 |

> 감정에 대해 무엇을 알게 되었나요?

⊙ 학생 응답

감정이 보편적이라는 사실을 설명한다.

> 우리가 느끼는 감정은 유쾌하거나 불쾌하거나 중립적인 것으로 느껴질 수 있어요. 같은 경험을 어떤 사람은 즐겁게, 어떤 사람은 괴롭게 받아들일 수 있어요. 때때로 같은 일에 대해 어떤 사람은 짜릿하게 느끼기도 하고, 어떤 사람은 위협적으로 느끼기도 해요. 롤러코스터에 대해 사람들은 어떻게 생각할까요? 공포 영화에 대해서는요? 한 번도 먹어본 적이 없는 음식에 대해서는 어떨까요?

⊙   학생 응답

교사는 혼자 산책하기, 발표하기, 무대에서 공연하기 등 다른 예들을 들 수
있다.

> 우리가 감정을 어떻게 인식하든 (기쁘거나, 불쾌하거나, 중립적이거나) 우리 모두
는 감정을 경험한다는 점에서 같아요.

## 세 번의 감정: 감정-신체-생각의 연결성

> 감정은 마음속에만 있지 않아요. 알아채지 못할 수 있지만, 우리는 감정을 몸
에서도 느껴요. 감정에 대해 계속 공부함으로써 우리는 감정이 몸에 어떻게 나
타나는지, 그리고 여러 감정과 생각이 어떻게 연결되는지 인식할 수 있어요.
이제 다양한 감정들과 감정을 인식하는 방법, 감정을 경험하는 방식에 관해 탐
구해 봅시다.

가능하면, 학생들이 서로 마주 보고 줄을 서게 한다. 학생이 많다면 U자형
으로 줄을 설 수도 있다. 이 활동은 세 번에 걸쳐 이루어지며, 교사는 주어진
시간에 따라 횟수를 조정할 수 있다. 감정을 찾는 여러 번의 기회를 통해 학
생들은 점차적으로 감정을 생각 및 감각과 연결하는 경험을 하게 된다. 학생
들은 교실을 가로질러 걸어야 하지만, 어디로 가는가가 중요한 것은 아니다.
대신, 걷기와 같이 단순하고 일상적인 경험은 감정의 존재, 그리고 감정이
어떻게 생각이나 감각과 상호작용하는지 인식할 수 있는 기회를 제공한다.

처음 두 번, 학생들은 교실을 천천히 가로질러 출발 지점으로 돌아오면서
서로를 지나친다. 시간이 부족하면, 곧바로 세 번째 행동으로 넘어갈 수 있
다. 세 번째 행동에서 학생은 표정과 제스처를 통해 자신이 선택한 (첫 번째나

두 번째에서 선택한) 감정을 나타낸다. 그런 다음 학생들은 교실을 돌아다니며 자신과 같은 감정을 선택한 다른 친구를 찾는다. 자신과 같은 감정을 보여 주는 친구를 발견하면, 교사가 종을 울리기 전까지 함께 서있는다. 학생들이 감정을 찾는 것을 어려워하는 경우에는 활동지의 '감정 얼굴'(177쪽)에 제시 된 목록에서 하나를 선택할 수 있게 한다. 아니면 네댓 개의 유쾌하거나 불 쾌한 감정(예: 행복, 슬픔, 화, 고요함)을 종이에 써서 여러 장 복사한 다음, 학생 들이 그 가운데 하나를 선택하게 할 수도 있다.

### ♡ 트라우마 이해 훈련

이 활동의 목적은 신체가 감정을 어디서 어떻게 경험하고 생각, 감정, 신체적인 감 각들이 어떻게 연결되는지를 이해하는 것이다. 그러므로 지금 이 순간의 신체, 생 각, 감정에 주의를 기울이는 법을 연습한다. 이러한 연습은 학생들이 정서적 특성 (유쾌함, 불쾌함, 중립)뿐만 아니라 감정의 변화(약한 감정부터 강렬한 감정까지)를 경 험하는 데 도움을 줄 수 있다. 연구에 따르면, 감정 상태를 분류하고 구별하는 능력 은 감정 조절의 중요한 요소이다(Torre & Lieberman, 2018). 정서 인식은 학생들이 자기중심성에서 벗어나 자신의 경험을 더 잘 관찰하고, 조절할 수 있게 돕는다.

강조하지만, 다른 친구도 나와 비슷한 감정을 겪는다는 사실을 인식하는 것은 트 라우마가 있는 학생이 갖기 쉬운 수치심을 감소시키는 데 지속적인 효과가 있다. 교사는 활동을 변형하여 감정을 점진적으로 제시할 수 있다. 예를 들어, 첫 번째와 두 번째 행동에 하나 이상의 온화한 감정(예: 긴장한, 웃긴, 지루한, 감사한)을 포함 시킨다. 아니면 세 번째 행동을 할 때, 특정 감정이 적힌 종이쪽지를 나누어줄 수 있다(예: 행복, 화, 흥분, 슬픔). 이를 통해 경험의 공유를 촉진하고, 어떤 감정을 선 택해야 하는지 몰라 불안해하는 학생들을 안심시킬 수 있다. 또한, 교사가 '주인 공' 역할을 맡을 수도 있다. 학생들에게 질문하는 대신, 신체의 감각과 생각에 대해 이야기함으로써 감정을 직접 경험하는 것이 어떤 느낌인지 생생하게 설명하는 것이다. 마지막으로, 교사는 감정이 신체(가슴, 목, 턱 등)에서 어떻게 느껴지는지 설명할 수 있고, 학생들이 몸에서 이러한 감각을 '느끼는' 간단한 실험을 진행해도 된다.

유의할 점은 트라우마는 감정을 조절하지 못하는 결과로 이어질 수 있다는 사실이다. 즉, 트라우마가 있는 학생들은 격앙되어 분노하든지, 반대로 무기력해져 마음의 문을 닫고 의기소침해질 수 있다. 교사는 평정심을 얻기 위해 노력하는 학생들을 격려하면서도, 자신의 감정을 관리할 수 있는 능력 이상을 학생에게 요구하지 않는 것이 좋다. 트라우마가 있는 학생은 특정 감정을 강렬하게 인식할 수 있다 (예: 우울감, 또는 거절당하거나 자포자기할 때의 감정). 이럴 때는, 그다지 강렬하지 않은 감정(귀찮은, 지루한, 들떠있는)을 대신 활용할 수 있다. 마찬가지로 신체 또는 성적인 폭력과 관련한 트라우마가 있는 경우, 민감한 부위(생식기 주변)에 감각을 집중하는 것은 고통을 유발할 수 있다. 트라우마와 관계없이, 바디 스캔 등 모든 마음챙김 연습에서 민감한 신체 부위에 대해 집중하는 것은 피해야 한다.

'행동1'을 위해 학생들이 일렬로 서도록 한다.

> 선생님이 종을 울리면, 반대편 벽까지 천천히 걸어갔다 다시 출발한 곳으로 돌아오세요. 말없이 마음챙김을 하며 천천히 갔다가 돌아오세요. 평소보다 더 천천히 걸어야한다는 것을 기억하세요. 교실을 가로질러 걸으면서 몸의 움직임, 생각, 감정이 어떤지 주의 깊게 살펴보세요. 공간을 띄워서 다른 사람과 부딪히지 않도록 조심하세요. 걷는 동안, 누구와도 눈을 마주치지 않도록 노력해보세요.

종을 울려 시작한다. 학생들이 출발한 곳으로 돌아오면, 어떤 경험을 했는지 자유롭게 발표하도록 하고 전체 토의를 통해 공유하도록 한다.

> 몸에서 어떤 느낌을 발견했나요? 무슨 생각을 했나요? 어떤 감정을 알아차렸나요? 여러분의 생각, 감정, 감각은 어땠나요? 유쾌했나요, 불쾌했나요, 아니면 중립적이었나요? 말을 하지 않고 걷는 것은 어땠나요? 다른 친구와 눈을 마주치지 않는 것은 어땠나요? 생각, 감정, 신체감각 중 어느 것을 더 쉽게 알아차렸나요? 어떤 것이 더 알아차리기 어려웠나요?

⊙ 학생 응답

이제 '행동2'를 진행한다.

> 선생님이 종을 울리면, 다시 한번, 말을 하지 않고 반대편 벽으로 천천히 걸어간 다음 출발했던 곳으로 돌아오세요. 교실을 가로질러 걸으면서 자기 몸의 움직임, 생각, 감정을 인식하도록 노력하세요. 주변 사람과 부딪히지 않도록 조심하세요. 하지만, 이번에는 주변 사람과 눈을 마주쳐봅니다.

종을 울려 시작한다. 학생들이 출발한 곳으로 돌아오면, 어떤 경험을 했는지 자유롭게 발표하도록 하고 전체 토의를 통해 공유하도록 한다.

> 몸에 대해서 무엇을 발견했나요? 생각에 대해서는요? 어떤 감정을 알아차렸나요? 여러분의 생각, 느낌, 감각은 어땠나요? 유쾌했나요? 불쾌했나요? 아니면 중립적이었나요? 눈을 마주칠 때 어떤 느낌이 들었나요? 첫 번째 행동과 비교했을 때 몸, 생각, 느낌에 어떤 차이가 있었나요? 생각, 느낌, 신체감각 가운데 어느 것을 더 쉽게 인식할 수 있었나요? 어느 것을 더 알아차리기 어려웠나요?

⊙   학생 응답

이제 '행동3'을 시작한다. 학생들에게 세 번째 행동은 '감정 맞추기 놀이'라
고 소개한다.

> 지금까지 몸에서 감정을 느끼고 그 감정과 함께 생기는 생각을 인식하는 연습
을 했어요. 이제는 다양한 감정에 대해, 그리고 감정이 다른 사람에게 전달되
는 방식에 대해 탐구할 거예요. 한 가지 감정을 선택하고 동작과 표정만으로 그
감정을 다른 사람에게 표현해 보세요. 선생님이 종을 울리면, 자신이 선택한
감정을 계속 표현하면서 조용히 교실을 가로질러 갔다 와보세요. 아무 말도 하
지 말고 같은 감정을 가진 사람이 누구인지 찾아보세요. 같은 감정을 선택한 친
구가 있다는 것을 발견하면 그 친구 옆에 서세요. 같은 감정을 선택한 친구가
여러 명이면 여러 명과 함께 설 수 있어요. 활동을 하는 동안 몸으로 감정을 어
떻게 표현할 수 있는지 유의해서 살펴보세요. 말을 하지 않고, 표정과 제스처
만으로 감정을 보여주어야 한다는 것을 명심하세요.

종을 울려 시작한다. 모든 학생이 멈출 때까지 기다린다. 종을 울려 전체 토
의를 시작한다. 비슷한 감정을 느꼈는지 이야기를 나눈 다음, 활동에 대해
토의하고, 발표를 통해 학생들이 자신의 경험을 공유할 수 있도록 한다.

> 여러분이 표현한 감정은 무엇이었나요? 그 감정을 몸으로 어떻게 표현했나
요? 감정을 표현하면서 어떤 생각이 떠올랐나요? 어떻게 다른 친구가 자신과
같은 감정을 느끼고 있다는 것을 알 수 있나요? 여러분과 같은 감정을 표현한
친구가 없었던 감정은 무엇이었나요? 나와 같은 감정을 느낀 친구를 찾으면서
새롭게 깨달은 것이 있나요? 여러분이 선택한 감정은 유쾌한 것인가요, 불쾌
한 것인가요, 아니면 중립적인 것인가요?

⊙   학생 응답

불쾌하거나 불편한 감정을 표현하기로 선택한 학생에게 질의응답한다.

>   자, 불쾌한 감정을 선택한 친구들에게 물어볼게요. 불쾌한 감정을 표현할 때 여러분의 신체나 생각은 어떻게 달라졌나요?

⊙   학생 응답

>   중요한 것은 사람으로 살아가려면 이 모든 감정들을 잘 다루어야 한다는 사실 이에요. 모든 감정이 즐겁거나 편안한 것은 아니에요. 감정 자체가 나쁜 것이 아니라 우리가 그것을 어떻게 다루느냐가 중요하죠. 불쾌한 감정을 느끼면 무 슨 일이 일어나나요? 사람들은 어떻게 불쾌한 감정들을 다루나요?

⊙   학생 응답

학생들의 대답을 독려하고, 감정을 회피하거나 억압하는 것에 관한 답(예: "피 해요." 또는 "물리쳐요.")이 나오는지 살핀다. 만약 어떤 학생이 불편한 감정을 다 루는 방법으로 "다른 일을 해요."라고 말하면, 왜 그렇게 하는지 묻는다. 다음 으로 넘어가기 전에, 학생들은 불쾌감을 회피해야 할 것으로 여기는 것이 "다 른 일을 하는" 근본적인 이유가 될 수 있다는 점을 이해해야 한다.

📋 지도 시 유의점
교사는 학생들이 '불쾌한 감정의 경험'과 '불건전하고 통제되지 않는 행동과 사고 방식' 사이의 관계를 체계적으로 파악할 수 있게 해야 한다. 사람들이 불건전하고 통제되지 않는 방식으로 행동하거나 사고하는 근본적인 원인은 불쾌함을 회피·억압·무시하려 하기 때문이다. 학생들이 이러한 무의식적인 과정을 깨닫도록 하는 것이 '세 번의 감정'과 '위대한 은폐' 활동 사이의 중요한 연결 고리이다. 감정을 '숨기고' 있다는 것은 불쾌한 감정을 피하려 한다는 것을 의미한다. 교사는 다음 활동으로 넘어가기 전에, 일반적으로 어떻게 불쾌한 감정을 숨기거나 피하는지 이해하도록 질의응답과 토의를 진행한다. 이를 통해 학생들은 사람들이 회피하거나 숨기는 방식으로 불쾌한 감정을 다룬다는 사실을 이해할 수 있다. 이때 교사는 이러한 사실을 성급하게 설명하기보다 학생들이 먼저 이야기하도록 이끌어야 한다.

많은 연구들이 고통이나 불편함을 회피하는 습관(이는 흔히 경험 회피라고 불린다.)이 지닌 함정을 보여준다. 회피하는 습관은 불편한 감정을 다루는 법을 배울 기회를 감소시킨다. 중요한 것은 우리가 어떤 감정을 느끼느냐가 아니라 우리가 감정을 가지고 무엇을 하느냐이다. 관련 연구를 알고 싶다면, 다니엘 골먼Daniel Goleman(2003); 스티븐 헤이스Steven Hayes, 커크 스트로잘Kirk Strosahl, 켈리 윌슨Kelly Wilson(1999); 마샤 리네한Marsha Linehan(1993)의 감정에 관한 내용을 참고하기 바란다.

## 위대한 은폐

**| 준비물 |** 모둠별로 반으로 자를 수 있는 종이쪽지 또는 카드 20~30장, 색깔이 있는 종이 카드 1~2장

> '세 번의 감정' 활동에서 이야기 나눈 것처럼, 우리 모두는 즐거운 감정을 느끼기도 불쾌한 감정을 느끼기도 해요. 우리는 불쾌한 감정을 느낄 때 보통 '스트레스'를 받는다고 부르죠. 오랫동안 지속되는 불쾌한 감정은 '기분'이 되기도

해요. 때때로 우리는 나쁘거나 짜증 나는 기분에 갇혀있다고 느끼죠. 토의에서 이야기했듯이 사람들은 일반적으로 이러한 불쾌한 감정이 들면 바로 회피하거나 억누르고 싶어 하죠. 회피나 억압이 효과가 있는지 알아보기 위해 다른 실험을 해봅시다.

4~6명씩 모둠을 만든다. 가능하면 커다란 원형이 되도록 의자를 배치한다. 모둠별로 메모를 받는 사람을 정한다. 이 활동의 목적은 불쾌하거나 불편한 감정을 피하는 경향에 대해 설명하는 것이다. 사람들은 다양한 형태로 불쾌한 감정을 피할 수 있다. 이 활동을 통해 학생들은 고통을 막거나 피하기 위해 사람들이 취하는 행동을 생각해 볼 수 있다. 학생들은 '은폐' 더미 아래에 숨겨진 불쾌한 감정을 시각적인 이미지로 만든다. 교사는 한 번에 한 단계씩 방향을 제시하고, 학생들이 각 단계를 완료하면 다음 단계를 진행한다.

**1단계** 각 모둠별로 고통 또는 스트레스를 받는 전형적인 상황을 떠올려본다. 꽤 자주 발생하는 스트레스요인이 무엇인지 찾아본다. 감춰진 불쾌한 감정을 가능한 한 많이 인식할 수 있도록 여러 스트레스요인(학업, 대인관계, 가족)을 선택한다. 교사는 돌아다니면서 학생들이 세 가지 범주(학업, 대인관계, 가족) 가운데 하나를 잘 선택하였는지 확인하고 안내한다. 상황에 따라 모둠별로 하나의 범주를 선택하게 할 수 있다.

**2단계** 각 모둠별로 스트레스 범주가 정해지면 모둠원들은 해당 범주의 스트레스요인과 관련된 불쾌한 감정을 찾는다. 교사는 다음과 같이 묻는다.

> 이런 종류의 스트레스를 받을 때 사람들이 불쾌하게 느끼는 가장 기본적인 감정은 무엇인가요?

두려움, 분노, 슬픔, 혐오감과 같은 기본적인 불쾌한 감정들을 찾을 수 있도

153

록 격려하면서 각 모둠별로 토론하도록 진행한다. 원한다면 학생들은 두 가지 감정을 찾을 수 있다. 이때 두 번째로 찾는 감정은 기본적인 감정과 연관된 것(예: '공포와 자의식' 또는 '슬픔과 거부당함')이어야 한다. 각 모둠은 3단계에서 많은 예를 찾을 수 있도록 기본적인 불쾌 감정을 하나 이상 찾아야 한다. 서기 역할을 맡은 모둠원은 찾은 감정을 색깔 카드에 적어 가운데 바닥에 놓는다.

**3단계** 이제 바닥에 놓인 불쾌한 감정을 피하거나 '숨기려고' 십 대들이 일반적으로 어떤 행동을 하는지 토의한다. 토의 결과를 바탕으로 서기는 감정을 숨기기 위해 십 대들이 하는 행동을 하나씩 써서 감정 카드 위에 쌓는다. 이런 식으로 교사는 우리가 불쾌한 감정을 숨기는 과정을 시각적 이미지로 나타낼 수 있다. 예를 들어, 실패에 대한 두려움은 학교에서 자주 발생하는 스트레스와 관련된 감정이다. 이 밖에도 불쾌한 감정을 피하기 위해 십 대들은 잠자기, TV 보기, 비디오 게임하기, 온라인에서 시간 보내기, 술 마시기, 미루기, 약물(불법 및 처방약) 복용하기, 공상하기, 교사 탓하기, 불평하기를 사용한다. 어떤 모둠은 스트레스와 관련된 불쾌한 감정을 다루는 데 필요한 '긍정적인' 예를 적을 수 있다. 예를 들어, 만약 어떤 모둠이 '도움을 구한다' 또는 '공부를 더 열심히 한다'라고 쓴다면, 교사는 다음처럼 학생들에게 감정을 숨길 목적으로 쓴 것인지 묻는다.

> 도움을 구하는 것이 불쾌한 감정을 감추려는 것일까요?

이러한 질문에 대해 생각함으로써 학생은 자신이 적은 것이 불쾌한 감정을 숨기기 위한 건지 여부를 명확하게 파악할 수 있다.

**4단계** 각 모둠은 자신의 전형적인 문제 상황과 이와 관련된 불쾌한 감정, 그리고 모둠 토론을 통해 알게 된 감정의 은폐에 대해 발표한다. 각 모둠이 발표할 때마다 발표 내용에 관해서 토의를 진행한다.

> 감정 숨기기는 효과가 있나요? 왜 그런가요? 혹은 왜 그렇지 않은가요? 불쾌한 감정을 숨기면 어떤 이점이 있나요? 감정을 숨기려면 무엇을 희생해야 하죠? 어떤 희생이 있는지 예를 들어보세요. 자신도 모르게 감정을 숨길 수 있을까요? 감정을 숨기지 않으려면 어떻게 해야 할까요?

⊙ 학생 응답

### ⚲ 트라우마 이해 훈련

트라우마를 겪은 사람은 기본적인 불쾌한 감정을 통제하기 힘들다. 이런 경우에는 어떤 식으로든 불쾌한 감정을 피함으로써 자극을 줄이는 것이 필요하다. 불쾌한 감정이 압도할 때는 그러한 감정에 저항하는 것이 보호의 일환으로써 일시적인 진정 기능을 한다. 이러한 사실과 더불어 교사는 자신을 위로하는 다양한 방법(322쪽 참조)과 자비*연습의 필요성을 설명해 줄 수 있다. 예를 들면, 심장 위에 손을 올리고, 평화, 고요, 사랑, 안전과 관련한 위로의 메시지를 마음속으로 반복하면서, 자기 몸에서 일어나는 불쾌하거나 불편한 감정에 주의를 기울이게 하는 간단한 방법으로 압도적인 감정을 다룰 수 있다. 304쪽의 'ABC 자기 자비 연습'을 참조.

압도적인 감정을 완화하는 또 다른 방법은 "감정은 단지 감정일 뿐"이라는 것을 스스로에게 상기시키는 것이다. 스스로에게 "걱정을 멈춰야만 해." 대신 "걱정했구나." 또는 "화를 내지 마." 대신 "분노했구나."라고 말하면 어떨지 학생들에게 반문

---

* 불교에서 자비(慈悲)는 자신이나 다른 대상이 행복하길 바라는 자(慈)와 괴롭지 않기를 바라는 비(悲)로 구성된 개념이다. 영어에서는 '자'를 loving-kindness, '자비'와 '비'를 모두 compassion이라고 쓴다. 우리나라에서는 loving-kindness를 자애로, compassion은 연민 또는 자비로 번역한다. 이에 이 책에서는 compassion이 사용되는 용례에 따라 '자비' 또는 '연민'으로 번역하였다. ─옮긴이

한다. 그리고 연습을 통해 감정이 파도처럼 일고 사라지는 것을 알아차릴 수 있다는 점을 설명한다. 이를 통해 학생들은 감정을 있는 그대로 수용할 수 있다. 단지 알아차리는 것만으로도 우리는 압도적으로 느낄 수 있는 나쁜 기분의 힘을 어느 정도 줄일 수 있다.

## 마무리

> 우리는 불쾌하거나 불편한 감정을 자동적으로 느껴요. (주제 R에서 공부했듯이) 우리는 외부의 어떤 사건 때문에 불쾌하거나 불편한 감정을 느낄 수 있어요. 하지만 생각 때문에 그런 감정을 느끼기도 해요. 우리는 생각만으로도 감정을 느낄 수 있어요. 우리는 불쾌한 감정을 잘 회피해요. 하지만 도망만 치면 많은 것을 놓칠 수 있어요. 더 강하고 더 단단한 마음을 가질 수 있는 기회를 말이에요. 내면의 힘을 기르려면 연습이 필요해요. 불편한 상황에 놀라서 무언가를 바꾸고 싶어도 아무것도 할 수 없을 때를 대비해서 말이죠. 불쾌하거나 불편한 경험을 피하거나 밀어내는 대신에, 지금까지 했듯이 주의를 기울이면 불쾌한 감정을 다룰 수 있어요.

> 비판단적으로 감정에 주의를 기울이는 것은 무의식적으로 어떤 것에 마음을 뺏기지 않으면서 스스로의 감정을 알아차리는 것이에요. 우리는 기분이 나빠지거나 화가 날 수 있어요. 하지만 자신을 친절하게 대하는 연습을 하면 우연히 느낀 감정과 싸우지 않아도 돼요. 감정을 인식함으로써 우리는 그 감정에 대해 알아차리고, 그 감정이 몸에 어떤 영향을 미치는지 파악할 수 있어요. 그리고 몸에서 느껴지는 감각을 관찰하며, 감정과 관련된 모든 생각을 알아차리고, 가능한 한 부드럽게 감정을 흘려보낼 수 있어요. 이를 통해 여러분은 감정을 없애기

위해 당장 어떤 조치를 취하거나 숨기려 할 필요가 없다는 것을 깨달을 거예요. 감정은 신체 에너지의 움직임이에요. 우리의 감정을 가만히 살피면 에너지가 오르락내리락하는 것을 볼 수 있어요. 감정은 파도와 같아요. 우리는 균형을 유지하면서 감정의 파도를 타는 법을 배울 수 있어요. 자, 그러면 감정의 파도가 실제로 어떻게 움직이는지 살펴보겠습니다.

## 파도타기: 감사 연습

마음챙김을 연습하기 위해 자세를 바로 하게 한다. 의자나 방석에 앉아 머리, 목, 허리를 펴되 너무 꼿꼿하게 펴지 않아도 된다고 한다. 발은 바닥에 닿게 내려두도록 한다. 학생들이 자신의 신체에서 주의를 기울일 편안한 곳을 자유롭게 찾게 한다. (예를 들면 호흡을 닻으로 사용하여 주의를 기울일 수 있다.)

'감정 파도타기' 활동의 목표는 학생들이 감정을 몸과 마음에서 경험하고, 감정의 오르내림을 관찰하게 하는 것이다. 나아가, 궁극적으로는 감정을 억지로 바꾸지 않으면서 단지 그 에너지의 흐름을 관찰할 수 있다는 사실을 이해시키는 것이다. 학생들은 필요할 때 돌아올 안전한 곳(배나 발바닥에서 느껴지는 숨결)이 자신의 신체에 있다는 것을 이해할 수 있다. 자신의 반응을 관찰하고 가벼운 불쾌감에 반응하지 않는 연습을 진행한다. 이 짧은 활동 뒤에 토론과 '유쾌한 감정(감사) 연습' 활동을 이어서 할 수 있다.

이 활동에서 학생들은 가만히 앉아있을 때 느끼는 지루함이나 초조함, 또는 가벼운 좌절감과 같은 '불쾌한' 경험을 할 수 있다. 가만히 앉아야 해서 느끼는 답답함과 지루한 감정을 다루는 법을 배우는 것은 교실과 같은 환경에서 지내야 하는 학생들에게 적절하다. 이런 감정을 다루는 법은 교실에서 집중을 유지하고, 지루한 일을 계속하거나, 다른 것을 하고 싶을 때 주의를 기울이는 데 도움을 준다. 또는 어려운 과제를 하거나 하고 싶은 일을 당장 할 수 없을 때(예를 들어 문자 메시지에 바로 답할 수 없을 때) 느끼는 가벼운 좌절감도 마찬가지다.

토론을 통해 약간 불편함을 느낀 경험과 마음챙김으로 다루어야 하는 더 강한 감정을 연결지어 보게 한다. 불편한 감정과 마찬가지로 분노, 슬픔, 질투나 신체적 고통을 포함한 여러 불쾌한 감정은 마음챙김을 통해 다스릴 수 있다. 학생들이 이러한 사실을 핵심 아이디어로 도출할 수 있도록 이끈다. 호기심과 열린 마음을 바탕에 둔 마음챙김으로 모든 범주의 불편한 감정들을 같은 방식으로 다룰 수 있다는 것을 설명한다. 활동지의 '삶과 연계하기-분노와 불편한 감정에 관하여'(179쪽)를 활용하여 분노나 슬픔과 같은 더 강한 감정에 대해 마음챙김하는 방법을 소개한다. 강한 감정을 다스리는 방법에 관해 토론을 진행한다. 토론은 과거에 경험한 상황의 세부 요소보다는 감정적 경험을 에너지의 변화로 보는 데 초점을 맞춰야 한다. 중요한 것은 감정적 경험의 보편성이지 감정에 대한 개인의 구체적인 이야기가 아니다.

 **트라우마 이해 훈련**

학생들이 불편한 감정을 알아차리고, 지루함이나 불안감과 같은 불편함을 누구나 자주 경험한다는 사실을 명확하게 이해할 수 있도록 설명한다. 그러나 특정 상황에서 어떤 학생은 더 고통스러운 기억과 감정을 떠올릴 수 있다는 사실을 알아야 한다. 예를 들어, 가정이나 학교에서 겪은 일로 우울증이나 트라우마를 갖게 된 학생이 그렇다. 이런 경우에는 적절한 임상적 판단이 필요하다. 활동을 짧게 줄이거나, 선택 활동 '기쁜 감정(감사)'으로 대체하거나, 수업의 요점에 관해 간략하게 이야기하는 것이 유용할 수 있다.

> 평정심과 내면의 힘을 경험하려면, 우선 자신의 감정을 인식해야 해요. 감정을

억누르거나 숨기는 것은 별 효과가 없어요. 우리는 감정이 생기고 사라지는 것을 마음챙김하며 바라볼 수 있어요. 마음챙김을 통해 우리는 감정이 우리 몸에서 어떻게 흘러가고 변화하는지 알 수 있지요. 감정을 파도라고 생각해 보세요. 감정을 몸속에서 끊임없이 솟아올랐다 사라지는 파도로 여기면, 그 위에서 서핑을 배울 수 있어요. 감정의 파도를 타는 법을 배워서 평정심과 중심을 유지할 수 있어요. 감정을 알아차리고 효과적으로 관리하는 방법은 연습을 통해 익히고 발전시킬 수 있는 기술이에요. 이러한 기술은 우리로 하여금 삶의 목표를 달성하기 위해 더 효과적으로 행동하도록 도와줘요. 자신에게 해가 되는 생각과 감정을 인식하고 부드럽게 놓아줌으로써, 자신을 친절하게 대하고 감정의 파도를 타는 기술을 배울 수 있어요.

> 자, 이제 활동을 시작해 봅시다. 의자나 방석에 앉아 편안한 자세를 취하세요. 허리를 곧게 펴세요. 하지만 너무 경직되지 않아야 해요. 발은 바닥에 닿게 놓고, 손은 무릎에 올려놓으세요. 그리고 편안하게 눈을 감습니다. 몇 번 숨을 크게 쉬세요. 가능한 한 마음을 차분히 가라앉혀 봅시다. 호흡에 주의를 기울이세요. 마음이 다른 곳에 있다는 것을 알아차리면, 주의를 다시 호흡으로 가져오세요. 활동하는 동안, 자신의 마음 안에서 무슨 일이 일어나는지 알아차려 보세요. 자신의 생각, 감정, 그리고 몸에서 경험하는 모든 감각에 주의를 기울여 관찰해 보세요. 조용히 관찰하는 시간을 가져봅시다.

2~3분 동안 기다린다. 이때, 중요한 것은 마음이나 몸이 지루함이나 불안과 같은 형태의 불편함을 느낄 수 있도록, 충분한 시간을 갖는 것이다. 교사는 얼마나 조용히 관찰하는 것이 적절할지 판단해야 한다.

> 가만히 앉아 마음챙김을 하면서, 불편한 감정이 생겨나는지 관찰해 보세요. 몸과 마음에서 불안을 느끼는 친구도 있을 거예요. 불안에 주의를 기울일 수 있나요? 여러분의 몸 어디에서 불안이 느껴지나요? 불안은 어떤 느낌인가요? 느낌

이 크고 강렬한가요, 아니면 부드럽나요? 여기저기서 느껴지나요, 아니면 한 곳에서 느껴지나요?

지루함을 느낄 수도 있어요. 자신이 지루함을 느끼고 있지는 않은지 주의를 기울여보세요. 몸 어디에서 지루함이 느껴지나요? 느낌이 크고 강렬한가요? 아니면 부드러운가요? 느낌이 이동하나요? 아니면 한 곳에서 느껴지나요? 주의를 기울이고 있으면 느낌이 변화하나요?

잠시 더 가만히 있는다.

> 파도처럼 오가는 불안감이나 지루함의 느낌을 관찰해 보세요. 불안감이나 지루한 감정을 억누르거나 없애려고 하지 마세요. 그런 감정에 사로잡히지도 마세요. 호기심을 갖고 자신이 그 감정들을 관찰할 수 있는지 살펴보세요. 우리는 감정에 반응할 필요가 없어요. 감정은 호기심을 갖고 관찰할 수 있는 몸과 마음의 에너지일 뿐이에요.

한동안 더 길게 있는다.

> 호흡에만 집중하세요. 여러분이 불안감이나 지루함의 파도를 탈 수 있는지 보고 그것들이 변화하는지 관찰해 보세요. 마음속으로 "나는 이 감정들을 회피하지 않고 느낄 수 있어."라고 자신에게 말해보세요.

종을 울려 활동을 종료한다. 다음 활동으로 넘어가기 전에 토론을 진행할 수 있다. 그런 경우, 학생들이 자신의 경험에 대해 발표할 수 있도록 시간을 준다. 몸에서 관찰한 생각, 감정, 감각의 경험에 대해 이야기하도록 한다. 학생들이 발표한 내용은 칠판에 목록으로 작성한다.

> 여러분은 이 활동의 경험을 어떻게 느꼈나요? 자신의 몸, 생각, 감정에서 어떤

것을 알아차렸나요? 이제 더 어려운 감정의 파도를 타볼까요?

⊙ 학생 응답

## 선택 활동: 기쁜 감정(감사)

'감정 파도타기'의 두 번째 부분은 다른 감정, 즉 감사를 느껴보는 것이다. 시간이 제한적일 경우 '짧게 마음챙김하며 감정 알아차리기' 연습으로 대신할 수 있다. 감사 연습은 건강한 감정을 함양할 수 있는 방법이다. 학생들이 신체, 생각, 감정의 변화를 알아차리게끔 안내하고, 언제든지 이 연습을 통해 자신에게 도움이 되는 감정을 기를 수 있다는 점을 설명한다.

> 자, 이제 다른 종류의 감정을 알아차리는 연습을 해보겠습니다. 아까처럼 호흡에 집중해 봅시다. 여러분의 감정, 생각, 감각을 관찰하며 마음을 가라앉혀보세요.

학생들이 마음챙김하며 호흡을 할 수 있도록 잠시 기다린다.

> 인생에서 내가 매우 감사하게 여기는 것이 무엇인지 최선을 다해 떠올려보세요. "나는 내 인생에서 이런 사람을 만나서, 이런 경험을 해서, 또는 이런 것을 가져서 정말 행운이다."라는 문장을 완성할 수 있도록 자신의 경험을 돌이켜보세요. 자신의 삶에서 만난 누군가 또는 어떤 것의 이름을 생각해 보세요. 여러분이 사랑하는 사람이나 하고 싶은 것, 또는 여러분을 행복하게 해주는 애완동물이나 자연 속의 어떤 것, 아니면 무엇이든 떠올릴 수 있어요. "나는 정말 감사하다."를 마음속으로 말해보세요.
가능한 한 생생하게 그 사람이나 사물의 이미지를 떠올려보세요. 이미지를 마음의 눈에 담으세요. 자신이 감사한 마음을 알아차릴 수 있는지 살펴보세요.

감사한 감정이 여러분의 몸 어디에서 느껴지는지 주의를 기울여보세요. 심장 주변에서 따뜻함이나 온화함을 느끼는 사람도 있을 거예요. 감사하는 마음을 그대로 느끼면서 자신의 경험을 잘 관찰해 보세요. 기분 좋은 경험인지, 불쾌한 경험인지, 중립적인 경험인지 주의를 기울여봅시다. 감사하는 마음을 키워서, 그것이 몸 안에 퍼지는 것을 느껴보세요. 자, 몇 문장을 읽을게요. 이 문장들이 자신을 위해 쓰였다고 생각해 보세요.

다음 세 문장을 약 15초 간격으로 읽는다.

> 살면서 만난 좋은 것들에 감사한다.
> 내게 잘해준 많은 사람들이 있어서 기쁘다.
> 나는 평화롭고, 자신감 있고, 균형감을 느낀다.

잠시 마음챙김하며 호흡하는 시간을 갖는다.

> 유쾌하거나 불쾌한 감정을 느낄 때 우리 신체 안의 에너지가 급증한다는 사실을 알 필요가 있어요. 에너지가 솟구치는 것을 우리는 자신의 몸에서 확인할 수 있어요. 우리는 감정에 반응하지 않고, 자신에 대해 판단하지 않으며, 그저 그러한 감정들이 오고 가는 것을 관찰할 수 있어요. 이를 통해 단단한 마음과 평정심을 갖는 법을 배울 수 있어요. 조금 더 마음챙김하며 호흡하기를 하고, 연습을 마무리해 봅시다.

종을 울려 연습을 마친다.

⊙ 학생 응답

활동에 대한 학생의 질문에 답하거나 이야기를 나누는 시간을 갖는다.

## 마음챙김하며 감정 관찰하기

시간이 충분하지 않다면, 앞의 두 활동만 진행하고, 이 활동은 생략할 수 있다. '마음챙김하며 감정 관찰하기' 연습은 생각과 감정을 알아차리는 것을 위한 추가적인 연습이다. 교사는 학생들이 천천히 성찰을 할 수 있게끔 이 연습을 이끌어야 한다.

> 이제, 현재에 집중하는 데 도움이 되는 짧은 마음챙김 연습을 해봅시다. '바디스캔' 연습에서 했던 것처럼 호흡에 주의를 기울일 거예요. 또한 호흡에 주의를 기울이는 것을 반복하면서 생각과 감정을 알아차리고 놓아주는 연습을 할 거예요. 주의력을 기르려면 연습이 필요해요. 호흡에서 멀어졌다는 것을 알아차리면, 언제든지 다시 호흡에 집중하면 돼요. 부드럽게, 하지만 단호하게 주의를 다시 호흡으로 가지고 오세요.
지금 우리는 끈기와 평정심을 기르는 법을 연습하고 있어요. 그래서 편안하지만 바른 자세를 취해야 해요. 무엇을 손에 들고 있다면 내려놓고, 손을 무릎 위에 편안하게 놓으세요. 눈은 지그시 감거나, 시선을 앞쪽에 부드럽게 내려놓으세요. 이마와 눈 주위의 힘을 풀어 얼굴 근육을 부드럽게 풀어줍니다. 이제 여러분의 몸 안으로 들어오고 나가는 숨결을 느껴보세요.

> 신체에서 어떤 감정이나 감각, 생각이 든다면, 그곳에 주목해 보세요. 콧구멍을 지나가는 숨결의 감각, 가슴의 오르내림, 숨 쉴 때마다 부풀어 올랐다 작아지는 배의 느낌을 주목하세요. 억지로 호흡을 바꾸려 하지 말고 그저 숨이 들어오고 나갈 때마다 느껴지는 모든 것들을 있는 그대로 관찰해 보세요. 숨을 들이마실 때부터 끝까지 내쉴 때까지 모든 과정을 인식하도록 노력하세요. 만약 마음이 방황하고 있는 것을 알아차리면, 관심을 콧구멍이나 배로 다시 돌립니다. 새로운 숨결 하나하나에 충분히 주의를 기울여보세요. 이렇게 자신의 호흡을 관찰하면, 생각이 생겨나는 것도 알아차릴 수 있어요. 또 감정이 생기는 것도

알아차릴 수 있죠. 감정이 언제 생겨나는지 관찰해 보세요. 좀전의 활동과 관련된 감정을 알아차릴 수도 있을 거예요. 몸의 어떤 부분에서 그 감정을 인식할 수 있는지 주의를 기울여보세요. 배에서인지, 가슴에서인지, 어깨에서인지, 목에서인지. 어디서 느껴지든, 그 감정을 있는 그대로 관찰합니다.

> 감정이 어떻게 생겨나고, 잠시 머물렀다가, 어떻게 사라지는지 지켜보세요. 몸 속에서 느껴지는 감정에 관심을 기울이면서 그것이 어떻게 변화하는지 관찰해 보세요. 감정은 신체 에너지의 변화처럼 보일 수 있어요. 때로는 부드럽고 조용한, 때로는 세고 강렬한, 때로는 날카롭고 빠른, 때로는 느린 에너지의 변화와 같죠.

자신이 그런 감정에 사로잡히지 않고 감정을 있는 그대로 관찰할 수 있는지 살펴보세요. 최선을 다해, 생각이나 감정에 반응하거나 판단하지 말고, 여러분의 마음의 공간에 들어오는 모든 것을 관찰하려고 노력해 보세요. 지금 내가 있는 이 자리에서 생각과 감정이 생기고, 잠시 머물다 사라지는 것을 바라봅니다. 오고 가는 감정들을 지켜보세요. 하늘의 구름처럼 생겨나고 사라지는 감정이 인식의 영역을 가로질러 이동합니다.

이제 호흡에 다시 주의를 기울입니다. 종소리가 날 때까지 지금 이 순간에 깨어 있어 보세요.

종을 울려 연습을 마친다.

 **지도 시 유의점**

다음 장의 주제 A 활동 가운데 하나인 '선을 넘어라'(189쪽)는 사전 준비가 필요하다. 수업이 끝나기 전에, 학생들에게 1부터 10까지 적힌 종이 한 장을 준다. 그리고 살면서 스트레스를 받은 일을 순서 없이 적게 한다. 이때 반드시 익명으로 적어야 한다. 종이를 걷은 다음 빈도가 가장 높은 스트레스요인을 '선을 넘어라' 활동을 시작할 때 활용한다.

수업을 마치기 전에, 학생들에게 활동지의 '삶과 연계하기 – 분노와 불편한 감정에 관하여' 활동 방법을 안내한다. 이 활동은 다루기 힘든 감정이 생길 때 마음챙김을 연습하는 데 도움이 된다. 또한 '집에서 연습하기'를 안내해서 지속적으로 마음챙김을 연습할 수 있도록 한다. 그리고 남은 시간 등을 파악하여 짧은 버전 또는 긴 버전의 '연결감 지니기' 활동을 끝으로 수업을 마무리한다.

## '집에서 연습하기' 안내

다음처럼 일상생활에서 마음챙김을 연습하는 방법을 안내한다.

> 하루에 세 번, 마음챙김 호흡을 연습하세요. 한 번 연습할 때마다 적어도 세 번 숨을 들이마시고 내쉬는 것을 관찰합니다. 적어도 하루에 한 번 '짧은 감정 마음챙김' 연습을 하는 것이 좋아요. 이제부터, 마음에서 생겨나는 생각, 감정, 신체적 감각을 인식하는 연습을 시작해 보세요. 불편한 감정이 생길 때 자신을 친절하게 대하는 것을 연습하세요. 불편한 감정을 밀어내려 하지 말고 그 감정이 여러분의 몸에서 어떻게 느껴지는지 주의를 기울여보세요. 주제 B의 '삶과 연계하기' 활동지(96쪽)를 활용해서 여러분이 선택한 마음챙김 연습을 일상생활에서 지속적으로 실천해 보세요. 그리고 연습한 경험에 관해 '집에서 연습하기' 활동지에 써보세요.

# '연결감 지니기' 연습

### 짧은 버전

> 오늘 수업을 마치기 전에 우리가 연결감을 느끼고 있는지 한 번 더 확인해 봅시
> 다. 편하게 눈을 감고, 우리 반에 있는 친구 한 사람 한 사람을 떠올려보세요. 우
> 리는 지금까지 함께 마음챙김을 연습했어요. 오늘 우리 각자는 우리 반 모두를
> 위해 중요한 역할을 했어요. 이번에는 우리 반이지만 잘 모르는 친구를 한 명
> 떠올려 보세요. 그리고 생각해 봅시다. 이 친구는 때때로 감당하기 힘든 감정
> 을 경험한 적이 있을 거예요. 나처럼 말이죠. 이 친구는 통제하기 힘든 강한 감
> 정을 경험한 적이 있을 거예요. 나처럼 말이죠. 그래서 나는 이 친구가 감정의
> 파도 위에서 균형을 더 잘 잡을 수 있기를 바랍니다. 이 친구도 나와 같은 한 인
> 간이니까요. 나처럼 말이죠.

### 긴 버전

> 앉아서 눈을 감으세요. 눈을 감는 것이 불편하다면 시선을 정면 아래에 부드럽
> 게 내려두세요. 이제 다른 누군가를 마음속에 떠올려보세요. 이 교실에 있거나
> 교실 밖에 있는 사람도 괜찮습니다. 이번에는 여러분과 친분이 없는 사람을 떠
> 올려보세요. 이 사람은 여러분이 평소에 관심이 없거나 친하기 어려운 사람일
> 수 있습니다. 어떤 면에서 여러분과 의견이 다른 사람일 수도 있어요. 나의 이
> 웃이자 한 인간인 그 사람의 이미지를 가능한 한 생생하게 마음속에 떠올려보
> 세요.

> 이제 몇 가지를 생각해 봅시다. 이 사람은 몸, 마음, 감정을 가지고 있어요. 나처
> 럼 말이죠. 이 사람은 행복, 뿌듯함, 활기, 지루함, 질투, 불안, 슬픔을 느끼고, 상
> 처받고, 화가 난 경험이 있습니다. 나처럼 말이죠. 이 사람은, 감당하기 어려운
> 감정에 시달린 순간이 있습니다. 나처럼 말이죠. 이 사람은 통제할 수 없는 격
> 한 감정을 느낀 경험이 있습니다. 나처럼 말이죠.

166

생각해 봅시다. 이 사람은 행복하기를 바랄 거예요. 나처럼 말이죠. 이 사람은 분노, 상처, 슬픔과 같은 강하고 힘든 감정으로부터 빠져나오기를 원할 거예요. 나처럼 말이죠. 걷잡을 수 없는 감정에 휘둘리지 않고 인생의 굴곡을 통제할 수 있길 바랄 거예요. 나처럼 말이죠.

이제 몇 가지를 바라봅시다. 이 사람이 감정의 파도 위에서 균형을 잘 잡을 수 있기를 바라봅시다. 이 사람이 행복하고 평화롭기를 바라봅시다. 이 사람이 안전하다고 느끼길 바라봅시다. 이 사람도 나와 같은 한 인간이니까요. 나처럼 말이죠.

# 확장 버전 18주

| | 7차시 | 8차시 | 9차시 |
|---|---|---|---|
| **도입** | • 짧은 마음챙김 연습<br>• 주제 E 소개 | • 짧은 마음챙김 연습<br>• 지난 차시 상기 | • 짧은 마음챙김 연습<br>• 지난 차시 상기 |
| **감정 탐험하기** | • 여러 가지 감정<br>• 선택 활동: 어떤 감정이니?<br>• 세 번의 감정 | • 위대한 은폐 | |
| **마무리** | • 짧은 호흡 알아차리기 연습<br>• 마음챙김하며 감정 관찰하기<br>• '집에서 연습하기' 안내 | • 감정 발견하기<br>• '집에서 연습하기' 안내 | • 감정 파도타기<br>• '연결감 지니기' 연습<br>• '집에서 연습하기' 안내 |

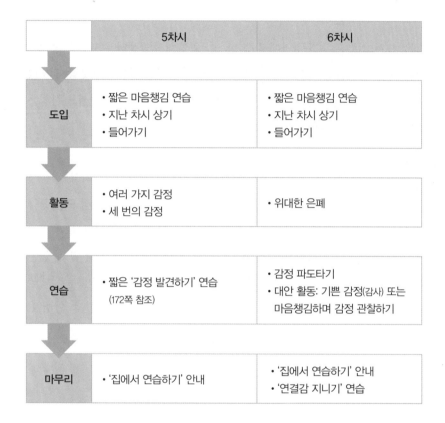

| | 5차시 | 6차시 |
|---|---|---|
| 도입 | • 짧은 마음챙김 연습<br>• 지난 차시 상기<br>• 들어가기 | • 짧은 마음챙김 연습<br>• 지난 차시 상기<br>• 들어가기 |
| 활동 | • 여러 가지 감정<br>• 세 번의 감정 | • 위대한 은폐 |
| 연습 | • 짧은 '감정 발견하기' 연습<br>(172쪽 참조) | • 감정 파도타기<br>• 대안 활동: 기쁜 감정(감사) 또는<br>마음챙김하며 감정 관찰하기 |
| 마무리 | • '집에서 연습하기' 안내 | • '집에서 연습하기' 안내<br>• '연결감 지니기' 연습 |

확장 버전은 기본 버전의 스크립트, 지도 시 유의점, 활동을 바탕으로 구성된다. 다음은 추가 활동이다.

# 7차시

## 주제 E 소개

> 감정 또는 기분은 우리 내면에서 생겨나요. 외부에서 발생하는 사건은 우리에게 특정한 감정을 불러일으키죠. 그런데 우리는 감정을 인식하지 못할 때가 많아요. 또 거슬리는 감정을 느낄 때도 많죠. 아무리 무시하려고 애써도 감정은 존재할 수 있어요. 감정을 인식하는 것은 왜 중요할까요?

> 비행기가 착륙하는데 조종사 없이 자동으로 운항하는 비행기에 타고 싶은 사람은 없을 거예요. 조종사는 비행기를 안전하게 착륙시키기 위해서 모든 항공 상황을 인식해야 하죠. 조종사는 완전히 깨어있어야 해요. 마찬가지로 우리는 자신의 내면을 잘 인식함으로써 대상의 전체를 바라보고, 더 균형 있고, 좋은 결정을 내리는 데 필요한 정보를 인식할 수 있어요. 그렇지 않으면, 우리 내면에서 실제로 무슨 일이 일어나고 있는지 인식하지 못한 채 행동할 수 있어요. 또 자기 자신과 다른 사람을 다치게 하는 방식으로 행동할 수도 있고요.

## 여러 가지 감정

기본 버전의 '여러 가지 감정'의 설명과 지침을 활용하거나 다음의 '어떤 감정이니?' 활동을 활용하여 여러 감정을 탐색할 수 있다.

## 선택 활동: 어떤 감정이니?

이 활동의 목적은 감정들에 이름을 붙여봄으로써, 감정은 유쾌 또는 불쾌하거나 중립적일 뿐만 아니라 강도에도 차이가 있다는 것을 보여주는 것이다. 이 활동은 다양한 상황에서 자주 경험하는 감정에 이름을 붙여보는 기회를 제공한다. 활동 목표는 감정을 인식하고 감정과 관련한 경험의 보편성을 알아차리는 기술을 익히는 것이다. 발달단계상 청소년은 자신의 감정 경험이 독특하다고 느끼는 경우 많다. 이러한 인식은 고립감을 느끼게 하고 감정을 인식하고 수용하는 것을 거부하게 만들 수 있다.

학생들이 다음 상황에 맞는 감정을 말해보도록 한다. 각 상황에 대해 가능한 한 많은 감정의 이름을 붙여본 다음, 제시된 감정들이 유쾌한 것인지, 불쾌한 것인지, 중립적인 것인지 토의하도록 한다. 학생들은 같은 감정에 대해서도 다르게 인식할 수 있다.

각 발문에 대해 충분히 토의할 수 있도록, 발문과 발문 사이에 간격을 두도록 유의한다.

> 다음과 같은 상황에서 어떤 감정이 드나요?
  - 수행평가에서 내가 원하는 점수를 받았을 때.
  - 형제들과 싸웠을 때.
  - 칭찬을 받았을 때.
  - 누가 나를 놀렸을 때.
  - 선생님이나 부모님이 내가 하고 싶은 일을 이해해 주지 않을 때.
  - 배가 아플 때.
  - 우리 팀이 경기에서 이겼을 때.
  - 내가 팀에 끼지 못할 때.
  - 친구와 함께 있을 때.
  - 하고 싶지 않은 일을 친구들이 하자고 할 때.

> 우리는 이러한 상황에서 느끼는 감정들을 흔하게 경험합니다. 우리 반 친구들도 이러한 감정을 경험하는지 한번 살펴봅시다.

### 세 번의 감정

시간이 부족한 경우에는 '세 번째 행동'만 진행한다. 활동지의 '감정 얼굴'(177쪽)을 활용하여 학생들이 감정을 선택할 수 있게 한다.

## 8차시

### 위대한 은폐

기본 버전의 설명과 스크립트를 바탕으로, 사람들이 불편한 감정을 어떻게 감추는지 살펴본다.

### 감정 발견하기

'감정 발견하기'는 유쾌한 감정(행복함 또는 평온함)과 불쾌한 감정(걱정 또는 분노)을 탐구하기 위한 활동이다. 먼저 스트레칭이나 마음챙김하며 움직이기를 하면서 몸을 풀고 앉게 한다. 교사는 스크립트에 줄 바꿈이나 말줄임표로 표시해서 진행 속도를 미리 조절할 수 있다. 시간이 부족하면, 한두 가지 감정에 대해서만 활동을 진행한다. 그러나 마지막에는 즐거운 감정에 대한 탐구로 마무리해야 한다.

> 이제 활동을 시작하겠습니다. 편안한 자세로 앉아 눈을 감고 조용히 합니다. 눈을 감는 것이 불편하면 시선을 앞쪽 바닥에 내려둡니다. 호흡에 따라 신체가 어떻게 움직이는지 관찰해 보세요. 세 번 숨을 들이마셨다 내쉬면서 호흡의 움직임을 느껴보세요.

학생들이 자신의 호흡을 관찰할 수 있도록 잠시 기다린다.

> 우리는 내면의 감정에 주의를 기울이는 연습을 할 거예요. 감정들이 어디에서 나타나는지 주의를 기울여봅시다. 어떤 감정도 바꾸거나 덮어두려 하지 마세요. 감정은 오고 가는 파도와 같다는 것을 알 수 있을 거예요. 우리는 그 파도를 탈 수 있어요. 또한, 언제든지 마음의 평온을 찾기 위해 호흡을 닻으로 활용할 수 있어요. 호흡에 집중해서 방황하는 마음을 되돌릴 수 있다는 것을 기억하세요.

> 행복으로 시작해 봅시다. 행복이라는 감정의 파도를 타기 위해 행복했던 경험을 떠올려보세요. 특별한 사건이나 특별한 장소, 또는 기분이 좋았던 평범한 시간을 떠올려도 좋아요. 가능한 한 그 경험을 선명하고 생생하게 떠올려보세요. 작은 것 하나하나를 기억하면서 행복이 몸에서 어떤 감각으로 느껴지는지 살펴보세요. 자신의 감각들에 주목하고, 그 감각들이 몸의 어디에서 느껴지는지 살펴보세요. 심장에서, 얼굴에서, 아니면 몸 전체에서 어떤 감각을 느낄 수 있을 거예요.
어떤 감각이 느껴지나요? 따뜻함이나 가벼움이 느껴지나요? 그 감각은 강렬한가요 아니면 속삭이듯 부드러운가요? 여러분의 감각에 호기심을 가져보세요. 여기 이대로 앉아 행복을 느껴보세요. 이렇게 우리는 우리 몸에서 행복을 느낄 수 있어요. 행복한 감각이 더 강해지는지 아니면 사라지는지 주의를 기울여보세요. 그리고 다시 호흡에 주의를 기울입니다.

다른 감정에 대해 마음챙김을 하기 전에, 잠시 호흡에 주의를 기울이도록 한다.

> 이제 걱정이나 분노와 같은 격렬하지는 않지만 불편한 감정을 살펴봅시다. 걱정하거나 화가 났던 때를 떠올려봅시다. 마음속으로 그때를 기억하면서, 몸의 감각이 조금 전과 다른지 살펴보세요. 느껴지는 모든 감각을 알아차려 봅니다.

배든 어깨든 등이든 이마나 턱이든 느껴지는 모든 감각을 관찰해 보세요. 어떤 감각이 느껴지나요? 뜨겁고, 긴장되고, 강렬하고, 차갑고, 날카로운 감각이 느껴지나요? 그렇다면 이는 분노나 걱정이 신체적인 감각으로 나타나는 것일 수 있어요. 느낌이 변화하나요? 아니면 계속 같은가요? 여기 앉은 채 호기심을 갖고 마음속의 감정과 감각으로 여행해 보세요 여러분이 느낀 감각이 강해지는지 아니면 희미해지는지 주의를 기울여보세요. 자신의 감정을 감추지 않고 단지 지켜보기만 할 수 있는지 살펴보세요.

다음 감정으로 넘어가기 전에 잠시 호흡에 집중할 수 있는 시간을 준다.

> 이제 평온함을 떠올려보세요. 평화롭게 느꼈던 때를 기억해도 좋아요. 조용한 장소에 있거나 아름다운 자연환경을 떠올릴지 모르겠군요. 아마도 여러분은 혼자 있거나 다른 사람과 함께 있을 거예요. 그 시간을 최대한 열심히 떠올려봅니다. 이제 여러분의 몸에서 평화로움이 어떤 느낌인지 알아차릴 수 있는지 살펴보세요. 어떤 느낌이 느껴지나요? 따뜻함이 느껴지나요? 호흡이 차분해지고 이완되는 느낌이 드나요?
몸 어디에서 이런 감각들이 생기나요? 그 감각은 신체 한 부위에만 머무르나요, 아니면 몸의 이곳저곳에서 느껴지나요? 호기심을 갖고 여러분이 느끼는 것을 관찰하세요. 그것이 더 강해지는지 아니면 희미해지는지 주목하세요. 여러분의 감정과 몸의 감각이 어떤 연관이 있는지 살펴보세요. 감정마다 다른 감각들과 연결되어 있을 거예요. 우리는 감정과 감각을 알아차리고 그것들이 어떻게 변화하는지 알아차리는 것을 익힐 수 있어요. 또 더 균형 잡히고 안정감을 느끼고 싶을 때, 호흡과 같은 안전한 것으로 주의를 돌릴 수 있어요. 이제 호흡에 다시 주의를 옮겨보세요. 종소리가 날 때까지 배에서 호흡을 관찰합니다.

종을 울려 마친다.

## 지난 차시 상기

> 지난 시간 우리는 행복 같은 편안한 감정과 걱정 같은 불편한 감정에 대해 공부했어요. 우리는 사람들이 느끼고 싶지 않은 감정을 어떻게 피하는지에 관해 이야기를 나누었어요. 우리는 불쾌한 생각과 마찬가지로 불편한 감정도 차단하려고 노력해요. 하지만 이러한 전략은 부작용을 낳을 수 있어요. 자신이 무엇을 느끼는지 인식하지 못하면, 그 감정이 가진 에너지는 자기 자신과 다른 사람을 다치게 하는 방식으로 표출될 수 있어요.

> 때때로 우리는 불편한 감정에 사로잡혀서 그 감정에 계속 매달려요. 하지만 그렇게 매달리면 기분이 정말 나빠질 수 있어요. 감정에 매달리는 것은 우리를 우울하게 하고 다른 일을 하는 데 필요한 에너지를 빼앗죠. 지금 우리는 감정의 변화에 대응할 수 있는 새로운 방법으로, 마음챙김하며 감정 관찰하기를 익히고 있어요. 마음챙김하며 감정 관찰하기는 우리가 느끼는 것을 알아차리고, 인식하고, 직시하고, 나아가 감정에 이름을 붙이는 것을 의미해요. 마음챙김하며 감정 관찰하기를 하는 것은 우리 자신과 대화하는 것과 비슷해요. '봐 봐, 이건 그냥 화일 뿐이야.'라고 말하는 것처럼요. 이제 호흡에 집중해서 마음을 차분하게 하고 감정이 고조되고 사라지는 것을 지켜봅시다.

> 억지로 없애려고 하지 말고, 생겨났다 사라지는 시간의 흐름에 감정을 자연스럽게 맡겨보세요. 이것은 마치 공기가 풍선에서 빠져나가는 것을 보는 것과 같아요. 이 수업에서 우리는 주로 마음챙김하며 감정 관찰하기를 할 거예요. 감정을 관찰하고, 감정에 대해 호기심을 갖고, 감정이 우리 몸 어디에서 감각으로 나타나는지 알아차리는 연습을 해봅시다. 우리가 느끼는 감정이 유쾌한 것인지, 불쾌한 것인지, 중립적인 것인지 알아차리는 연습을 해봅시다. 감정을

피하는 대신, 단단하게 평정심을 유지하면서 감정들이 생겨났다 사라지는 것을 지켜보는 연습을 해봅시다.

## 감정 파도타기

기본 버전의 지침과 스크립트를 참고하여 진행한 뒤, '나와 같은 사람'으로 수업을 마무리한다.

## 감정 얼굴

근심스러운 당황스러운 놀란 외로운

희망하는 부끄러운 짜증스러운 짓궂은

격노하는 의심스러운 질투 나는 슬픈

역겨운 자신감 있는 죄책감이 드는 지친

행복한 압도된 지루한 혼란스러운

## 집에서 연습하기

- 하루에 세 번, 한 번에 세 번 이상 마음챙김 호흡을 연습한다.
- 짧은 '마음챙김하며 감정 관찰하기'를 연습한다. (하루에 한 번이 가장 이상적이다.)
- 온종일 생각, 감정, 신체적 감각을 알아차려 본다. (저학년의 경우 생략한다.)
- 불편한 감정을 느낄 때, 스스로에게 친절하게 대하는 것을 연습한다. 불편한 감정을 억지로 밀어내지 않는다. 단지 감정을 알아차리고, 그 감정이 자신의 몸 어디에서 느껴지는지 주목한다. (저학년의 경우 생략한다.)
- 일상생활에서 마음챙김을 꾸준히 연습한다. 특히 '나만의 마음챙김 연습' 활동지(93쪽)를 해보고, 아래 마음챙김 일지에 관찰하거나 성찰한 것을 기록한다. (저학년의 경우 쓰는 대신 그리게 할 수 있다.)

### 마음챙김 일지

## 삶과 연계하기
### 분노와 불편한 감정에 관하여

사람들은 모두 화를 내요. 화는 짜증, 좌절, 초조함, 격노, 증오, 분노, 귀찮음, 원한, 성가심, 우울함 등 여러 다른 이름을 가지고 있죠. 화가 날 때 우리는 몸에서 '뜨거움'을 느껴요. 그래서 사람들은 "끓는다."거나 "열 받았어."라고 말하죠. 하지만 어떤 때에는 가혹하거나 차갑게 느껴질 수 있어요. 분노할 때 우리는 긴장감이나 답답함을 느끼기도 하죠. 분노는 우리를 통제할 수 없게 만들어요. 또 불안하게 만들죠. 분노는 우리가 제대로 사고하고 결정하는 것을 방해해요. 화가 날 때, 우리는 충동적으로 행동해서 다른 사람이나 자기 자신을 다치게 하기도 하죠. 고함치고, 위협하고, 싸움을 걸고, 무례하게 행동하고, 욕설을 내뱉는 식으로 말이에요. 분노하는 습관을 버려봅시다! 분노를 단지 몸속의 에너지라고 생각해 보세요. 화를 느낄 때 다음과 같이 해봅시다.

- **멈춰** 주의를 기울이자.
- **알아차림** 몸 어디에서 분노가 느껴지지?
- **수용** 분노의 감정을 파도라고 여기고 타보자. 분노를 막거나 없애려고 하지 않는다. 또 붙잡거나 유지하려고 하지 않는다. 분노를 몸과 마음에서 생겨난 강한 에너지라고 생각하자.
- **호흡** 호흡에 집중하자. 자신이 분노의 파도를 탈 수 있는지 살피고, 분노가 점점 작아지는 것을 지켜보자.
- "나는 지금 분노를 느낄 수 있고, 다른 사람에게 상처를 주지 않고, 스스로를 돌볼 수 있어."라고 말한다.

기억하세요. 이러한 방법으로 우리는 어려운 감정을 조절할 수 있어요. 짜증, 지루함, 슬픔, 실망, 질투의 파도를 타봅시다. 호흡을 하면서 감정이 오르락내리락하는 것을 지켜보세요. 재미는 없지만 그 감정은 흘러갈 거예요. 그러고 나면 더 강하고 균형 잡힌 내가 될 것입니다.

# Attention

스트레스를 다루려면
몸, 생각, 감정에 주의를 기울여야 해!

# 수업 개요

주제 A의 시작을 환영한다. A는 '주의attention'를 뜻한다. "스트레스를 다루려면 몸, 생각, 감정에 주의를 기울여야 해."는 이 수업의 핵심을 나타내는 말이다. 이 수업이 전하는 중요한 메시지는 스트레스가 어떤 외부의 사건이나 내면의 사건에서 비롯되며 몸, 마음, 감정에 깊은 영향을 미친다는 것이다. 스트레스에 대해 몸이 어떻게 느끼는지, 우리가 무엇을 생각하는지, 어떤 감정을 경험하는지에 주의를 기울임으로써 우리는 심신에 해를 끼치는 문제가 쌓이는 것을 막을 수 있다.

스트레스를 다루는 법은 교육과정 운영상 시간적 여유가 있고 연계할 만한 적절한 내용이 있다면 얼마든지 가르칠 수 있다. 스트레스와 감정 관리를 가르치는 프로그램들은 대개 스트레스에 관해 토론하는 것으로 수업을 시작한다. 하지만 L2B는 스트레스를 다루는 법을 직접적으로 가르치기 전에 주의를 기울이는 법과 연결감을 느끼는 기술을 먼저 연습하도록 한다. 왜냐하면 생각, 감정, 신체적 감각은 본질적으로 내면에서 경험할 수 있기 때문이다. 일반적으로 우리는 스트레스의 원인을 외부에서 찾는다. 그러므로 외부의 사건에 대해 자신의 지각과 자기 인식, 그리고 연결감이 어떤 역할을 하는지 깨닫는 것이 매우 중요하다. 하지만, 오로지 교사의 설명만으로 스트레스를 다루는 법을 가르치는 것은 지양해야 한다. 교사는 학생들이 열린 마음으로 현재에 주의를 기울이는 연습과 함께 스트레스를 다루는 법을 배울 수 있도록 해야 한다.

**수업의 목표**

- 스트레스와 신체의 스트레스 반응에 대한 핵심 개념 이해하기
- 주의를 기울이는 연습을 위해 세 가지 마음챙김(생각, 감정, 감각) 활용하기
- 마음챙김을 통해 생활 속 스트레스요인을 인식하기
- 마음챙김하며 움직이는 연습하기

# 수업의 흐름

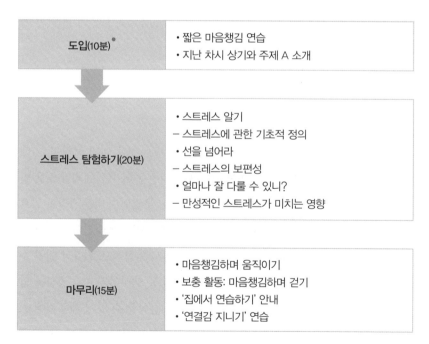

| | |
|---|---|
| **도입(10분)** | • 짧은 마음챙김 연습<br>• 지난 차시 상기와 주제 A 소개 |
| **스트레스 탐험하기(20분)** | • 스트레스 알기<br>– 스트레스에 관한 기초적 정의<br>• 선을 넘어라<br>– 스트레스의 보편성<br>• 얼마나 잘 다룰 수 있니?<br>– 만성적인 스트레스가 미치는 영향 |
| **마무리(15분)** | • 마음챙김하며 움직이기<br>• 보충 활동: 마음챙김하며 걷기<br>• '집에서 연습하기' 안내<br>• '연결감 지니기' 연습 |

• 일주일에 한 차시 시행을 고려한 대략적인 소요 시간

## 짧은 마음챙김 연습

주제 A를 소개하기 전에 교실 분위기를 정리한 다음 짧은 마음챙김 연습을
진행한다.

## 지난 차시 상기와 주제 A 소개

> 지난 시간에 배운 내용을 잠시 뒤돌아볼까요? 여러분은 무엇이 기억이 나나
요? 우리 모두 어떤 마음챙김을 연습했었죠? 주의를 기울인 결과로 일상생활
에서의 변화를 경험한 사람이 있나요? 있으면 어떤 경험이었는지 발표해 볼까
요? '집에서 연습하기'에 관한 질문이 있나요? 친구들에게 도움이 될 만한 아
이디어가 있으면 공유해 주세요.

⊙ 학생 응답

> 기억하세요. 첫 수업에서 우리는 내면의 힘을 기르는 것에 대해 배웠어요. 내
면의 힘은 건강과 살아가는 힘의 바탕이에요. 우리는 몸이 자신에게 무엇을 말
하고 있는지, 그리고 자신의 생각과 감정의 본질이 무엇인지 마음챙김할 필요
가 있어요. 어떤 사건이 일어나고 있을 때 우리는 자신이 마음챙김하는 만큼 균
형과 힘을 유지할 수 있고, 어떻게 대응해야 하는지 의식적으로 결정 내릴 수
있어요. 또, 스트레스요인을 더 많이 통제할 수 있죠. 왜냐하면 마음챙김을 함
으로써 우리는 스트레스가 어떻게 생겨나는지를 인식할 수 있기 때문이에요.
강하고 균형 잡힌 마음은 내면과 외부에 대한 우리의 인식에 달려있어요. 그래
서 우리는 자신의 내면과 외부에 주의를 기울여야 해요.

# 스트레스 탐험하기 ———————————————

## 스트레스 알기: 스트레스에 관한 기초적 정의

| **준비물** | 읽기 자료, 필기구

> 먼저, 스트레스가 무엇이고 우리에게 어떤 영향을 미치는지 살펴봅시다. 그런 다음 신체, 생각, 감정에 대한 마음챙김이 스트레스를 줄이고 평정심을 회복하는 데 얼마나 도움이 되는지 생각해 봅시다.

---

**P 포스터**

A 포스터를 E 포스터 다음에 붙인다.

---

유인물을 나누어주고 사례를 함께 읽는다. 읽으면서 스트레스요인을 찾아 동그라미를 치는 방법 등으로 표시하도록 한다. 모둠별로 함께 찾을 수도 있다. 아니면 유인물 없이 교사가 읽어주는 사례를 듣다가 스트레스요인이 나타나면 학생들이 손을 들게 하는 방법도 있다. 사례에 등장하는 인물의 성별, 이름, 상황은 교사가 자유롭게 변형할 수 있다. 만성 스트레스 개념과 만성 스트레스에 대한 인식 및 대처 방법에 관해 토의를 진행한다.

> 이제 선생님이 여러분 또래인 한 학생에 관한 사례를 읽을 거예요. 들으면서 이 친구의 삶에 어떤 스트레스요인이 있는지 가능한 한 많이 찾아보세요. 그런 다음 어떤 스트레스요인이 있는지 함께 목록을 만들어봅시다.

> 승준이는 사우스밸리 고등학교에 다닙니다. 2년 전에 이혼한 승준이의 어머니는 작년에 재혼했습니다. 승준이와 그의 형제들은 고등학교와 가까운 교외의

한 지역에서 어머니와 새아버지와 함께 살고 있습니다. 승준이의 쌍둥이 형은 스스로를 돌보기 어려운 심각한 병을 가지고 태어났습니다. 쌍둥이 형은 정기적으로 병원에 가서 치료를 받아야 하고, 승준이의 어머니는 형을 돌보느라 다른 일에 신경 쓸 여유가 없습니다.

승준이는 어렸을 때 대부분 A와 B를 받은 우수한 학생이었습니다. 하지만 중학교 때, 승준이의 성적은 떨어지기 시작했습니다. 친구들과 비디오게임을 하는 것을 좋아했고, 컴퓨터로 게임을 하느라 늦게까지 잠을 안 자는 경우가 많았습니다. 승준이에게 숙제는 비디오게임보다 훨씬 지루했고, 그래서 잘 시간이 될 때까지 숙제를 미루곤 했습니다. 늦잠을 잔 날은 버스를 타려고 매일 아침을 거르고 집을 뛰쳐나왔습니다. 그리고 이런 패턴은 고등학교 때까지 계속됐습니다. 버스에서 숙제를 하려고 해본 적도 있지만, 친구들이 놀리는 바람에 그것도 그만뒀습니다.

> 승준이의 아버지는 이혼 후 멀리 이사를 가서 승준이와 형제들을 자주 만나지 못합니다. 반면에 승준이의 새아버지는 승준이의 학교 성적에 매우 신경을 썼습니다. 새아버지는 승준이가 컴퓨터에 시간을 낭비하는 대신 책임감을 지닐 수 있도록 '진짜' 일을 해봐야 한다고 했습니다. 그래서 승준이는 집 근처에 있는 식당에서 일주일에 약 18시간을 일합니다. 그곳에서 일하는 다른 아르바이트생들은 승준이보다 나이가 많습니다. 그들은 퇴근 후에 자신들과 함께 파티에 가자고 했고, 승준이는 그 사람들과 함께 억지로 술을 마시는 것이 괴롭습니다.

결국 승준이는 여러 과목을 낙제했고 집에서도 여전히 문제를 겪고 있습니다. 새아버지는 승준이가 취업에 대한 계획을 세우고 노력해야 한다고 생각합니다. 승준이는 졸업하면 무엇을 해야 할지 전혀 모르겠습니다. 학교에 있는 다른 친구들은 미래에 대해 자신보다 훨씬 더 계획을 잘 세우고 있는 것처럼 보입니다. 이 사실이 승준이를 훨씬 더 화나게 만들었습니다. 이런 생각이 들거나 새아버지가 잔소리를 할 때면, 승준이는 스트레스를 풀기 위해 대개 게임을 하거나 술을 마십니다. 선생님들은 자신이 식당에서 얼마나 많은 시간 동안 일하는지 이해하거나 고려하지 않습니다. 그래서 승준이는 선생님들의 요구가 불합리하다고 느낍니다.

> 승준이에게는 6개월 된 여자 친구가 있습니다. 승준이는 여자 친구와 많은 대화를 나눴지만, 최근에 둘의 관계에 약간 문제가 생겼습니다. 여자 친구가 어떤 남자와 노래방에 있는 사진을 SNS에서 봤다는 얘기를 친구에게서 들었기 때문입니다. 승준이는 여자 친구가 자신을 떠날까 봐 걱정됐지만, 이런 이야기를 그녀에게 꺼낼 수는 없다고 생각했습니다.

다음 질문에 관해 토의한다.

> 승준이에게 스트레스를 주는 요인은 무엇인가요?
급성 스트레스요인, 즉 즉각적이고, 격렬하며, 짧게 영향을 준 사건은 무엇인가요?
만성 스트레스요인, 즉 지속적이고, 일정하며, 오랫동안 영향을 준 사건은 무엇인가요?
스트레스요인들 가운데 어떤 것은 급성이면서 동시에 만성인 스트레스를 유발하나요?
바꿀 수 있는 요인과 바꾸기 어려운 요인은 무엇인가요?
외부에 있는 스트레스요인은 무엇인가요?
승준이의 내면에 있는 스트레스요인은 무엇인가요?
다른 사람들도 이런 것들을 스트레스로 인식할까요?
승준이는 자신을 도와줄 누군가를 알고 있나요?
승준이는 스트레스요인에 어떻게 대처하고 있나요?
여러분이라면 승준이에게 어떤 조언을 할 것인가요?

⊙ 학생 응답

📝 지도 시 유의점

'승준이에 관한 사례'를 바탕으로 스트레스의 유형(급성, 만성), 다양한 스트레스요인들의 특성, 스트레스에 대한 사람들의 인식 차이, 신체의 스트레스 반응, 만성 스트레스가 신체와 마음에 미치는 영향, 스트레스와 질병과의 관계 등과 같은 스트레스에 대한 기본적인 개념을 설명할 수 있다. 〈청소년의 뇌와 스트레스〉(310쪽)는 스트레스가 청소년의 뇌에 미치는 영향에 대한 배경적 지식을 제공한다. 어렵고 자세한 지식을 가르치는 것이 L2B 전체나 주제 A의 목적은 아니지만, 교사는 기본적인 스트레스 개념을 설명하는 데 도움이 되는 자료를 사용할 수 있다. 특히 이 프로그램을 보건 교육과정과 연계하여 실시하는 경우에는 더욱 그렇다.

또한 활동지의 그래프(213~215쪽)는 스트레스가 학업, 운동, 기분 등에 미치는 영향에 대한 토론을 원활하게 진행하는 보충 자료로 사용할 수 있다. '마음이 가장 균형 잡힌 상태는?'의 그래프는 마음챙김이 길러주는 정신적 능력, 즉 편안하고 집중하는 상태를 나타낸 것이다. 생리적 각성은 과제 난이도에 관한 함수로 수행과 연관된다. 여키스-도슨 법칙(Yerkes and Dodson, 1908)이 설명하는 이 관계는 쉬운(지루한) 작업에 대한 성과는 생리적인 각성 수준이 높을 때 향상되는 반면, 도전적인 작업에 대한 성과는 자극(스트레스 또는 불안)이 높을 때 저하된다는 것을 보여준다. 기민하고 편안한(긴장이나 스트레스가 없는) 주의력은 운동을 비롯한 여러 분야에서 최고의 성과를 거두는 것과 관계가 있다.

활동지에서 '나의 한계는 어디까지일까?'는 단기 스트레스에 대한 신체의 '평범한' 반응을, '장기 만성 스트레스'는 자각하지 못하는 만성 스트레스의 부정적인 영향을 나타낸다. 우리의 몸과 마음은 비상사태에 효과적으로 대처하도록 잘 설계되어 있지만, 건강한 상태를 유지하기 위해서는 비상사태가 끝난 뒤 스트레스를 받지 않는 상태로 돌아가야 한다. 너무 많은 스트레스요인의 지속(만성 스트레스)은 심신의 안녕과 건강에 영향을 주는 전반적인 시스템의 붕괴를 초래한다. 그 결과 면역 시스템이 효과적으로 작동하지 못하고, 혈압 증가, 골연화, 과민성대장증후군, 궤양, 수면장애, 기억과 주의력 문제, 불안이나 우울증과 같은 기분장애, 생식체계 문제, 체중증가, 그리고 조기 노화를 유발할 수 있다. 교사는 만성적으로 활성화된 스트레스 반응의 메커니즘(예: 스트레스호르몬의 작용)을 재량껏 설명할 수 있다. 활동지의 '몸과 마음이 나에게 보내는 편지'(219쪽)는 학생들의 이해를 돕기 위한 스트레스 시스템에 대한 간략한 개요로 수업에서 활용할 수 있다.

## 선을 넘어라: 스트레스의 보편성

| 준비물 | 줄 또는 테이프(선택 사항), 학생들에게 스트레스요인 10가지를 물은 설문조사 결과

> 우리 몸의 스트레스 반응이 외부의 실제 사건(친구 문제 등)과 내부 사건(생각 등)에 노출될 때 촉발된다는 점을 알고 있나요? 그렇다면 그건 대단한 거예요. 우리의 신체는 '실제' 사건과 '정신적' 사건의 차이를 인지하지 못해요. 그래서 외부와 내부 스트레스요인에 대해 동일하게 반응하고 생리적 변화가 활성화되지요. 때때로 우리는 "삶에 스트레스요인이 이렇게 많은 사람은 나뿐일 거야."라고 느끼죠. 그런 생각이 정확한지 확인해 봅시다.

이 활동은 주제 A의 '여러 가지 감정' 활동(143쪽)에 기초한 것으로 '스트레스 알기'의 대안 활동으로 활용할 수 있다. 주제 E 수업이 끝날 때 실시한 설문조사 결과를 활용한다. 자주 지목되는 스트레스요인들을 '선을 넘어라' 활동의 제시어로 사용한다. 주제 E에서 '여러 가지 감정'에서 사용된 방법을 활용하여 줄이나 테이프로 바닥에 선을 표시하고 학생들이 줄 뒤에 서게 한다. 학생들에게 활동에 대해 설명한다. 이 활동은 교사가 큰 소리로 읽어주는 스트레스를 경험한 적이 있다면 선을 넘는 활동이다. 교사가 읽는 스트레스요인 목록은 설문조사의 결과라는 점을 설명한다. 소외되는 학생이 생기지 않도록 적어도 세 명의 학생에게 공통적인 스트레스요인을 소리 내어 읽도록 한다.

학생들이 응답한 목록에서 상위 5~10개의 스트레스요인을 집계한 다음, 이것들이 무엇인지 맞춰보고 마지막에 교사가 답을 알려주는 대안적인 활동도 가능하다.

> 선생님이 말하는 스트레스를 받아본 경험이 있는 사람은 선을 넘으세요.

학생들이 선을 넘을 수 있는 시간을 충분히 가질 수 있도록 사례마다 간격을 두고 읽는다. 학생들이 다른 친구도 나처럼 느낀다는 것을 알아차리도록 유도한다. 이는 고립감을 감소시키고 스트레스의 경험을 정상화한다.

> 분명한 것은 우리 모두 스트레스를 겪는다는 것이에요. 우리는 모두 인간이니까요. 나만 스트레스를 겪는 것이 아니에요. 그래서 우리는 스트레스 때문에 또 다른 문제가 더해지지 않도록 우리 자신과 다른 사람에게 친절할 수 있는 방법을 배워야 해요. 불쾌한 경험에 대해 주제 E에서 어떻게 공부했는지 기억나나요? 무언가를 숨기는 것은 불쾌한 경험이나 스트레스를 다루는 데 가장 도움이 되지 않는 방법이에요. 자신의 경험에 대해 마음챙김을 연습하는 것은 더 편안하고 균형 잡힌 마음을 지니도록 도울 수 있어요.

# 얼마나 잘 다룰 수 있니?: 만성적인 스트레스가 미치는 영향

| **준비물** | 테니스 공(자원자마다 한 개씩)

> 승준이가 스트레스를 받는 이유를 몇 가지 더 살펴봅시다. 승준이의 삶에서 발견되는 스트레스요인은 어떤 특별한 사건이 아닐지도 몰라요. 뭔가 다른 것일 수도 있어요.

이 활동은 동시에 많은 일을 하는 것이 얼마나 어려운지를 보여준다. 교사는 이 활동을 통해 한 사람의 자원이 고갈되면 어떤 일이 일어나는지를 보여줄 수 있다. 이 활동은 만성적인 스트레스를 은유적으로 설명한다. 대표로 활동을 해볼 사람을 뽑거나 자원을 받아 2~3명의 소규모 모둠을 구성한다. 자원자들이 교실 앞에서 친구들을 보게 한다.

각 자원자들에게 테니스공을 던진다. 더 도전적인 상황을 만들 수 있도록 하기 위해 자원자들이 잘 사용하지 않는 손으로 공을 잡게 한다. 지침을 설명하고, 자원한 학생들의 반응에 대응하고, 다음 지침을 제공할 수 있도록 충분히 간격을 두고 안내한다.

> 계속해서 공을 공중으로 던지세요. 계속 공을 공중으로 던지고 잡으세요. 잘하고 있어요. 이제 공을 공중으로 계속 던지면서 반대쪽 팔로 큰 원을 그려보세요. 잘했어요. 계속하세요. 이제 공을 공중으로 던지고 반대쪽 팔로 원을 그리면서 오른발을 구르기 시작합니다. 좋아요. 계속해요. 이제 공을 공중에 계속 던지면서 몸을 앞뒤로 약간씩 흔들고, 팔로 원을 그리고, 오른발을 가볍게 구르세요. 모든 동작을 계속해야 해요. 이제 공을 공중에 계속 던지면서 몸을 앞뒤로 약간씩 흔들고, 팔로 원을 그리고, 오른발을 가볍게 구르면서, 100부터 2까지 거꾸로 세요. 모든 것을 계속하세요.

다음 질문을 사용하여 결과를 논의합니다.

> 자원자에게 물어볼게요. 어땠나요? 관찰한 친구들은 자원자들을 보면서 무엇을 알아차렸나요? 지금과 같은 상황을 우리 삶의 스트레스에 어떻게 적용할 수 있을까요? 해야 할 일이 너무 많거나 장기간 지속되면 어떻게 될까요? 이것을 승준이의 상황에 어떻게 적용할 수 있을까요?

⊙ 학생 응답

> 이 수업을 통해 우리는 어떻게 하면 내면의 힘을 더 강하게 할 수 있는지, 어떻게 하면 더 균형 있는 마음을 가질 수 있는지 배우고 있어요. 사람들은 강하다는 것이 감정, 생각, 신체의 감각에 신경 쓰지 않는 것을 의미한다고 생각하는 경우가 많아요. 그냥 덮어두는 것이 강한 것이라고 생각하기도 하죠. 하지만 앞에서 보았듯이 그냥 덮어두는 것은 효과적이지 않아요. 우리가 배운 것처럼 진정한 내면의 힘은 경험에 대한 인식에서 비롯돼요. 심지어 스트레스나 불쾌한 경험에서도요. 스트레스를 인식하는 것은 내면의 힘을 키우기 위한 첫 단계예요. 우리가 스트레스를 받고 있다는 것을 알아차림으로써 우리는 내면의 힘을 키울 수 있어요. 그렇다면 스트레스를 받고 있을 때 우리의 신체, 생각, 감정은 어떤 신호를 보낼까요?

⊙ 학생 응답

> 신체, 생각, 감정 신호는 서로 연결되어 있으며, 조기 경고 시스템 기능을 합니다. 우리는 특히 신체, 생각, 감정 중 하나에 주의를 기울일 수 있고, 단순히 신호를 알아차리는 것만으로도 스트레스의 강도를 줄이면서 '숨을 쉴' 수 있어요. 때로는 생각을, 때로는 감정을 알아차리는 것이 더 쉬울 수 있고, 또 때로는 신체에서 일어나는 일을 알아차리는 것이 훨씬 쉽다는 것을 발견할 수 있을 거예요. 우리가 한 부분에 주의를 기울이면, 그것은 내 감각, 생각, 감정 전체에 영향을 미칠 수 있어요. 왜냐하면 그렇게 한 부분에 대해 마음챙김을 연습하는 동

안, 그대로 잠시 있을 수 있기 때문이에요.

이러한 사실을 기억하는 한 가지 방법이 있어요. 그것은 신체의 감각, 생각, 감정을 각각 하나의 점으로 생각해서 삼각형을 머릿속에 그려보는 거예요. 그리고 원할 때마다 우리의 관심을 신체, 생각, 감정 가운데 하나에 기울임으로써 마음챙김을 할 수 있어요. 또한 하나씩 하나씩 넓혀감으로써 신체, 생각, 감정 모두에 대해 주의를 기울일 수 있어요. 활동지의 '세 가지 마음챙김' 활동(226쪽)을 참고하세요.

## 마무리

### 마음챙김하며 움직이기

> 오늘은 마음챙김하며 움직이는 것을 연습해 볼 거예요. 마음챙김하며 움직이는 것은 평소에 우리가 움직이거나 운동하는 것과 달라요. 마음챙김하며 움직이는 이유는 무엇을 얻거나 누군가와 경쟁하기 위해서가 아니에요. 단지 신체의 감각, 생각, 감정과 같은 세 가지 마음챙김에서 일어나는 모든 일을 인식하기 위해 연습할 거예요. 자, 의자에 앉은 채로 편안한 자세를 찾으세요. 손에 들고 있는 것은 모두 내려놓으세요. 마음챙김 연습을 시작하기 전에 깊은 숨을 세 번 들이마셨다 내쉬면서 긴장을 풀어봅시다.

이 활동은 앉아서 시작해서 서서 하는 활동으로 이어진다. 다른 연습과 동일한 방법으로 활동 방법을 설명한다. 필요에 따라 시작을 위한 마음챙김 연습을 할 수 있다. 마음챙김하며 움직이기 위한 자세를 취하기 전에 바디스캔 활동을 간단하게 수행한다. 교사는 수업 시간과 공간을 고려하여 활동 자세를 선택할 수 있다.

마음챙김하며 움직이기 연습의 핵심은 특별한 경험에 있는 것이 아니라 자신이 경험하고 있는 모든 것을 완전히 경험하는 데 있다. 그러므로 마음챙김하며 움직이기 연습에서도 이러한 의도를 명확히 할 수 있도록 주의를 기울이는 것이 중요하다. 즉, 살을 빼거나 몸을 단련하기 위해 하는 일반적인 운동과 구별해야 한다. 마음챙김하며 움직이기를 규칙적으로 연습하는 이유는 건강, 힘, 자세를 향상시킬 수 있어서이기도 하지만 더 근본적인 이유는 마음챙김을 연습하기 위해서이다. 따라서 마음챙김하며 움직일 때에 자신 안에서 일어나는 모든 일을 순간순간 인지하는 것 외에 다른 수행 기준은 없다. 교사는 교사 자신이 판단하지 않는 연습을 한 뒤 학생에게 마음챙김하며 움직이는 연습을 가르쳐야 한다는 점을 기억해야 한다.

이렇게 의식적으로 움직이는 연습을 하는 이유는 우리의 주의를 깨워 세 가지 마음챙김의 각 측면들에 무슨 일이 일어나는지를 잘 알아채기 위해서다. 즉, 신체에서(예: 스트레칭할 때 느끼는 긴장과 같은 감각), 생각에서(예: 어떻게 해야 할까?), 감정에서(즐겁거나, 불쾌하거나, 중립적인) 무슨 일이 일어나고 있는지 명확하게 인식하기 위해서다. 마음챙김하며 움직이는 것은 우리의 인식을 깨우는 연습이다. 이렇게 인식을 깨우는 것은 호흡에 주의를 기울이는 것을 비롯한 다른 마음챙김 연습과는 다르다. 마음챙김하며 움직이는 것을 통해 학생은 아무것도 바꿀 필요 없이 이 순간 무슨 일이 일어나고 있는지 관찰함으로써 주의를 기울이는 또 다른 방법을 익힐 수 있다.

반면에, 마음챙김하며 걷기는 마음챙김하며 숨 쉬는 것과 같다. 마음챙김하며 걷는 것은 걸을 때 바닥과 접촉하는 발바닥에 주의를 기울인 다음, 자신이 인식한 모든 변화를 부드럽게, 그러나 확실하게 발로 옮겨 주의를 기울이는 것이다. 학생들은 다양한 방식으로 주의를 기울이는 연습을 해야 한다는 사실을 이해할 필요가 있다. 두 가지 역량(집중력과 개방적 인식)은 연습을 통해 주의를 기울이는 능력을 강화할 수 있는 중요한 요소다.

교사는 지침마다 충분히 간격을 두고 진행한다.

> 등을 곧게 펴세요. 너무 뻣뻣하게 펴지 않도록 하세요. 두 발을 바닥에 대고 편안하게 앉은 자세를 취합니다. 코로 숨을 깊게 들이마시고 최대한 천천히 입으로 내쉬면서 긴장을 풀어보세요. 편안하게 호흡을 세 번 더 해보겠습니다. 이제 주의를 여러분의 몸에 집중해 보세요. 긴장되거나 경직된 곳을 찾고, 그 부위로 숨을 쉬세요. 여러분의 주의를 머리로 옮긴 다음 얼굴과 목, 어깨, 팔, 그리고 손으로 옮기세요. 이제 여러분의 가슴, 등 아래로 그리고 발까지 주의를 옮겨봅니다. 마음속으로 자신의 몸을 살피면서 몸 안에 어떤 감각이 느껴지는지 알아차리고, 호흡이 여러분의 몸 전체로 자연스럽게 이루어지도록 해보세요.

## 앉은 자세

### ① 손바닥 모으기

> 손바닥을 모으고 팔뚝을 바닥과 평행하게 들어 가슴에 댑니다. 그대로 숨을 들이마시면서 오른쪽으로 상체를 비틀어 어깨 너머를 봅니다. 숨을 내쉬며 신체의 느낌을 관찰해 보세요. 다시 들이마시면서 왼쪽으로 상체를 비틀어 어깨 너머를 봅니다. 몇 초 동안 자세를 유지하고 숨을 내쉬면서 생각과 느낌뿐 아니라 신체의 감각에 주의를 기울여보세요. 이제 원위치로 돌아와 숨을 들이마십니다. 잠시 호흡을 관찰합니다.

몇 번 숨을 관찰하게 한 다음 이번에는 왼쪽부터 시작한다. 총 두 번 더 반복한다.

### ② 상체 스트레칭

> 팔을 올리고 팔꿈치를 구부린 다음 머리 뒤에서 손에 깍지를 끼세요. 팔꿈치를 뒤로 당겨 어깨 근육이 수축하고 가슴이 열리는 느낌을 관찰해 보세요. 몇 초 동안 자세를 유지하면서 호흡, 감각, 생각 또는 감정에 주의를 기울여보세요.

숨을 들이마실 때, 손바닥을 위로 향하여 올립니다. 그대로 자세를 몇 초 동안 유지합니다. 팔과 손에서 어떤 느낌을 관찰할 수 있는지 주목하세요. 숨을 내쉬면서 손바닥을 원위치하고 머리 뒤로 내립니다.

2~3회 반복한다.

### ③ 앉은 나무

> 발을 바닥에 평평하게 대고 손을 무릎에 올립니다. 허리를 펴서 머리, 목, 척추에서 균형감을 느껴보세요. 허리를 곧게 펴지만 너무 경직되지 않게 주의합니다. 숨을 들이마시면서 깍지를 끼고 양팔을 머리 위로 들어 올립니다. 엉덩이를 움직이지 않고 오른쪽으로 구부리면서 천천히 숨을 내쉽니다. 자세를 유지한 채 숨을 깊게 내쉬고 들이마시면서 호흡, 감각, 자신 안의 모든 생각이나 감정을 관찰해 봅니다.

왼쪽으로도 똑같이 반복한다.

### ④ 앉아서 비틀기

> 등을 곧게 펴고 바로 앉습니다. 발을 바닥에 댄 상태에서 오른손으로 의자 바닥의 왼쪽 모서리를 잡고, 왼손으로 의자의 등 위를 잡습니다. 어깨를 최대한 수평으로 유지한 채 손으로 의자를 당기며 상체를 왼쪽으로 최대한 비틉니다. 자세를 유지하고 숨을 쉬면서 감각, 생각, 느낌을 알아차립니다. 세 번 정도 호흡을 더 한 다음 숨을 내쉬면서 천천히 몸을 원위치하고 손을 무릎 위에 올립니다. 숨을 고르고, 몸의 감각을 관찰합니다.

오른쪽으로도 똑같이 반복한다.

### 서 있는 자세

#### ① 산 자세

> 엉덩이 너비 정도로 발을 벌리세요. 무릎에 힘을 빼고 등을 곧게 펴세요. 손은 몸의 양옆에 두거나 손바닥을 가슴 앞에서 모아도 돼요. 체중이 각 발에 고르게 실리도록 합니다. 보이지 않는 실이 달려있어서 머리를 천장을 향해 끌어당기고 있다고 상상해 보세요. 이 자세를 유지하면서 몸에서 호흡이 어떻게 움직이는지 관찰하세요. 정수리에서 발바닥으로 숨이 자유롭게 움직이는 것을 알아차릴 수 있을 거예요. 잠시 숨을 쉬는 내 몸을 관찰해 봅니다. 어떤 것도 바꾸려고 하지 말고 감각, 생각, 감정을 비롯한 여러분의 모든 경험을 완전하게 인식해 보세요.

#### ② 상체 스트레칭

> 손을 몸의 양옆에 두고 산 자세를 취합니다. 체중을 부드럽게 옮겨 오른쪽 발에 실습니다. 왼손은 몸의 옆에 그대로 두고 오른손을 가능한 한 천장까지 뻗습니다. 오른쪽 몸이 길게 늘어나는 것을 느껴보세요. 왼쪽 발뒤꿈치를 들어 올려 몸을 더 늘여도 좋습니다. 이 자세를 유지하면서 몸의 감각, 생각, 감정 그리고 호흡의 움직임을 관찰해 보세요.

왼쪽도 똑같이 반복한다. 양쪽으로 2회 반복.

#### ③ 인형 스트레칭

**지도 시 유의점**

인형 스트레칭 활동은 척추에 문제가 있는 학생에게 권장하지 않는다.

> 숨을 들이마실 때 한 팔씩 머리 위로 올립니다. 할 수 있는 만큼 부드럽게 뒤로 구부려 팔로 아치를 만듭니다. 숨을 내쉬면서 천천히 몸을 앞으로 구부립니다 (공간이 충분히 넓다면 팔을 뻗습니다). 무릎을 구부리거나 팔과 손을 아래로 떨어뜨려 몸을 더 구부립니다. 숨을 들이마시고 내쉬면서, 머리를 숙인 채 양손으로 반대쪽 팔꿈치를 잡고, 숨을 쉴 때마다 바닥에 조금 더 가까워집니다. 자세를 유지하고, 몇 번 더 호흡을 하면서 몸의 감각을 알아차립니다. 그런 다음 아주 천천히 한 번에 하나씩 척추를 세우는 느낌으로 서 있는 자세로 부드럽게 되돌아옵니다. 지금 자신의 몸이 어떻게 느껴지는지 관찰합니다.

## 앉은 자세로 돌아오기 - 의자에 앉기

> 마음챙김을 하며 의자에 앉습니다. 발을 엉덩이 너비로 벌리고, 바닥에 평평하게 놓습니다. 등을 곧게 펴고 심호흡을 한 뒤 가슴 쪽으로 턱을 당깁니다. 숨을 내쉬면서, 상체를 천천히 앞으로 떨어뜨리며 허리를 구부립니다. 머리와 팔을 양 무릎 사이로 천천히 숙입니다. 자세를 유지하면서 호흡과 모든 감각에 주목하세요. 숨을 내쉴 때마다, 조금씩 더 이완합니다. 다음 숨을 들이마실 때, 부드럽게 아주 천천히 앉은 자세로 돌아오세요. 몸이 가장 편안하면서도 깨어있을 수 있는 자세를 찾도록 하세요.

활동을 마무리하면서 다음과 같은 질문을 하고 성찰의 시간을 갖는다.

> 지금 몸의 느낌이 어떤가요? 연습을 하면서 자신의 몸에 관해 어떤 것을 알아차렸나요? 어떤 생각과 감정을 느꼈나요? 여러분은 어떤 경험이든 받아들이는 연습을 할 수 있나요?

⊙ 학생 응답

학생들이 경험한 것에 관해 질문을 하거나 의견을 말할 수 있도록 한다.

## 보충 활동: 마음챙김하며 걷기

시간이 충분하다면, 학생들이 집에서 마음챙김을 연습할 수 있도록 짧은 '마음챙김하며 걷기' 활동을 안내한다(활동지 228쪽 참조). 아니면 도입부의 마음챙김 연습으로 이를 대신할 수 있다.

📋 **지도 시 유의점**

언제든지 교사는 마음챙김하며 움직이는 것을 교육과정과 연계하여 수업할 수 있다. 하지만 여기서는 보다 형식적으로 활동을 소개할 필요가 있다. '마음챙김하며 걷기' 활동을 소개하면서, 교사는 마음을 여는 것과 주의를 집중하는 연습의 차이점을 명확하게 설명해야 한다.

마음챙김하며 움직이기와 먹기 활동은 세 가지 마음챙김, 즉 몸, 생각, 감정에 대해 마음을 열고 주의를 기울이기 위한 연습이다. 활동지의 '마음챙김하며 먹기 관찰 일지'(225쪽)는 마음챙김하며 먹는 것을 더 연습하고 싶은 학생을 위한 것이다.

수업을 마치면서, 일상생활에서 마음챙김을 연습하기 위한 방법으로 활동지의 '삶과 연계하기-마음챙김하며 걷기'(228쪽)를 해보도록 안내한다. 수업 중에 '마음챙김하며 걷기'를 연습하지 않았다면 수업을 마치기 전에 이 활동을 안내해야 한다(305쪽 참조). 학생들이 다음의 '집에서 연습하기' 활동지(224쪽)의 설명을 참고하여 지속적으로 연습할 수 있도록 안내한다. 수업을 마무리하면서 교사는 짧은 또는 긴 버전의 '연결감 지니기' 연습을 실시할 수 있다.

## '집에서 연습하기' 안내

다음과 같이 가정에서 마음챙김을 연습할 수 있는 방법을 안내한다.

- 하루에 세 번, 한 번에 최소 세 번 마음챙김하며 호흡하기를 연습한다.
- 짧은 '마음챙김하며 움직이기'를 연습한다. 적어도 하루에 한 번 연습하는 것이 좋다(활동지의 '앉은 자세'와 '서 있는 자세' 참조). 연습 후에는 '집에서 연습하기'에 일지를 작성한다.
- 하루 동안 생겨나는 생각, 감정, 신체적 감각을 계속 알아차려 본다.
- 일상생활에서 특히, 자신이 선택한 대상에 대해 마음챙김을 계속 연습해 본다(주제 B의 '삶과 연계하기'의 활동지(96쪽) 참조). '연결감 지니기'에서 한 것처럼 친절한 태도로 행복하기를 바람으로써 자신과 다른 사람에게 친절히 대하는 연습을 한다.
- 활동지의 '삶과 연계하기 – 마음챙김하며 먹기'와 '삶과 연계하기 – 마음챙김하며 걷기', '마음챙김하며 먹기 관찰 일지'를 활용하여 마음챙김하며 걷기와 먹기를 연습한다.

## '연결감 지니기' 연습

### 짧은 버전

> 오늘을 마무리하기 전에, 눈을 편안하게 감고 한 번 더 확인해 봅시다. 여러분이 살면서 만난 한 사람을 떠올려보세요. 그 사람은 친구, 친척, 이웃일 수도 있고, 심지어 여러분이 잘 모르는 사람일 수도 있습니다. 그 사람은 이 교실에 있는 사람일 수도 있고, 바깥에 있는 사람일 수도 있어요. 그 사람은 아마 지금 삶의 어려움을 겪고 있거나, 겪었던 경험이 있을 거예요. 생각해 봅시다. 언젠가 그 사람은 스트레스 때문에 기분이 나쁘거나 잠을 못 자거나 일을 못 하거나 건강이 나빠지는 경험을 했을 거예요. 나처럼 말이죠. 그 사람은 건강에 좋지 않

고 도움이 되지 않는 방식으로 자신의 스트레스를 다루려고 노력했을 거예요. 나처럼 말이죠. 그래서 나는 그 사람이 삶의 여러 어려움을 다루는 데 필요한 내적인 힘을 가졌으면 좋겠습니다. 왜냐하면 한 인간이니까요. 나처럼 말이죠.

### 긴 버전

> 편안하게 앉아 눈을 감으세요. 이제 삶에서 만난 한 사람을 떠올리세요. 그 사람은 친구, 친척, 이웃일 수도 있고 심지어 잘 알지 못하는 사람일 수도 있어요. 그 사람은 이 교실 안에 있을 수도 있고, 교실 바깥에 있는 누군가일 수도 있습니다. 삶에서 어려움을 겪었거나 겪고 있는 한 사람을 떠올려보세요. 그리고 그 사람 또는 그 친구의 이미지를 가능한 한 생생하게 마음속에 떠올리세요. 이제 몇 가지를 생각해 봅시다. 그 사람에게는 살면서 다루기 힘든 일이 많았을 거예요. 나처럼 말이죠. 그 사람은 스트레스 때문에 기분이 나쁘거나 잠을 못 자거나 일을 못 하거나 건강이 나빠지는 경험을 했을 거예요. 나처럼 말이죠. 그 사람은 삶의 모든 도전들을 처리할 수 있는 능력이 자신에게 있는지 걱정한 적이 있을 거예요. 나처럼 말이죠. 그 사람은 건강에 좋지 않고 도움이 되지 않는 방식으로 자신의 스트레스를 다루려고 노력했을 거예요. 나처럼 말이죠.

> 이제 생각해 봅시다. 그 사람이 평정심을 잃지 않고 삶의 모든 도전을 처리할 수 있기를 바라봅시다. 내가 그러길 바라는 것처럼요. 그 사람이 건강하고 튼튼하기를 바라봅시다. 내가 그러길 바라는 것처럼요. 그 사람도 자신의 몸과 마음을 돌보고 싶어 할 거예요. 나처럼 말이죠. 몇 가지 소원을 더 빌어봅시다. 나는 그 사람이 삶의 여러 어려움을 다루는 데 필요한 내면의 힘과 외적인 힘을 가졌으면 좋겠습니다. 나는 그 사람이 살면서 부딪힐 수 있는 유쾌하거나 불쾌한 상황 모두를 계속해서 훌륭하게 다룰 수 있기를 바랍니다. 나는 그 사람이 친절한 마음으로 온 주의를 기울여 자신이 마음과 몸을 치유할 수 있었으면 좋겠습니다. 왜냐하면 그 사람도 한 인간이니까요. 나처럼 말이죠.

# 확장 버전 18주

|  | 10차시 | 11차시 | 12차시 |
|---|---|---|---|
| **도입** | • 짧은 마음챙김 연습<br>• 주제 A 소개 | • 짧은 마음챙김 연습<br>• 지난 차시 상기 | • 짧은 마음챙김 연습<br>• 지난 차시 상기 |
| **불쾌한 스트레스 탐험하기** | • 스트레스 조절 사례<br>• 선을 넘어라<br>• 추가 활동: 나의 한계는 어디까지 일까? | • 얼마나 잘 다룰 수 있니? | • 마음챙김 360 |
| **마무리** | • 마음챙김하며 걷기<br>• '집에서 연습하기' 안내 | • 앉아서 마음챙김하며 움직이기<br>• '집에서 연습하기' 안내 | • 앉아서, 서서 마음챙김하며 움직이기<br>• '집에서 연습하기' 안내<br>• '연결감 지니기' 연습 |

# 확장 버전 12주

|  | 7차시 | 8차시 |
|---|---|---|
| 도입 | • 짧은 마음챙김 연습<br>• 지난 차시 상기<br>• 들어가기 | • 짧은 마음챙김 연습<br>• 지난 차시 상기<br>• 들어가기 |
| 활동 | • 스트레스 사례<br>• 선을 넘어라 | • 얼마나 잘 다룰 수 있니? |
| 연습 | • 마음챙김하며 움직이기 | • 마음챙김하며 움직이기 또는<br>걷기 |
| 마무리 | • '집에서 연습하기' 안내 | • '집에서 연습하기' 안내<br>• '연결감 지니기' 연습 |

확장 버전은 기본 버전의 수업 스크립트, 지도 시 유의점, 활동을 바탕으로 구성된다. 다음은 추가 활동이다.

## 짧은 마음챙김 연습

> 현재 나의 생각, 감정, 감각에 주의를 기울이고 스스로를 친절하게 대할 때, 우리는 더 강하고 균형 잡힌 마음을 가질 수 있어요. 반대로, 자신의 스트레스 신호를 무시하고 관리하지 않으면, 얼마 지나지 않아 큰 문제가 생길 거예요. 여러분의 컴퓨터가 점점 더 느리게 작동한다고 상상해 보세요. 파일들을 열 수 없고, 화면에 "당신의 컴퓨터가 위험에 처해 있습니다!"라는 경고 메시지가 번쩍거린다고 생각해 보세요. 그런데도 다른 일들로 너무 바빠서 이런 신호들을 계속 무시하면 어떻게 될까요? 스트레스란 무엇일까요? 스트레스가 어떻게 작동하는지 탐구해 봅시다.

## 스트레스 조절 사례

활동지의 '스트레스 조절 사례' 활동(212쪽)을 활용할 수 있다. 학생들은 개인 또는 모둠별로 동그라미 가운데 하나에 알고 있는 스트레스요인을 쓸 수 있다. 이 사례연구 활동은 '샘'이라는 이름의 남학생이 등장하지만, 여학생이나 성소수자로 바꿔 활용될 수 있다. 또한 학생들이 자신의 학년을 성찰하도록 활용될 수 있다. 6차시 기본 버전에 실린 토론을 위한 질문들을 참고한다.

> 샘은 메인스트리트 학교에 다니는 ( )학년 학생이에요. 샘에게는 누나와 남동생, 쌍둥이 형제가 있어요. 샘의 부모님은 2년 전에 이혼하셨고, 어머니는 작년에 재혼하셨어요. 샘의 가족은 새아버지와 함께 살아요. 아빠는 보통 격주로 토요일마다 만나요. 샘과 아빠는 영화나 게임을 보러 갈 때도 가끔 있지만, 보통은 아빠가 너무 바쁘셔서 아무 데도 가지 못해요. 그럴 때면, 샘은 아빠가 퇴근하기를 기다리며 아빠의 집에서 비디오게임을 합니다.

> 어렸을 때 샘은 항상 A와 B를 받은 우수한 학생이었어요. 중학교에 다니는 지금은 성적이 그렇게 좋지 않아요. 샘은 준비해야 할 프로젝트 수업과 시험은 너무 많은데, 무엇부터 시작해야 할지 몰라 어쩔 줄 모르고 있어요.
>
> 엄마가 숙제하라고 하시면, 방으로 가서 책을 꺼내긴 해요. 하지만 샘의 마음은 보고 싶은 동영상이나 친구가 보낸 메시지에 있죠. 몇 시간 동안 앉아있긴 하지만 숙제에는 진척이 없어요. 중요한 사회 수업 발표가 다가오지만 샘은 자신이 발표에 정말 소질이 없다고 느껴요. 게다가 샘은 사회 선생님이 자신을 싫어하는 것이 분명하다고 생각해요. 샘은 숙제 내용을 잊어버릴까 봐 불안해요. 그래도 지금 당장은 그 문제에 대해 생각하지 않으려고 합니다.

> 샘은 컴퓨터 게임에 빠져서 엄마가 정해준 취침 시간보다 훨씬 늦게까지 깨어 있는 경우가 많아요. 샘한테 숙제는 비디오게임보다 훨씬 더 지루한 것이에요. 그래서 샘은 숙제를 마지막으로 잘 미루어버려요. 하지만 결국에는 너무 졸려서 못 하곤 하죠. 늦잠을 잔 샘은 스쿨버스를 놓치지 않으려고 아침도 거른 채 집 밖으로 뛰쳐나갑니다. 버스에서 숙제를 하려고 해봤지만 친구들이 놀려서 그만둬 버렸죠.

> 샘의 새아버지는 샘의 성적을 보고 매우 화가 나셨어요. 샘과 새아버지는 샘의 숙제 때문에 매일 싸우다시피 해요. 샘은 새아버지가 자기를 아기처럼 대해서 참을 수가 없어요. 때때로 샘은 너무 화가 나서 동생들에게 소리를 지르고 어쩔 줄 몰라 하기도 해요. 샘은 주말에 친구들과 어울려 공놀이하기를 좋아해요. 특히 가장 친한 친구인 데이브와 노는 것을 좋아해요. 하지만 데이브에게 여자 친구가 생긴 이후로 요즘 샘은 소외감을 느끼고 있어요. 샘도 여자 친구를 사귀고 싶긴 하지만 마음대로 되지 않았죠. 샘은 자신이 실패자이고 어떤 여자도 자신을 좋아하지 않을 것이라고 생각하기 시작했어요. 이런 생각 때문에 샘은 너무 불안해요. 요즘 샘은 학교에 가기 전에 배가 심하게 아픈 일이 많아졌어요. 특히 시험이 있는 날이나 아니면 같이 놀자는 친구들의 연락이 오지 않을 때 더 그랬어요.

# 선을 넘어라

기본 버전의 지침과 스크립트를 참고한다.

## 추가 활동: 나의 한계는 어디까지일까?

활동지의 '나의 한계는 어디까지일까?'의 '장기 만성 스트레스' 관련 내용을 참고한다(215쪽).

## 마음챙김하며 걷기

> 여러분은 주의를 기울이는 근육이 있다고 생각해 본 적이 있나요? 어떤 면에서 주의를 기울이는 근육이 있다고 생각할 수 있을까요? 우리는 연습을 통해 주의를 기울이는 근육을 강화시킬 수 있어요. 하지만 이 근육은 연습하지 않으면 약해져요. 비디오게임에 집중할 때 손의 근육이 언제라도 버튼을 누를 수 있도록 준비하고 있듯이, 연습을 통해 우리는 주의를 기울이는 근육을 준비시킬 수 있어요. 우리는 매일 매 순간 마음챙김을 연습할 수 있어요. 앉아있든, 일하고 있든, 걷고 있든, 놀고 있든 간에 마음챙김을 통해 우리는 자신의 안과 밖에서 무슨 일이 일어나고 있는지 알 수 있어요.

교실 크기에 따라 학생들이 한 줄 혹은 원형으로 서도록 한다. 균형 잡힌 자세로 서서, 심호흡을 하고, 몸 안에서 들락날락하는 호흡에 주의를 기울이도록 한다. 먼저 마음챙김을 하며 한 걸음을 내딛는 연습을 해보도록 한다.

> 마음챙김하며 걷기는 특별한 도구가 없어도 언제든지 할 수 있어요. 수업을 들으러 가거나, 계단을 오르내리거나, 버스 정류장으로 향하면서 마음챙김하며 걷기를 해보세요. 자신의 호흡과 걸음걸이에 집중하면서 우리는 현재의 순간

을 더 잘 인식하고, 더 여유롭고 더 균형 잡힌 마음을 가질 수 있어요. 이렇게 마음챙김하며 걷기는 마음의 중심을 잡는 데 도움을 주어요.

학생들이 한 줄로 서게 한다. 교실이라면 학생들이 서로 부딪히지 않고 걸을 수 있도록 줄의 방향을 조정한다. 왕복으로 걸어야 하기 때문에 체육관이나 긴 복도, 야외가 더 좋다. 마음챙김하며 걷는 방법은 마음챙김하며 호흡하기와 같다. 발을 디딜 때의 움직임과 촉감에 주의를 기울인다. 처음에는 매우 천천히 걷는 것부터 시작해야 한다. 그러면서 점점 빠르게 걸으며 마음챙김하기를 해볼 수 있다. 305쪽의 '마음챙김하며 걷기'에 관한 안내 지침을 활용하여 수업을 마무리한다.

> 오른발을 들어 올리면서 발이 바닥에서 떨어지는 느낌, 발이 공간을 지나가는 느낌, 그리고 다시 바닥에 내려놓을 때의 느낌에 주목하세요. 마찬가지로 왼발도 관찰합니다. 의식하며 발을 들어 올리고, 움직이고, 바닥에 다시 내려놓으세요. 몸이 어떻게 조화롭게 움직이는지, 어떻게 여러분을 넘어지지 않게 걸을 수 있게 해주는지 의식해 보세요. 걷고 있는 경험 자체에 여러분의 주의를 기울여보세요. 마음이 다른 곳을 헤매고 있는 것을 알아차리면, 주의를 다시 걸음으로 옮겨보세요. 주의를 기울여 걷는 연습을 합니다.

## 11차시

## 지난 차시 상기

> 지난 수업에서 우리는 스트레스에 관해서 이야기를 나누었어요. 모든 스트레스를 피할 수는 없어요. 약간의 스트레스는 게임에서 이기려고 열심히 노력할 때처럼 도전적인 상황에서 도움이 될 수 있어요. 하지만 때때로 우리는 힘든 일

을 겪죠. 그럴 때 우리는 대처할 수 없다고 생각할 수 있고, 그래서 스트레스를 느낄 수 있어요. 스트레스를 받을 때 우리 몸에서는 어떤 일이 일어날까요? 스트레스를 받을 때 일어나는 반응과 신체의 반응(공격, 회피, 경직)에 관해 토의해 봅시다.

> 우리의 마음속에서 일어나는 일을 생각해 봅시다. 우리는 종종 불편한 생각을 떠올리고 그러한 생각에 사로잡히기도 해요. 어떤 방식으로 이런 일이 일어나는지 생각해 보세요. 어떤 사건들은 계속 생각나서 우리를 오랫동안 괴롭힙니다. 이럴 때 우리는 어떤 감정이나 기분을 느끼나요? 불편한 감정에 무엇이 있는지 생각해 보세요.

때때로 우리는 매우 화나는 일을 경험합니다. 예를 들어 사고를 당하거나, 시험을 망치거나, 좋아하는 사람과 헤어지는 일처럼 말이죠. 이러한 예에는 또 무엇이 있을까요? 이런 종류의 스트레스를 급성 스트레스라고 해요. 급성인 이유는 예상하지 못한 일로 매우 기분이 나빠지기 때문이죠. 자질구레한 스트레스요인 때문에 오랫동안 시달리기도 해요. 이런 스트레스는 만성 스트레스라고 합니다.

## 얼마나 잘 다룰 수 있니?

기본 버전의 안내와 스크립트를 참고하여 활용한다.

> 우리의 몸과 마음은 응급 상황에 효과적으로 대처하게끔 설계되어 있어요. 하지만 응급 상황이 끝난 뒤에는 편안한 상태로 회복되어야 건강하다고 할 수 있어요. 지나친 스트레스가 지속되면 신체, 정신, 정서에 문제가 생겨날 수 있어요. 예를 들어 수면장애나 과식 또는 거식 문제가 생길 수 있고, 두통이나 배탈이 날 수 있죠. 나아가 집중하고 기억하는 데 어려움을 겪고, 부정적인 방식으로 생각하게 될 수 있어요.

주제 R의 '내 마음 역할극'(109쪽)을 학생들에게 상기시킨다.

> 원 가운데서 몇몇 친구들이 수학 문제를 풀었던 활동을 기억하나요? 수학 문제를 풀었던 친구들이 경험했던 것이 스트레스를 많이 받는 상황이에요. 문제는 스트레스가 정말 심각해질 때까지, 그 사실을 우리가 알아채지 못하는 거예요. 우리의 내면과 바깥에서 일어나는 일을 더 잘 알아차릴 수 있다면, 우리는 많은 스트레스를 날려버릴 수 있을 거예요.

## 앉아서 마음챙김하며 움직이기

기본 버전의 앉아서 하는 마음챙김하며 움직이기를 연습한다.

# 12차시

## 도입

> 내면의 힘을 강화하고 스트레스를 다루기 위한 첫 단계는 스트레스를 인식하는 것입니다(집중하기). 오늘은 좀 더 의식적으로 움직이는 것을 연습해 볼게요. 마음챙김을 하며 움직일 때는 현재의 경험에 관심을 집중하기 위해 노력해야 해요. 어떤 날은 쉬울 수 있고, 어떤 날은 힘들 수 있어요. 또 어떤 날은 에너지가 넘치고, 어떤 날은 피곤하거나 아플 수도 있어요. 오늘 여러분이 어떻게 느끼든지 간에, 판단하지 말고 그러한 상태에 주의를 기울여봅시다. 이처럼 마음챙김하며 움직이는 것은 평소 우리가 움직이는 방식과는 달라요. 어디에 도달하거나, 무언가를 이루거나, 누구와 경쟁하려 하지 말고 움직임에 집중해 보세요. 단지 몸의 경험, 생각, 감정을 인식하는 것을 연습해 보세요. 마음챙김하며 움직이는 것과 그냥 움직이는 것의 차이를 보여주는 활동을 한번

해볼까요?

## 마음챙김 360

마음챙김 360은 마음챙김하며 움직이는 연습을 위해 활용할 수 있는 준비 활동이다. 마음챙김 360 활동을 통해 학생은 마음챙김을 하며 움직이는 것과 마음챙김 없이 움직이는 것의 차이를 경험할 수 있다.

> 마음챙김하며 움직이는 것은 자신의 움직임을 온전히 경험함으로써 완전히 존재하는 것이에요. 이는 어떤 형태로 움직이든 자신이 움직이고 있다는 것을 완전히 인식하고 아는 것을 의미합니다. 이러한 알아차림은 여러분이 경험하는 모든 생각, 감정, 감각을 인식할 수 있도록 돕습니다.

학생들이 평소에는 의식하지 않는 동작 하나를 선택할 수 있도록 한다. 이를테면 자리에서 일어나 의자를 책상 아래로 밀어 넣기, 문을 열거나 닫기, 외투를 집어 입기, 물 마시기, 신발 끈을 묶거나 풀기, 책가방을 싸거나 풀기, 문자 메시지나 이메일 보내기가 이와 같은 동작이 될 수 있다. 처음에는 학생들이 평소와 같은 빠르기로 그 동작을 수행하도록 한다. 그런 다음에는, 그 활동의 전체 범위(360도)를 인식하면서 매우 천천히 그리고 사려 깊게 활동을 반복하도록 한다.

> 움직이면서 여러분은 작은 움직임까지 자기 몸의 모든 움직임을 인식할 수 있나요? 자기 주변의 공간을 알아차릴 수 있나요? 자신의 생각과 감정을 알 수 있나요? 언제 움직임이 시작되고 끝나는지 인식할 수 있나요? 활동을 시작할 때부터 끝날 때까지 신체적 감각이나 움직임, 생각, 느낌의 변화를 알 수 있습니까?

토의한다.

> 처음과 나중의 경험은 어떻게 다른가요? 첫 번째 활동을 할 때 어떻게 움직이고 어떤 생각이나 감정이 들었나요? 두 번째 활동에서는 어땠나요? 모든 활동에는 걷고, 먹고, 이야기하는 등 많은 것이 담겨있습니다. 각각의 활동은 더 많은 마음챙김을 연습할 수 있는 기회입니다.

 이 활동을 반복하거나 다른 활동으로 연습해 보게끔 한다.

## 앉아서, 서서 마음챙김하며 움직이기

앉아서 마음챙김하며 움직이는 몇 가지를 한 번 이상 연습한 다음, 서서 마음챙김하며 움직이는 것을 연습하도록 한다.

## '연결감 지니기' 연습

'연결감 지니기' 활동으로 주제 A를 마무리한다.

# 활동지

## 스트레스 조절 사례

## 마음이 가장 균형 잡힌 상태는?

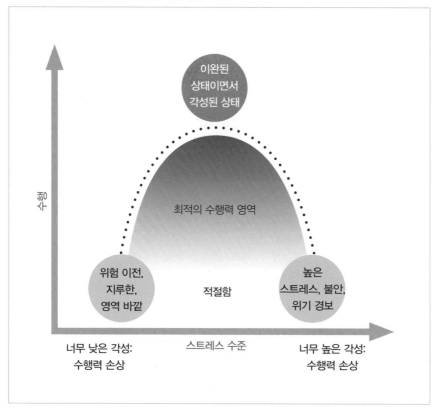

집중력, 스트레스, 수행력의 상관관계

## 나의 한계는 어디까지일까?

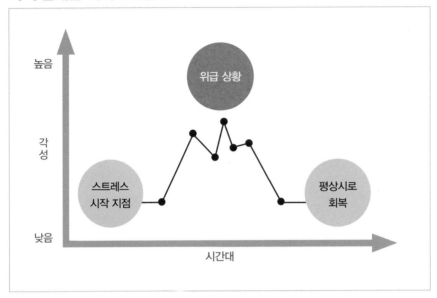

단기 스트레스

## 알고 있나요?

- 우리는 신체적 변화를 통해 스트레스 반응을 알아차릴 수 있어요. 이러한 변화에는 심장 박동이 증가하고, 손바닥에 땀이 나며, 호흡이 얇아지는 것과 같은 많은 변화들이 포함돼요. 신체는 위협에 대처하기 위해 스트레스에 반응해요.
- 음식(콜라, 커피, 차, 초콜릿)과 약물(니코틴)도 신체에 스트레스 반응을 일으킬 수 있어요.
- 우리 몸은 신체적 위협에 반응하는 것과 같은 방식으로 심리적 스트레스요인에 반응해요.
- 우리의 지각은 스트레스를 감지하는 중요한 역할을 해요.

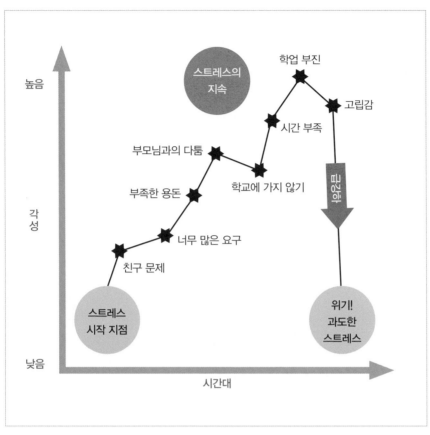

장기 만성 스트레스

**내게 만성 스트레스를 주는 요인들을 적어보세요.**

| | |
|---|---|
| • _____ | • _____ |
| • _____ | • _____ |
| • _____ | • _____ |
| • _____ | • _____ |
| • _____ | • _____ |

그중에서 스트레스를 가장 많이 일으키는 요인 세 가지에 동그라미를 쳐봅시다.

## 마음챙김을 연습하면 어떤 일이 일어날까?

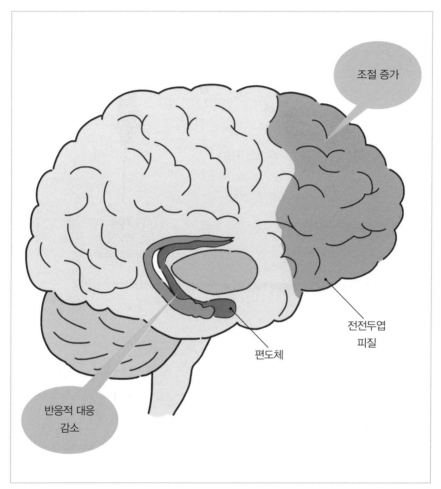

조절 증가

전전두엽
피질

편도체

반응적 대응
감소

마음챙김에 바탕을 둔 알아차림

## 앉은 자세

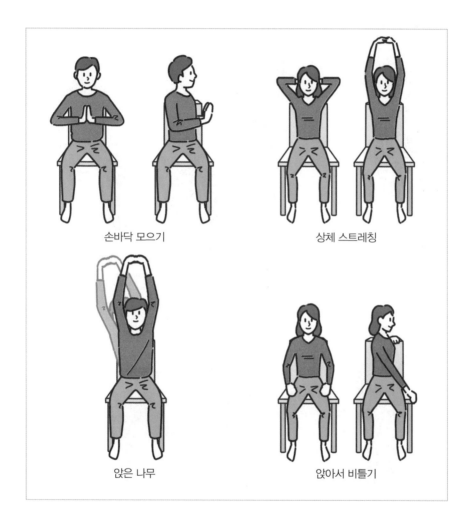

손바닥 모으기

상체 스트레칭

앉은 나무

앉아서 비틀기

# 서 있는 자세

산 자세

인형 스트레칭

상체 스트레칭

의자에 앉기

# 몸과 마음이 나에게 보내는 편지

받는 사람: 몸과 마음의 주인님에게(모든 것을 만들고 형성하는 주인님)
보낸 사람: 당신의 스트레스 대응 시스템
제목: 당신이 겪는 스트레스에 대하여
내용: 최우선 순위!

주인님에게,

우리는 주인님의 몸과 마음의 스트레스 반응에 주로 관여하는 시스템이에요. 우리는 우리가 어떻게 작동하고 있는지 주인님에게 계속 정보를 주죠. 주인님이 우리를 더 잘 조종할 수 있도록요. 주인님의 몸과 마음의 스트레스 반응은 주인님이 태어날 때부터 타고난 것이에요. 스트레스 반응은 비상 상황에서 싸우거나, 도망치거나, 아무것도 하지 않게 해서 주인님이 살아남게 해주죠.

구체적으로 설명하자면, 저희는 자율신경계(ANS)와 시상하부-뇌하수체-부신축(짧게는 HPA 축)이 협력하는 집합체예요. 저희는 이렇게 작동해요. 주인님은 뇌 깊은 곳에 편도체라고 불리는 위협 감지기를 가지고 있어요. 편도체가 주인님의 안전이 위협받고 있거나 걱정해야 할 것이 있다는 정보를 등록하면, 자율신경계의 교감 부분(SNS)은 주인님을 보호하기 위해 즉각적인 행동을 취해요. 주인님의 뇌는 즉시 신장 위에 있는 부신 내부로 신호를 보내, 아드레날린과 같은 호르몬(및 신경전달물질)을 혈류로 방출하도록 명령해요. 호르몬은 주인님의 몸-마음에 강력한 영향을 미치는 화학적 메신저라는 것을 기억하세요. 예상하지 못한 시험을 앞에 두고 머리카락이 곤두서고, 심장이 두근거리고, 손바닥이 땀이 나며, 배가 뒤틀리는 듯한 느낌을 받은 적이 있나요? 그렇다면, 부딪히거나, 아무것도 못 하거나, 회피하도록 하는 시스템을 작동시키는 우리의 힘이 무엇인지 알 수 있을 거예요.

우리는 또한 주인님이 안전하도록 HPA 축이라고 불리는 추가적인 시스템을 제공해요. 우리 가운데 둘(시상하부와 뇌하수체)은 뇌 깊숙한 곳에 위치하고 있어요. 편도체가 위협을 감지하면, 시상하부는 호르몬을 시상하부-뇌하수체 순환 시스템에 분비함으로써 편도체가 작동하도록 해요.

CRH(부신피질자극호르몬 방출호르몬Corticotrophin-Releasing Hormone)는 뇌하수체가 (부신피질자극호르몬corticotrophin이라고도 불리는) ACTH를 방출하도록 유발하기 때문에 중요해요. ACTH는 부신들이 피질에서 혈류로 코르티솔이라고 불리는 또 다른 스트레스호르몬을 분비하게끔 해요. 밤에 공포영화를 보고 무서워 죽을 뻔한 적이 있나요? 그렇다면, 아드레날린은 몇 초 동안 방출되지만, 코르티솔은 몇 분 또는 몇 시간에 걸쳐 방출된다는 것을 알 수 있을 거예요. 코르티솔이 미치는 영향이 사라지는 데는 약 한 시간이 걸려요.

스트레스 상황이 끝나면, 부교감신경계(PNS)라고 불리는 ANS의 다른 무기가 다음 위협에 대비해요. 그래서 주인님의 몸과 마음을 편안하게 하고 몸의 균형을 다시 잡을 수 있게 해요. 뇌에서부터 연결된 미주신경은 PNS의 일부로, 심장과 심장박동을 조절하는 다른 기관들에 신호를 보내요. 미주신경이 활성화됨에 따라 심장박동이 느려져요. 스트레스 반응 체계에서 미주신경은 브레이크처럼 작동해요. 주인님이 숨을 들이쉴 때 교감 체계를 작동시키고, 숨을 내쉴 때 부교감 체계를 작동시키죠. 여러 이완 연습이 숨을 길게 내쉬는 것을 가르치는 이유는 부교감 반응(또는 '쿨다운*')을 강화하기 위해서이죠. 심호흡을 하고 나서 천천히, 길고 부드럽게 입으로 숨을 내쉬어보세요. 휴! 고마워요!

어쨌든, 이 많은 것이 우리의 믿음직한 장비들이에요. 우리는 많은 사람들이 오랫동안 쉬지 않고 스트레스 반응 시스템을 활성화하고 있다는 사실을 걱정스럽게 바라보고 있어요. 주인님은 지속적인 스트레스를 받을 때 자신이 시스템에 어떤 피해를 주는지 깨닫지 못할 수도 있어요. 그래서 이렇게 자세한 설명이 담긴 편지를 쓰는 중이에요.

우리가 발견한 것이 있어요. 그것은 건강과 안전에 대한 지속적이고 실질적인 위협(야생동물이나 그와 똑같이 무서운 상황과의 마주침)이 스트레스 반응을 끊임없이 활성화한다는 사실을 사람들이 믿기 어려워한다는 것이에요. 우리가 아는 한, 인간은 걱정, 두려움, 화, 분노, 원한, 실패한 기대, 실망 등과 같은 내면의 위협 때문에 자신의 시스템을 활성화해요. 우리도 삶이 정말 힘들다는 것을 인정해요. 주인님이 겪고 있는 일에 대해 가장 많이 공감하는 것이 바로 우리죠. 하지만, 우리를 계속해서 괴롭히고 있는 스트레스 상황이 주인님의 마음속에서 일어나고 있을 때, 주인님의 스트레스 시스템인 우리는 우리가 과로하고 있다는 사실을 주인님에게 알려줘야 해요. 즉, 끊임없이 되새기거나, 문제를 곪게 내버려두거나, 질투를 참거나, 계속해서 분노를 부채질하는 주인님이 우리를 지치게 만들고 있다는 것을 말이에요!

우리가 안에서 볼 때는 이래요. 지속적인 시스템의 활성화는 너무 많은 코르티솔이 혈류로 방출되는 결과를 초래해요. 너무 많은 코르티솔은 주인님의 면역체계를 무너뜨려요. 면역체계에 대해 기억나시나요? 면역체계의 세포들은 끊임없이 순찰을 돌면서 침략자를 없애고 주인님을 병으로부터 보호해요. 열심히 작동하는 면역세포 군대가 없다면, 침략자가

● 심한 운동 후 정리운동으로 맥박 · 호흡 등을 서서히 정상으로 되돌리는 것. ─ 옮긴이

들어왔을 때 주인님의 몸은 잘 치료되지 않을 거예요. 시험시간(높은 스트레스) 동안 병(낮은 면역력)에 걸리더라도, 우리가 주인님에게 경고하지 않았다고 탓하지 마세요.

또 너무 많은 코르티솔은 학습과 기억을 담당하는 뇌세포들을 손상시키고 심지어 죽이기도 해요. 그래서 졸업하기 어려울 수도 있어요! 아드레날린과 같은 스트레스호르몬은 심장이 혈액을 더 빠르게 공급하게 만들어요. 그러면 혈압 때문에 섬세한 혈관이 주인님도 모르게 힘을 받게 되고, 결국 고혈압과 동맥 손상이 생겨날 수 있어요. 코르티솔과 같은 스트레스호르몬은 특히 기분 좋은 음식을 찾게끔 주인님의 식욕을 증가시켜요. 왜냐하면 주인님의 몸이 이러한 화학적 메시지를 "아이코! 비상! 필요할 때 도망갈 수 있도록 에너지를 좀 비축해 놓는 것이 좋겠어."라고 해석하거든요. 스트레스호르몬은 위의 통증과도 관련이 있어요. 주인님도 속쓰림이 얼마나 불편한지 알고 있을 거예요. 몸이 혈류에 떠다니는 과도한 코르티솔을 흡수하는 데는 약 한 시간이 걸린다는 것을 기억하세요. 매 시간 적어도 한 번 스트레스 반응을 겪는다고 생각해 봅시다. 자, 계산해 보세요, 주인님. 그리고 명심하세요. 등굣길에 야생동물처럼 끔찍한 위협을 마주치는 일은 일어나지 않을 거예요. 안타깝게도, 주인님의 몸과 마음은 '실제로 일어나는' 스트레스와 '정신적' 스트레스를 구분하지 못해요. 이것이 바로 우리를 과로하게 하는 이유에요. 주인님이 스트레스가 많다고 생각하면 우리는 초과근무를 해야 돼요. 주인님의 마음이 바로 스트레스를 여는 문인 거죠.

주인님은 불면증의 약 70%가 스트레스 때문에 발생한다는 것을 알고 있었나요? 몸과 마음의 주인님들은 수면을 삶의 최우선 순위로 둘 필요가 있어요. 그래서 스트레스가 불면증을 유발한다는 사실이 중요한 거예요.

수면 부족은 우울감뿐 아니라 불쾌감을 초래할 수 있어요. 또한 스트레스와 관련된 면역체계의 변화는 사이토카인cytokine이 과도하게 방출되도록 해요. 사이토카인은 뇌를 떠돌아다니는 화학물질로 주인님의 기분에 영향을 미쳐요. 나쁜 일이 일어나서 매우 슬픈 것은 정상적인 것이에요. 하지만 주인님이 그것을 어떻게 극복해야 할지 몰라 너무 많이 스트레스를 받으면, 이는 주인님을 우울하게 만들 수 있어요.

마지막으로 중독의 위험성을 잊어서는 안 돼요. 중독성이 있는 물질을 복용하거나 스트레스를 회피하는 것은 일시적으로 스트레스를 줄이는 것처럼 보일 수 있어요. 여기서 중요한 것은 그것이 일시적이라는 것이에요. 주인님은 얼마 지나지 않아 어떤 충동을 느낄 거예요. 결국, 불안 및 스트레스와 관련된 모든 끔찍한 감정이 증가할 거예요.

주인님을 사랑하는
주인님의 몸과 마음 올림

## 집에서 연습하기

- 하루에 세 번, 한 번에 세 번 이상 마음챙김 호흡을 연습한다. (저학년의 경우 하루에 여섯 번까지 연습해도 좋다.)
- 짧은 '마음챙김하며 움직이기'를 연습한다. 오디오 파일은 교사가 제공한다. (하루에 한 번이 가장 이상적이다.) '앉은 자세'와 '서 있는 자세'의 그림을 참고한다.
- 하루 일과 동안 생각, 감정, 신체적 감각이 생겨나는 것을 계속 알아차려 본다.
- 일상생활에서, 특히 주제 B의 '나만의 마음챙김 연습'에서 선택한 마음챙김을 꾸준히 연습한다. 자신과 다른 사람에게 친절히 대한다.
- 활동지의 '삶과 연계하기'와 '마음챙김하며 먹기 관찰 일지'를 활용하여 '마음챙김하며 걷기'와 '마음챙김하며 먹기'를 연습한다. (초등학생의 경우 생략한다.)
- 아래 마음챙김 일지에 관찰하거나 성찰한 것을 기록한다. (저학년의 경우 쓰는 대신 그리게 할 수 있다.)

### 마음챙김 일지

## 마음챙김하며 먹기 관찰 일지

매일 한 번, 마음챙김하며 먹어봅시다. 먹는 경험을 관찰함으로써 마음챙김을 연습해 보세요. 연습을 마치면 아래 질문에 답변해 보세요.

| | 무엇을 먹었나요?<br>(예: 간식, 식사) | 먹는 경험을 관찰하면서 먹었나요?<br>('예' 또는 '아니오') | 먹는 동안 어떤 감각을 느꼈나요? 관찰한 감각을 자세히 묘사해 보세요. | 어떤 기분, 감정, 생각이 들었나요? |
|---|---|---|---|---|
| 첫째 날 | | | | |
| 둘째 날 | | | | |
| 셋째 날 | | | | |
| 넷째 날 | | | | |
| 다섯째 날 | | | | |
| 여섯째 날 | | | | |
| 일곱째 날 | | | | |

B

R

E

T

H

## 세 가지 마음챙김

아래 그림은 평소에 감각, 생각, 감정에 주의를 기울이는 연습을 할 수 있도록 돕기 위한 것이다. 아래 그림을 복사하거나 잘라 자주 오가는 공간에 붙인다. 생각, 감정, 감각을 알아차릴 때마다 각각을 '생각', '감정', '감각'이라고 마음속으로 말한다. 어떤 경험이든 호기심을 가지고 어떻게 변화하는지 관찰한다. 우리는 경험에 바로 '반응'할 필요가 없다. 대신 어떻게 대응할지 '선택'할 수 있다. 우리는 '바로 여기에' 그리고 '바로 현재에' 존재할 수 있다. 이를 통해 현재의 경험을 더 잘 알아차리도록 연습하고, 평정심을 찾아 반응을 통제할 수 있으며, 자신과 타인을 더 친절하게 대할 수 있다. 이것이 바로 내면의 힘이다.

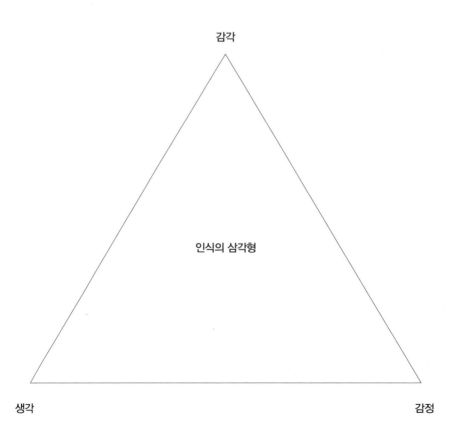

감각

인식의 삼각형

생각                                        감정

## 삶과 연계하기

### 마음챙김하며 먹기

### 연습1

- 음식이나 간식을 고른다. 한 번도 먹어본 적이 없는 음식을 먹는 새롭고 흥미로운 경험이라고 생각한다.
- 호기심을 가지고 음식을 관찰한다. 색깔, 질감, 모양, 냄새, 소리에 주의를 기울인다.
- 씹기 전에, 음식이 입안에서 어떻게 느껴지는지 관찰한다.
- 씹을 때, 모든 움직임과 감각에 주목한다. 평소보다 더 천천히 삼킨다.
- 천천히 먹는다.

### 연습2

간식이나 식사를 조용한 가운데 먹어본다.

### 연습3

이 음식을 먹을 수 있게 해준 모든 사람들에게 감사하는 마음을 가진다.

## 삶과 연계하기

### 마음챙김하며 걷기

걸을 때 모든 감각에 주의를 기울인다.

- 마음챙김하며 걷기를 연습할 기간을 정하고, 끊지 않고 연습할 수 있는 공간이나 통로(침실도 괜찮다.)를 선택한다.
- 서있을 때 발이 바닥이나 땅에 닿는 것에 주목한다.
- 걷기 시작할 때 속도를 줄이고 걷기에 온 신경을 집중한다.
- 유의할 점
  - 한쪽 발에서 체중 이동
  - 발을 들어 올리는 것
  - 발을 앞으로 이동하는 것
  - 발을 바닥에 놓는 것
- 한 방향으로 15~20걸음을 주의를 기울여 걷는다. 멈출 때 발의 감각을 느껴본다. 조심스럽게 돌아서 다른 방향으로 15~20걸음을 주의를 기울여 걷는다. 멈췄다가 여러 번 반복한다.
- 마음이 방황하는 것을 알아차렸다면 주의를 다시 걷는 감각으로 돌려놓는다.
  - 걷는 감각에 집중함으로써, 자신의 몸 안에 있는 시간을 가져본다.
  - 계단을 올라가면서 몸의 움직임과 감각이 어떻게 변화하는지 느껴본다.
  - 서두르지 말고 속도를 줄여본다.

# Tenderness

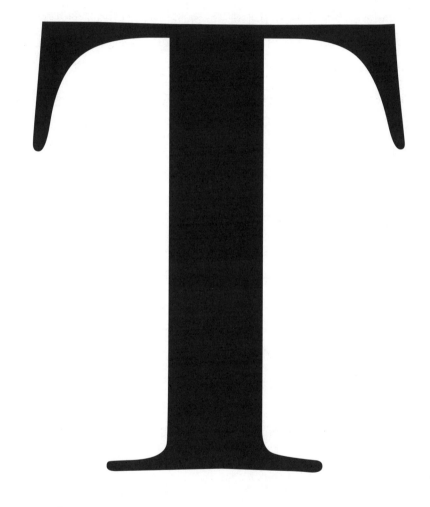

나와 다른 사람을
친절하게 대하자!

# 수업 개요

주제 T의 시작을 환영한다. T는 '다정함 tenderness' 또는 '있는 그대로 수용함 take it as it is'을 뜻한다. 이 수업의 핵심은 자신과 다른 사람에게 친절해지는 법을 배우는 것이다. 조금 더 다정해져 보자. 우리는 마음챙김을 배움으로써 친절이라는 '약'으로 자신과 타인을 치유할 수 있다. 주제 T의 핵심은 친절이 고통을 감소시킬 뿐 아니라, 스트레스 상황에서 회복탄력성을 높일 수 있다는 이해이다. 우리 모두는 살면서 어려움을 겪기 때문에 자신과 서로에게 좀 더 다정해져야 한다. 우리는 연습을 통해 친절, 연민, 감사와 같은 건강한 마음을 갖는 습관을 발전시키고 내면의 힘을 향상시킬 수 있다

**수업의 목표**
- 뇌가 경험의 결과로 변화하는 신체의 한 부분이라는 사실을 이해하기
- 자신과 타인에 대해 판단하는 경향이 균형 잡힌 사고와 사회적 연결을 방해한다는 사실을 이해하고 판단적인 사고 경향을 관찰하기
- 마음챙김을 통해 비판단적으로 주의를 기울임으로써 연민을 실천하는 방식을 이해하고 경험하기
- 열린 마음으로 주의를 기울이는 것이 타인과 자신에 대한 연민을 어떻게 기르는지 경험하기
- 건강하게 잘 살며, 내면의 힘을 기르기 위해 마음을 키우는 연습하기

# 수업의 흐름

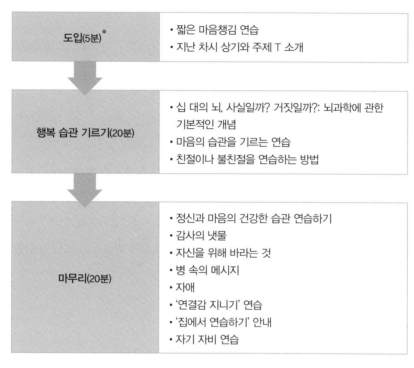

| 도입(5분) | • 짧은 마음챙김 연습<br>• 지난 차시 상기와 주제 T 소개 |
|---|---|
| 행복 습관 기르기(20분) | • 십 대의 뇌, 사실일까? 거짓일까?: 뇌과학에 관한 기본적인 개념<br>• 마음의 습관을 기르는 연습<br>• 친절이나 불친절을 연습하는 방법 |
| 마무리(20분) | • 정신과 마음의 건강한 습관 연습하기<br>• 감사의 냇물<br>• 자신을 위해 바라는 것<br>• 병 속의 메시지<br>• 자애<br>• '연결감 지니기' 연습<br>• '집에서 연습하기' 안내<br>• 자기 자비 연습 |

• 일주일에 한 차시 시행을 고려한 대략적인 소요 시간

## 짧은 마음챙김 연습

주제 T를 소개하기 전에 수업 분위기를 조성하고, 짧은 마음챙김 연습을 진행한다.

## 지난 차시 상기와 주제 T 소개

> 지난 시간에 배운 것을 복습해 봅시다. 지난 수업에서 무엇을 배웠는지 기억하나요? 우리는 마음챙김을 배우고 연습하고 있어요. 마음챙김을 배우면서 달라진 점이 있나요? 자신이 예전과는 다른 방식으로 자신과 세상을 인식한다는 것을 알아차렸나요? 사건, 생각, 감정에 다른 방식으로 반응하고 있다는 것을 알아차렸나요?

⊙ 학생 응답

> 토의를 종합해 보면, 스트레스는 우리 삶의 일부라는 것을 알 수 있어요. 우리는 바라는 것을 얻지 못할 때도 있고, 때때로 하고 싶지 않은 일을 해야하죠. 그래서 우리는 '스트레스'를 느껴요. 지나치게 오랫동안 스트레스를 받으면 삶의 균형과 에너지를 잃고, 병에 걸릴 수도 있어요. 이것이 지금까지 배운 만성적인 스트레스에 관한 문제들을 설명해 주죠. 스트레스요인 가운데 일부는 우리 내면에 있어요. 스트레스 반응에 관해 배운 내용들을 떠올려보세요. 신체의 스트레스 반응은 실제 사건뿐 아니라 생각 때문에도 유발될 수 있어요.

지난 수업의 핵심 내용을 복습하고 사례를 제시한다.

> 이를 인식하지 못하면 좋지 않은 정신적인 습관을 들일 수 있어요. 자기 자신과 자신이 겪은 경험, 그리고 다른 사람에 대해 판단하는 습관은 이러한 마음의 습관 가운데 하나예요. 이러한 마음의 습관은 스트레스를 가중시키죠. 그렇다면 어떻게 해야 더 건강한 마음의 습관을 찾을 수 있을까요? 몸이 아프면 나으려고 약을 먹죠. 마찬가지로, 자비심, 친절, 감사와 같은 특별한 마음의 습관들은 더 기분을 좋게 하고 더 잘 지낼 수 있게끔 마음과 몸을 치유하는 정신적인 약과 같아요.

P **포스터**

BREATHE의 T 위치에 T 포스터를 붙인다.

> 이 수업을 통해 우리는 자신의 습관이 어떻게 스스로를 돕거나 다치게 하는지 배울 거예요. 그런데, 연습이라는 단어는 무엇을 뜻하나요? 사람들이 평소 반복을 통해 익히는 습관에는 어떤 것이 있죠? 왜 사람들은 습관을 지니려고 노력하나요?

⊙ 학생 응답

✓ **지도 시 유의점**

교사는 학생들이 연습을 '무언가를 반복하는 것'으로 이해하도록 지도한다. 예를 들어, 사람들은 악기, 스포츠, 구구단, 외국어 말하기 등을 연습한다. 사람들은 어떤 것을 잘하기 위해 또는 잘 기억하기 위해 반복하여 연습한다.

> 그런데, 만약 선생님이 하루에 두 갑씩 담배를 피우면, 흡연을 더 잘할 수 있을까요? 선생님이 손톱을 무는 습관이 있는 사람이라면, 손톱 물기를 더 잘할 수 있을까요?

⊙ 학생 응답

## 행복 습관 기르기 ─────────────────

### 십 대의 뇌, 사실일까? 거짓일까?: 뇌과학에 관한 기본적인 개념

| 준비물 | 종이, 연필, 작은 상품

> 이제 '연습'이라는 개념을 뇌에 대한 정보와 연결시켜 봅시다. 그리고 이것이 어떻게 작동하는지 살펴봅시다.

이 활동은 신경과학에 관한 몇 가지 중요한 사실들을 짧고 재미있게 가르치기 위한 퀴즈들로 구성된다. 학생들은 정답을 쓰거나 말할 수 있다. 정답은 학생이 먼저 맞힌 다음에 설명해 주어야 한다. 교사는 질문에 정확하게 답하거나 답하려고 시도한 학생에게 간식과 같은 작은 '선물'을 줄 수 있다. 교사는 우리가 좋든 싫든 연습하는 대로 뇌가 변한다는 과학적 사실을 강조한다. 이러한 사실은 마음챙김을 비롯한 건강한 마음 습관을 지니도록 연습하게끔 학생들에게 동기를 부여할 수 있다.

> 우리의 뇌, 특히 청소년기의 뇌에 대해 얼마나 알고 있는지 확인하기 위해 짧은 퀴즈를 낼게요. 선생님이 어떤 문장을 읽으면, 그것이 참인지 거짓인지 쓰세요.

**문** 지능은 타고나며, 나이가 들어도 변하지 않는다.

**답** **거짓**. 청소년기에는 뇌가 재구성되고 새로운 경험에 노출되기 때문에 지능은 높아지거나 낮아질 수 있다.

**문** 도파민은 기분 좋은 경험을 할 때 뇌 선조체<sup>striatum</sup>에서 방출되는 화학물질이다.

**답** **사실**. 도파민은 신경전달물질이다.

**문** 청소년의 뇌는 18~19세까지 발달한다.

**답** **거짓**. 이십 대 중반까지 계속해서 발달하며, 경우에 따라서는 삼십 대를 넘어서까지 발달한다.

**문** 소뇌는 이마 뒤에 위치한 뇌 부위로, 논리적인 의사결정과 계획을 위해 중요하다.

**답** **거짓**. 이 영역은 전전두엽 피질(또는 PFC)이다. 전전두엽 피질은 진화적으로 가장 최근에 발달한 뇌 부위 가운데 하나이다. 소뇌는 하부 뇌의 일부로, 균형과 조정을 조절하는 데 관여한다.

**문** 우리의 뇌는 매일 변한다. 자신이 경험한 것과 다른 사람과의 상호작용은 뇌를 변화시킨다.

**답** **사실**. 이와 같은 뇌의 변화하는 성질을 신경 가소성이라고 한다. 가소성은 환경에 대해 변화하는 성질을 의미한다.

**문** 십 대에는 뇌의 상당 부분이 다시 조직된다. 시냅스는 뉴런(또는 신경세포)이 메시지를 수신하고 전송할 수 있게 하는 역할을 하는데, 가지치기라고 불리는 과정을 통해 많은 시냅스(신경세포의 연결부위)가 제거된다.

**답** **사실**.

**문** 십 대는 어린 아동이나 어른보다 위험한 행동을 더 많이 한다. 특히 친구들과 함께 있을 때, 십 대에는 위험을 감수하는 뇌의 영역이 행동을 통제하는 뇌의 영역보다 더 활성화된다.

**답** **사실**. 측좌핵<sup>nucleus accumbens</sup>과 선조체와 같은 보상 중추는 전전두 피질보다 빨리 성숙한다. 과속이나 음주와 같은 위험한 행동을 뿌듯한 경험으로 인식할 수 있다.

(문) 십 대는 어린 아동이나 어른보다 감정적으로 더 긍정적이고 기분 좋은 상태에 있다.

(답) **거짓**. 조사에 따르면, 십 대는 분노, 슬픔, 짜증과 같은 부정적인 감정을 자주 경험한다. 이는 어린 아동과 성인에게서도 마찬가지다.

(문) 시냅스의 잦은 활성화, 즉 뇌세포들은 연습을 통해 더 강하고 효율적으로 연결된다.

(답) **사실**.

(문) 마음챙김을 연습한다고 해서 뇌가 바뀌지 않는다.

(답) **거짓**. 정교한 신경과학 기술을 통해 측정한 많은 연구들이 마음챙김과 자비 명상의 연습이 건강한 방식으로 뇌를 바꾼다는 것을 보여준다.

⊙  학생 응답

>  지금까지 살펴본 바에서 알 수 있듯이, 청소년기는 학습, 시도, 변화를 위한 절호의 기회예요. 이제 우리는 십 대에는 뇌가 재구성된다는 사실을 알아요. 청소년기에 연습한 정신적, 사회적, 정서적 기술은 성인기가 지나서 강화돼요. 우리가 자주 사용하는 뇌의 영역은 강화되고, 사용하지 않는 부분은 제거되거나 가지치기 된다는 것을 기억하세요. 연습을 할 것인지 말 것인지, 무엇을 연습할 것인지는 여러분이 결정하는 것이고 여러분의 책임이에요. 어른이 되었을 때 어떤 뇌를 갖게 될 것인지는 지금 여러분에게 달려있다는 사실을 기억하세요.

## 마음의 습관을 기르는 연습

'불친절 연습'과 '친절 연습'에 관해 소개한다. 연습을 통해 마음의 습관을 바꿀 수 있고, 스스로를 친절하게 대할 수 있다는 것을 강조한다. 건강한 감정을 연습함으로써 행복감을 높일 수 있다는 사실에 주목한다. 자애와 감사는 행복과 내면의 힘을 키우는 감정이다. 자기 배려가 어떻게 타인에게 확장되는지 이야기한 다음, 자기 자비에 관한 심화 토의(그리고 가능한 표현)를 진행한다. 자기 자비는 타인을 친절하게 대하고 타인에게 연민을 느낄 수 있는 바탕이 된다.

> 우리가 연습하는 것이 우리의 뇌를 바꾼다고 했는데요. 만약 우리가 좋지 않은 정신적 습관을 연습하면 어떤 일이 벌어질까요? 선생님이 어떤 책에서 발췌한 내용(Brantley, 2003: p. 140)을 읽을게요. 내용을 잘 듣고 이야기를 나누어봅시다.

"우리가 다른 사람을 친절하게 대할 수도, 반대로 불친절하게 대할 수도 있다는 사실을 이해하는 것이 중요해요. 사실, 우리는 다른 사람을 불친절하게 대할 때가 많아요. 우리 대부분은 자신에게도 불친절하게 대하죠. 그런데도, 우리는 자신이 얼마나 불친절한지 잘 깨닫지 못해요. 우리는 습관적으로 불친절한 생각을 하고 불친절한 감정을 느껴요. 이런 불친절함을 우리는 몸에서 강하게 느낄 수 있어요."

두 번 읽어도 좋다.

> 여러분은 친절함 또는 불친절함을 '연습'한다는 것에 대해 생각해 본 적이 있나요? 이런 생각은 어떤 점에서 새롭나요? 우리는 친절하게 대하는 것 또는 불친절하게 대하는 것을 의식적으로 연습할까요? 무의식적으로 연습할까요?

⊙ 학생 응답

## 트라우마 이해 훈련

트라우마를 경험한 사람은 트라우마 경험을 내면화하여 자아감과 통합한다. 어떤 사람은 트라우마 경험이 일어난 탓을 자신에게 돌리고 스스로를 비난한다. 또 트라우마 경험을 이해하기 위해 그 일을 피하려면 어떻게 해야 했는지 생각한다. 어떤 사람은 별 이유도 없이 화를 내거나 사랑받을 자격이 없다는 느낌을 받는다. 왜냐하면 아주 어릴 때부터 자신이 사랑받을 자격이 없다고 생각해 왔기 때문이다. 어떤 사람은 트라우마 경험이나 그 경험의 세부 사항들을 의식적으로 인식하지 못할 수 있다. 이는 저항, 반발, 적대감, 무관심, 부정과 같은 후유증으로 나타날 수 있다.

교사는 트라우마에서 살아남은 학생이 자신의 감정을 느끼지 않기 위해 스스로 쌓은 보호벽에 매우 민감해야 한다. 트라우마로 인한 감정을 피하는 것이 장기적으로 도움이 되지 않을 수 있다. 하지만 감정을 수용하는 과정은 느리다. 힘의 대결이나 직접적인 대립 모두는 더 많은 수치심을 낳기 때문에 도움이 되기는커녕 상처를 입힐 가능성이 높다. 교사는 일반적인 지침을 통해 건강한 정신적 습관을 갖기 위해 연습할 책임이 있다는 것을 가르쳐야 한다. 상담교사라면, 학생들이 자신의 행동이 어떻게 기능하는지 보게끔 유도할 수 있다. 압도적인 어려움에 직면할 때 생존하기 위한 노력은 모두 강점으로 여겨야 한다. 하지만 방어적인 태도가 더 이상 학생에게 최선의 이익이 되지 않는다면, 그런 보호벽을 없애기보다는 더 적응적인 보호 방법을 제공하는 데 목표를 두어야 한다. 다른 마음챙김 연습과 마찬가지로, 이를 위한 마음챙김의 메시지도 "시도해 보고 자신이 어떻게 생각하는지 관찰하자."는 것이다.

교사는 불친절함을 자동적으로 연습하는 학생에게 그러한 습관을 고치는 게 쉽다고 단정적으로 말해서는 안 된다. 교사는 신중하게 학생이 스스로를 못되게 대하는 것을 깨닫도록 작은 발걸음을 시작하게 도울 수 있다. 긴장하거나 화가 나기 시작하는 것을 알아차렸을 때, 스스로 한 손을 가슴 위에 올리고 호흡을 관찰하는 방식으로 스스로를 배려하도록 할 수 있다. '평화, 침착, 고요, 바로 여기, 현재, 안전, 균형'과 같은 학생들이 선택한 말을 떠올리며 숨을 들이쉬고 내쉬는 것도 도움이 된다. 교사는 자신이 학생의 취약한 점을 다루고 있으므로, 조심스럽게 접근해야 한다는 점을 기억해야 한다. 필요하면 수업 마무리의 자기 자비 연습을 도입부로 옮겨 진행할 수 있다.

## 친절이나 불친절을 연습하는 방법

| 준비물 | 활동지, 필기구, 칠판 또는 플립차트

이 활동은 청소년기인 학생이 자신이나 타인에게 친절과 불친절을 연습하는 방법 모두를 생각하게 하는 활동이다. 이 활동의 목적은 우리를 행복하게 하거나 불행하게 하는 생각 또는 행동의 습관적인 패턴을 잘 알아차릴 수 있게 하는 것이다. 학생들은 교실에서 다양한 방법으로 이 활동에 참여할 수 있다. 교사는 이 수업을 3~4명으로 이루어진 모둠활동, 짝 활동, 또는 개인 활동으로 진행할 수 있다. 활동지의 '친절을 연습하는 법'(264쪽)과 '불친절, 또는 자신을 돌보지 않기를 연습하는 법'(265쪽)을 활용한다.

모둠을 만든 뒤, 모둠별로 자신을 친절하게 대하는 일반적인 방법의 사례들을 찾아보도록 한다. 이러한 예에는 자기 배려가 포함될 수 있다. 자신을 친절하게 대하는 연습을 할 수 있도록, 학생들은 가능한 많은 예들을 찾아내야 한다. 학생들은 자신이 아닌 다른 사람의 예를 들 수 있다. 또, 생각, 감정, 행동별로 범주를 나누어 친절을 연습하는 예들을 브레인스토밍하도록 한다. 충분한 시간을 준 다음, 모둠별로 브레인스토밍 결과를 칠판이나 플립차트에 기록한 뒤 발표하여 학급 친구들이 공유하도록 한다. 다음으로 우리가 자신을 어떻게 불친절하게 대하는지 예를 들어보게 한다(예: 자신의 삶을 스스로 훼방하기 또는 자신을 돌보지 않기). 모둠별로 파괴적인 생각, 행동, 감정을 나누어 확인해 보도록 한다. 모둠이 많다면, 친절한 또는 불친절한 생각·행동·감정의 목록을 더 채워보게끔 한다.

목록이 완성되면, 각 모둠의 대표가 발표한다. 교사는 학생들이 발표한 사례를 칠판에 기록하여 친절과 불친절을 연습하는 방법을 정리한다. 이 활동의 핵심은 우리가 연습하는 생각, 행동, 감정의 패턴이 건전하지 않을 수 있고 그것이 학습 및 뇌와 연결되어 있다는 개념을 이해하는 것이다. 교사는 각 예의 장단점에 대해 학생들이 논쟁하지 않도록 지도해야 한다. 학생들은 친절보다 불친절의 목록을 더 쉽게 채우는 경향이 있다. 교사는 우리 모두가 친절과 불친절의 목록에 해당하는 일을 연습하고 있다는 점을 설명할 수 있다. 우리가 무엇을 하고 있는지 더 잘 알아차리게 될 때, 우리는 자동 조종에서 벗어나 자신의 정신적·정서적 삶을 더 의식적으로 통제할 수 있다. 또한, 정신과 마음에서 불친절함을 키우는 습관을 멈출 수 있다.
다음은 자신을 친절하게 대하는 연습의 사례이다.

**행동** 충분한 수면을 취하고, 잘 먹고, 운동하고, 휴식을 잘 취하기, 취미를 갖고 여가를 즐기기, 학교와 다른 일에 책임감을 지니고 행동하기, (빚을 지지 않기 위해) 현명하게 소비하기, (다른 사람과 관계 맺기 위해) 친절하고 진실하게 말하기, 사랑과 감사를 표현하기
**감정** 삶에 대해, 다른 사람에게, 자신의 상황에 대해 감사함을 느끼기, 무언가에 대한 흥미를 느끼기, 감사하기, 다른 사람에게 사랑과 애정을 느끼기, 성취에 대해 자부심 느끼기
**생각** 자신의 장점에 대해 정확하게 알기, 마음먹은 것을 이룰 수 있다고 생각하기, 다른 사람에게 받는 지원을 인식하기, 마음에 드는 자신의 소질에

대해 생각하기, 삶의 좋은 점에 대해 생각하기

다음은 자신을 불친절하게 대하는 연습의 사례이다.

**행동** 먹지 않기, 과식, 건강에 나쁜 음식 먹기, 약물 오남용, 수면 부족, 자해, 음주, 흡연, 헬멧 없이 자전거 타기, 운동하지 않기, 다른 사람을 불친절하게 대하기, 다른 사람 험담, 공부를 미루거나 결석하기

**감정** 자신이나 다른 사람에게 화내기, 자신을 몰아세우기, 자신의 외모나 말투에 못 마땅해하기, (잘하지 못 한다고) 부정적으로 평가하기, 다른 사람보다 우월하다고 느끼기, (무언가 빼앗겼다고) 부당하게 여기기, (내 뜻대로 할) 권리가 있다고 느끼기

**생각** 자신을 패배자로 여기기, 다른 사람이 자기보다 낫다고 생각하기, 자신이 다른 사람보다 우월하다고 생각하기, 아무도 자신에게 관심을 기울이지 않는다고 생각하기, 아무도 자신에게 관심 없다고 생각하기, 자신이 매력적이지 않다고 생각하기, 자신이 너무 뚱뚱하다고 생각하기, 자신이 너무 말랐다고 생각하기, 자신이 똑똑하지 않다고 생각하기, 자신이 성공할 수 없다고 생각하기

최근의 연구는 뇌가 연습을 통해 변화 가능한 기관이라는 것을 보여준다 (Davidson et al., 2003; Begley, 2007 참조). 바바라 프레드릭슨Barbara Fredrickson 과 동료들(2008)은 매일 자애 명상을 연습한 결과, 감정이 긍정적으로 개선되었다는 결과를 보여주었다. 후속 연구(Cohn & Fredrickson, 2010)에서는 1년 뒤 매일 자애 명상을 연습한 집단의 긍정적인 감정(사랑, 기쁨, 감사, 만족, 희망, 자부심, 흥미, 즐거움, 경외심 등)이 첫 주보다 3배 더 증가했다. 더욱이 이러한 변화는 자기수용, 마음챙김, 건강 및 사회적 관계 개선과 같은 삶의 자원이 증가하는 것과 관련 있었다. 결론적으로 이 연구는 긍정적이고 건강한 감정을 함양하는 것이 내면의 자원을 형성한다고 보고한다. 이 연구에 참여한

연구들자들이 수행한 후속 연구에 따르면, 자애 명상의 혜택은 연습을 꾸준히 수행한 경우에 지속되는 경우가 많다는 것을 보여준다.

연구 결과에 관해 교실 토론을 진행한다.

> 친절과 불친절의 목록에서 무엇이 눈에 띄었나요? 어느 목록이 더 긴가요? 여러분 모둠에서는 어떤 예시 목록을 만들기 쉬웠나요? 어떤 목록이 만들기 쉬웠다는 것은 우리의 생각, 행동, 느낌의 자동 패턴에 대해 무엇을 말해주나요? 우리는 어떤 종류의 기술을 연습하고 있나요?

⊙ 학생 응답

어떤 것을 더 잘하려면 연습이 필요하다는 사실을 강조한다. 우리는 불친절하게 대하는 것을 더 쉽게 할 수 있다. 평소에 불친절을 연습하는 경우가 많기 때문이다. 그러므로 불친절한 습관과 친절 및 자기 배려의 습관 간의 균형을 맞추는 것이 중요하다.

## 마무리

### 정신과 마음의 건강한 습관 연습하기

> 우리는 무의식적으로 어떤 방식으로든 우리를 해치는 행동을 연습하죠. 지금까지 우리는 이처럼 자동적으로 반응하는 행동들에 대해 이야기해 왔어요. 새로운 것을 배우는 것은 주의를 기울이고 새로운 선택을 하는 것을 포함해요. 여러분은 활동지에 나온 불친절한 마음 습관들을 바꿀 수 있다고 생각하나요?

⊙ 학생 응답

> 여기 매우 좋은 소식이 있어요. 이제 우리는 과학적인 연구들을 통해 우리가 배워온 마음챙김 연습과 같은 정신훈련으로 뇌를 바꾸는 것이 가능하다는 것을 알고 있어요. 우리는 도움이 되지 않는 생각과 감정을 관찰하고, 인정하며 "단지 있는 그대로" 있도록 함으로써 스트레스를 받았을 때 균형감을 느낄 수 있는 방법을 배웠어요. 우리는 또한 더 많은 것을 할 수 있어요. 우리는 실제로 더 건강하고 연민 어린 마음을 지니도록 연습할 수 있어요. 우리는 의도적으로 우리 자신에게 친절하게 대하도록 연습할 수 있죠.

> 처음에는 좀 이상하게 보일 수 있어요. 왜냐하면 우리는 익숙하지 않고, 연습은 스포츠나 악기 연주를 할 때 하는 것이라고 여기기 때문이죠. 사실 우리는 연습을 통해 마음과 마음의 습관을 바꿀 수 있고, 이 연습은 우리의 내면을 잘 다스리게 해줄 수 있어요. 즉, 다정함이나 자기 자비를 연습함으로써, 우리 자신과 다른 사람을 있는 그대로 받아들이는 것을 배울 수 있죠. 또 우리는 삶을 있는 그대로 받아들이는 것을 연습할 수 있습니다.

> 다정함이나 자기 자비를 연습하는 것은 우리 자신이 일에서 벗어나도록 내버려두거나, 게으르거나, 느슨하게 한다는 것을 의미하지 않습니다. 그것은 우리가 다른 사람들보다 나은 것처럼 생각하고 행동한다는 것을 의미하지 않습니다. 그것은 우리 자신만을 돌보며 다른 모든 사람들을 무시한다는 것을 의미하지 않습니다. 사실, 연민을 발달시키는 가장 좋은 방법 중 하나는 우리 모두가 비슷한 감정과 소원을 가지고 있다는 것을 인식하는 것입니다. 이런 감정을 느끼는 것은 우리뿐만이 아닙니다.
> 자, 우리 모두는 이미 불친절함을 연습하는 것은 꽤 잘해요. 그러니 이제는 건전한 정신 습관을 연습해 봅시다.

# 감사의 냇물

**| 준비물 |** 종이와 연필

많은 연구 결과들이 감사가 중요하게 다루어야 할 감정이라는 사실을 뒷받
침한다. 교사는 교실에서 학생들이 친절과 연민뿐 아니라 감사와 같은 건강
한 감정을 지니는 것을 연습하도록 유도할 수 있다. 마음챙김하며 글쓰기는
감사의 감정을 경험하고 감사하는 마음을 함양하게 도와준다.

> 오늘은 글쓰기와 관련된 마음챙김 연습을 안내하겠습니다. 책상 위에 연필과
> 종이만 놓고, 선생님의 설명을 잘 들어보세요.

학생들이 준비가 되면 안내를 시작한다.

> 지금 무슨 일이 일어나고 있는지 잠시 확인해 봅시다. 편안하게 눈을 감으세
> 요. 몸 안의 숨결에 주목하세요. 현재 느껴지는 신체의 감각에 주의를 기울여
> 보세요. 여러분이 이곳에 앉아있다는 것을, 숨을 마셨다 내뱉는 것을 알아차려
> 보세요. 최선을 다해서 숨결 하나하나에 집중해 보세요.

> 선생님이 종을 울리면 글을 쓸 거예요. 특별한 방법으로 말이죠. 한번 쓰기 시
> 작하면, 선생님이 종을 다시 울릴 때까지 계속 써야 해요. 여러분이 작성한 글
> 은 여러분 외에는 아무도 볼 수 없어요. 그러니깐, 맞춤법이 틀릴까 봐 나만 알
> 고 싶은 이야기를 들킬까 봐 걱정하지 않아도 돼요. 생각이 막혀서 쓸 것이 아
> 무것도 없다면, 새로운 것이 떠오를 때까지 같은 것을 계속 반복해서 써보세
> 요. 글 대신 그림을 그려도 돼요. 편집하거나 수정하지 말고, 그냥 생각나는 대
> 로 작성하세요. 자, 이번에는 여러분이 살면서 감사한 것들을 모두 떠올려보세
> 요. 그것은 큰 것일 수 있고, 아주 작은 것일 수도 있어요. 사람, 장소, 활동, 음
> 식, 자연을 비롯한 모든 것을 떠올릴 수 있어요.

종을 울려 시작한다. 약 5분 동안 글을 쓰도록 한다. 종을 울려 학생들이 마무리할 수 있도록 한다. 경험에 대해 생각하도록 질문을 던진다.

> 이렇게 (멈추거나 수정하지 않고) 써보는 것은 평소에 쓰던 방식과 어떻게 다른가요? 쓰면서 어떤 감정을 느꼈나요? 어떤 생각을 했나요? 몸에서 어떤 감각을 알아차렸나요? 이 활동을 하기 전과 지금 기분이 다른가요? 우리는 어떻게 평소에 감사를 실천함으로써 자신을 도울 수 있을까요?

⊙ 학생 응답

시간이 충분하면 교사는 '감사의 냇물'을 대체하거나 '자신을 위해 바라는 것'이나 '병 속의 메시지' 활동으로 보충할 수 있다.

## 자신을 위해 바라는 것
| 준비물 | 편지지, 봉투, 필기구

> 건강한 정신적, 정서적 습관을 지니기 위한 또 다른 글쓰기 활동을 해봅시다.

학생들이 집으로 보낼 편지를 작성하도록 한다. 편지는 L2B 프로그램이 끝나고 약 3~4주 뒤 발송한다. 학생들은 다음 질문 가운데 하나 또는 두 개에 대한 답을 편지에 쓰거나 그린다. 교사는 칠판이나 플립차트에 질문을 적는다.

> 여러분 자신에게 바라는 것이 무엇인가요?
> 이 프로그램을 통해 바라는 것이 무엇인가요?
> 이 프로그램을 마친 뒤 삶에서 가장 바꾸고 싶은 것은 무엇인가요?
> 삶에서 바꾸고 싶은 것이 없다면, 이 프로그램을 마친 소감이 어떤가요?

자신에게 불친절한 습관을 어떻게 바꾸고 싶나요?

다른 사람들에게 불친절한 습관은 어떻게 바꾸고 싶나요?

어떤 자기 자비 습관을 강화하고 싶나요?

## 병 속의 메시지

**| 준비물 |** 종이쪽지, 쪽지를 담을 병이나 바구니, 필기구

> 친절을 연습하는 또 다른 방법은 다른 사람과 함께 하는 거예요. 마음챙김 연습을 시작하기 전에, 잠시 여러분이 친구들과 나누고 싶은 친절한 바람을 담은 글을 공책에 써보세요. 선생님은 여러분의 공책을 교실 문 옆에 놓아둘 거예요. 수업을 마칠 때 자신을 위해 읽고 싶은 공책을 고르도록 하세요.

학생들은 이 활동을 통해 다른 학습 친구에게 긍정적인 바람을 전할 수 있는 기회를 갖는다. 이 활동은 '자신을 위해 바라는 것'의 보조 활동으로 활용할 수 있다. 활동지를 나누어주고 학생들이 교실의 다른 친구를 위한 긍정적인 바람을 작성하도록 한다. 단, 이름은 적지 않도록 한다. 바람은 어떤 사람에게 바라는 특정한 내용이기보다는 일반적인 것이어야 한다. 바람을 적은 종이를 접어서 병이나 바구니에 담게 한다. 수업을 마칠 때 학생은 병이나 바구니에서 쪽지를 하나씩 가져간다. 쪽지에는 "네가 멋진 하루를 보내면 좋겠어.", "오늘 발표에 행운이 있기를 바라.", "호흡하는 법을 익히고 행복하기를 바라.", "마음을 차분히 하고, 자신을 돌보아야 한다는 것을 잊지 마."와 같은 말이 적혀있을 것이다.

## 자애

> 우리는 무언가를 판단하거나 바꾸려 하지 않고 생각, 감정, 감각을 알아차리는 법을 연습하고 있어요. 이번에 우리는 생각과 감정을 알아차리는 건강한 습관

을 강화하는 법을 연습할 거예요. 이 방법은 더 연민 어린 자세로 자신을 대하는 법과 덜 판단적인 태도로 자신을 대하는 방법이에요. 우리는 불친절하게 대하는 대신 친절하게 대하는 것을 연습하려고 해요. 우리는 연습을 통해 이러한 기술을 익힐 수 있어요. 이런 연습은 익숙하지 않기 때문에, 처음에는 어색하고 불만스러울 수 있어요. 하지만, 친절하게 대하는 것을 편안하게 느끼는 마음챙김을 연습하다 보면 점점 익숙해질 거예요. 오랫동안 연습을 지속하면 결국 친절은 편안한 습관이 될 거예요.

> 이 연습은 여러분이 자기 대화를 연습할 수 있도록 짧은 진술을 포함하고 있어요. 만약 자신에게 더 잘 어울리는 단어로 바꾸고 싶다면 자유롭게 바꾸면 됩니다. 우리 자신보다 다른 사람에게 친절을 베푸는 것이 더 쉽다고 느낄 때가 많을 거예요. 하지만, 이 활동에서는 먼저 자신을 친절하게 대한 다음, 다른 사람을 친절하게 대할 거예요.

자애 연습은 자기 배려 및 자기 자비의 한 형태로 자아존중감과는 다르다. 자아존중감은 무언가를 다른 사람보다 '더 잘'하는 데 필요한 기대나 탁월해지려는 노력으로 해석된다. 그러다 보니 자아존중감은 의도와 다르게 자기 비판을 낳기 쉽다. 이에 비해, 자기 자비는 자기를 진정으로 수용하고 존중하기 위한 대안적인 방법일 수 있다(Neff, 2003 참조). 교사는 학생들이 자기 자신에게 맞게 단어를 바꾸도록 한다. 자애를 연습하는 것이 정신적인 자기 배려의 한 형태라는 것을 강조한다. 자신에게 상처가 되는 생각을 무의식적으로 연습함으로써 상처받은 감정에 사로잡힌 것이 얼마나 불쾌한 경험이었는지 떠올려보도록 한다. 이를 바탕으로, 긍정적인 감정을 기르기 위해 자애를 연습하는 것이 필요하며, 이를 통해 자기 자신에게서 시작해서 다른 사람에게까지 긍정적인 감정을 확산시킬 수 있다는 점을 설명한다.

다른 연습과 마찬가지로 마음챙김을 위한 일반적인 지침(자세, 호흡의 활용법 등)을 안내한다. 시간이 충분하면, 학생들이 경험을 공유하거나 질문할 수 있는 기회를 준다. 이 연습을 할 때는 자기 자신과 다른 사람에게 친근함을 느끼는 데 도움이 되는 문구와 이미지를 사용한다. 이 연습은 보통 우리가 누군가(부모, 친구, 또래, 선생님 또는 심지어 낯선 사람이나 좋아하는 동물)에게 진정으로 사랑을 받았다고 느꼈던 때를 떠올려보는 것으로 시작한다.

학생들이 떠올린 장면의 이미지를 마음에 새기고, 장면의 세부 사항에 주목하며, 친절함과 사랑받는 느낌을 불러일으킨다. 나아가, 그런 경험을 바탕으로 스크립트에 안내된 문구들을 마음속으로 암송하게 해서 자기 자신을 따뜻하고 친절하게 바라보도록 한다. 개인의 선호에 따라 다른 진술을 사용할 수 있다. 이 활동은 각자에게 맞는 방식으로 자신을 향해 사랑, 친절, 수용의 감정을 갖는 것을 연습하기 위해 필요하다. 이를 통해 우리는 자신과 타인을 불친절하게 대하는 습관을 교정하고 해로운 결과를 예방할 수 있다. 학생들은 이 연습에서 사용한 모든 문구나 특정한 문구를 반복하여 암송할 수 있다. 우리 자신을 향해 그다음에는 자신이 사랑하는 누군가를 위해 자애를 연습할 수 있다. 이러한 연습은 결국 모든 사람, 심지어 자기 삶을 방해한 사람을 대상으로도 이루어질 수 있다.

대부분의 사람에게 자애는 어렵고 많은 연습을 필요로 할 수 있다. 그러므로 십 대에는 가장 기초적인 것부터 시작해야 한다. 특히 교사는 이 연습을 어려워하는 학생들이 있을 수 있다는 점에 주의한다. 교사의 역할은 단지 학생들에게 시도해 보는 기회를 제공하는 것이다. 학생들에게 어떤 특정한 방법으로 '느끼지' 않아도 된다는 점을 설명해야 한다. 또한 교사는 아동기에 신경가소성이 높다는 뇌과학의 초기 주장에 관해 설명해 줄 수 있다.

> 🫰 **트라우마 이해 훈련**

어떤 사람은 사랑과 관련된 기억을 어색하거나 어렵게 여긴다. 그런 학생은 사랑과 관련된 기억을 떠올리는 것을 완전히 거부할 수도 있으므로 유의해야 한다. 이런 경우에는 '친하게 느끼는' 사람들에 대해 생각하는 것으로 시작하는 것이 더 쉬울 수 있다(Kok & Fredrickson, 2010 참조). 학생은 자애라는 말을 써보고 '친하게 느끼는' 사람들을 향해 자애를 연습해 볼 수 있다. 또 교사는 짧은 자애 연습을 활용하거나(확장 버전 참조), 아니면 더 긴 버전의 감사 연습이나 다른 마음챙김 연습으로 대체할 수도 있다. 예를 들어, 자기가 가진 것들에 감사하는 것을 보여주는 사진 콜라주를 만드는 활동이 가능하다. 감사한 감정을 고양하는 연습은 자애 연습으로 가는 다리 역할을 할 수 있다. 시간이 충분하면 감사 경험에 대해 토의를 진행한다.

> 이제 우리는 자신과 타인에 대해 자애의 감정을 기르는 데 도움이 되는 짧은 연습을 해볼 거예요. 자애 연습은 우리가 평온하고, 행복하며, 잘살길 단순히 바라는 것이에요. 연습을 통해 이런 태도를 함양할 수 있다는 것을 인식하는 것이 중요해요.

우리는 다양한 방식으로 자신에게 불친절합니다. 그러니 이제 친절하게 대하는 방법을 알아보면 어떨까요? 자신을 친절하게 대하는 것은 마음과 몸이 더 건강해지고 편안해지게끔 해줘요. 자애는 자기중심적인 것과는 아무런 관련이 없으며 건강한 자기수용 및 자기 자비와 관련된다는 것을 기억하세요. 자애의 방식으로 스스로를 돌봄으로써, 우리는 더 강해질 수 있고 다른 사람을 더 친절하게 대할 수 있습니다.

> 자애를 연습하려면 누군가를 떠올려야 해요. 그런 다음 특정한 문구나 소망을 마음속으로 되뇔 거예요. 이것이 익숙해지면 문구를 두 개로 늘릴 수 있고, 자신이 원하는 문구로 바꿀 수 있어요.

자신이 잘 아는 사람 또는 전혀 모르는 사람의 이미지를 떠올려보세요. 여기서 핵심은 선한 바람을 자신에게서부터 타인에게 확장하는 연습을 하는 것이에 요. 처음에는 특별한 것을 느끼려고 너무 애쓰지 않아도 됩니다. 이런 연습이 약간 이상해 보일 수도 있어요. 하지만 한번 시도해 보고 자애 연습이 나의 삶에 도움이 되는지 확인해 봅시다. 여러분 내면의 힘을 지탱할 수 있도록 자기 자비의 씨앗을 심어봅시다. 최선을 다해 연습해 봅시다. 이 연습은 실제로 화가 났을 때 마음을 가라앉히는 데 도움이 돼요. 인내심을 기르는 것이 좋아요. 자애 연습이 쉬워지려면 몇 주 또는 몇 달 동안 매일 연습해야하거든요.

자, 이제 조용히 앉거나 매트 위에 누워 숨을 골라봅시다. 자신의 호흡을 알아 차려 보세요.

학생들이 호흡에 집중하는 동안 침묵한다. 약 5~10번 호흡을 할 수 있도록 기다린다.

> 이제 다른 사람이 여러분을 친절하게 대했던 경험의 이미지를 떠올려보세요. 그 사람은 부모님, 친척, 친구, 선생님, 코치, 낯선 사람과 같은 사람, 심지어 좋아하는 애완동물일 수도 있습니다. 어떤 이미지가 떠오르든 있는 그대로 바라보세요. 친절함으로 인해 그 사람(또는 반려동물)과 특별히 가깝게 느꼈던 때를 떠올려보세요. 아마도 그 사람은 여러분을 도와주었거나, 좋은 말을 건넸거나, 친절함과 사랑을 느낄 수 있게끔 여러분을 대했을 거예요.

> 가능한 한 생생하게 그 이미지를 떠올려보세요. 사건을 머릿속에서 그려, 친절한 대우를 받고, 사랑받고, 보살핌을 받는 감정을 느껴봅시다. 그 감정이 지금 자신의 몸에서 어떻게 느껴지는지 주의를 기울여보세요. 아마도 심장 주위에 서 시원함이나 가벼움을 느낄 수 있을 거예요. 친절한 대우를 받았던 경험에 더 집중해 봅시다. 이제 사랑받고 보살핌을 받는 감정을 자신을 향해 옮겨봅시다. 마음속으로 선생님이 말할 문구를 반복하면서 자기 자신에게 자애를 선물해

줍시다.

> 내가 더 강해지길
> 내 마음이 더 균형 잡히길
> 내가 행복하길
> 내가 평온하길

> 마음속으로 문구를 반복하는 연습을 통해, 친절함과 보살핌의 감정이 자신을 향하게끔 해보세요.

> 내가 더 강해지길
> 내 마음이 더 균형 잡히길
> 내가 행복하길
> 내가 평온하길

> 이제 좀 전에 기억했던 부모님, 친척, 친구, 선생님, 코치, 낯선 사람과 같은 사람들을 떠올려봅시다. 또는 반려동물이어도 좋아요. 그리고 그들이 지닌 특별한 자질을 생각해 봅시다. 마음속에 그 사람을 떠올리고 친절의 감정이 그들을 향하게 해보세요.

> 내가 더 강해지길 바라듯, 그 사람도 강해지길.
> 내 마음이 더 균형 잡히길 바라듯, 그 사람의 마음도 더 균형 잡히길.
> 내가 행복하길 바라듯, 그 사람도 행복하길.
> 내가 평화롭기를 바라듯, 그 사람도 평화롭길.

> 이제 여러분 자신 또는 여러분과 친한 다른 사람을 한 명 선택해 보세요. 그리고 그 사람을 향해 자애 명상을 해봅시다. 여러분이 원한다면 살면서 여러분을

괴롭힌 사람을 떠올려도 돼요. 자신을 괴롭힌 사람을 향해서도 친구나 다른 사랑하는 사람을 향해 하듯이 자애 명상을 할 수 있어요. 무언가를 억지로 느끼려고 노력하지 않는 것이 중요해요. 우리는 강하고, 균형 있고, 평온하고, 행복하기 위해, 그리고 자신을 불친절하게 대하는 습관을 멀리하기 위해 연습하고 있어요. 최선을 다해서 내면의 힘을 지탱하는 자기 자비의 씨앗을 심어봅시다.

연습이 끝났음을 알리는 종을 울린다. 소감을 나누는 시간을 가진다.

⊙ 학생 응답

## '연결감 지니기' 연습

'자애' 연습 대신 또는 추가로 '나와 같은 사람' 자비 연습의 원본 버전을 활용할 수 있다. 이 책의 '나와 같은 사람'은 원작자인 차드 멩 탄의 허락을 받아 수록한 것이다. 다만 학생들에게 적용할 수 있도록 몇몇 단어를 수정하였다. 학생들은 평소대로, 또는 서로 마주 보거나 원을 만들어 앉을 수 있다. 2차시 이상 주제 T를 가르치는 경우 1차시에는 자애를, 2차시에는 '나와 같은 사람'을 연습하는 것이 좋다.

> 다른 사람에 대해 감사하는 마음과 자비심을 기르는 데 도움을 주는 연습을 해 봅시다. 편안하게 앉아 눈을 감으세요. 심호흡을 해서 마음을 차분히 가라앉혀 봅시다. 이제, 여러분 앞에 있는 어떤 사람을 알아차려 보세요. (또는 교실 안에 있는 어떤 사람을 여러분 마음속에 떠올려보세요.) 그 사람에 관해 몇 가지를 생각해 봅시다.

> 그 사람도 한 인간입니다. 나처럼 말이죠.
그 사람에게도 몸과 마음이 있습니다. 나처럼 말이죠.

그 사람에게도 감각, 감정, 생각이 있습니다. 나처럼 말이죠.

그 사람도 슬프고, 실망하고, 화나고, 상처받고, 혼란스러울 때가 있습니다.
나처럼 말이죠.

그 사람도 고통과 불행에서 벗어나길 바랍니다. 나처럼 말이죠.

그 사람도 안전하고, 건강하고, 사랑받길 바랍니다. 나처럼 말이죠.

그 사람도 행복하길 바랍니다. 나처럼 말이죠.

> 이제 여러분의 마음에서 자연스럽게 생겨난 바람을 빌어봅시다.
나는 그 사람이 힘든 일에 부딪칠 때 스스로를 도울 수 있는 강점, 자원을 갖고
있길

고통과 불행에서 자유로워지길

강하고 균형 잡힌 마음을 지니길

평온하길

왜냐하면 그 사람도 내 이웃이자 한 인간이니까요. 나처럼 말이죠.

⊙ 학생 응답

질문과 소감을 나눈다. 주제 T를 마무리한다. 수업을 마치기 전에 학생들이
건강한 마음의 습관을 지니는 데 도움이 되는 방법으로 활동지의 '매일 감
사 한 스푼'(268쪽)을 안내한다. '집에서 연습하기'(266쪽)를 바탕으로 가정에
서도 지속적으로 연습할 수 있도록 한다. 자기 자비 연습으로 수업을 마무
리한다.

## '집에서 연습하기' 안내

삶과 연계하기 위한 방법으로 다음 사항들을 안내한다.

> 하루에 세 번, 한 번에 적어도 세 번 마음챙김하며 호흡하기를 연습하세요. 하루에 한 번 짧은 자애 연습을 해보세요. 오늘 자신에게 어떤 생각, 감정, 신체적 감각이 생겼는지 알아차리는 연습을 시작해 보세요. 자기 비난이나 타인에 대한 비난과 연관된 생각이나 감정에 특별히 주의를 기울여보세요. 자기 비난을 친절함으로 바꾸기 위해 노력해 보세요. 특히 자신이 정한 공간에서 마음챙김을 매일 꾸준히 연습해 보세요. 활동지에 자신의 연습 내용을 기록하세요(266쪽 '집에서 연습하기' 참조).

## 자기 자비 연습

주제 T 수업을 위한 자기 자비 연습으로 마무리 짓는다. 연습을 시작하기 전에 학생들이 준비할 수 있도록 한다.

> 지금까지 우리는 때로는 행복하게 하고 때로는 화나게 하는 생각, 감정, 상황이 있다는 것을 배웠어요. 모든 일이 잘 풀리는 날 우리는 그 상황이 그대로 유지되기를 바라죠. 하지만 우리 삶에서 모든 것은 바뀌기 마련이에요. 화나고, 외롭고, 불안감을 느끼는 날도 있죠. 왜 기분이 나쁜지조차 알지 못하는 날도 있어요. 우리 모두는 살면서 이런 경험을 할 수밖에 없어요. 그럴 때 우리는, 단지 몸과 마음을 관찰하면서 이 감정적인 손님들이 오고 가는 것에 주의를 기울일 수 있어요. 또 힘든 감정을 느끼거나 자신의 감정을 이해할 수 없을 때 우리는 멈춰서 몇 가지를 떠올릴 수 있어요.

> 나만 이렇게 느끼는 것은 아니야. 다른 사람들도 나와 같은 감정을 느껴.
> 나는 한 발 뒤로 물러서서 내 몸 안에서 어떤 일이 벌어지는지 알아차릴 수 있어요.
> 나는 나의 생각의 본질을 알아차릴 수 있어요.
> 나는 당장 행동으로 옮기지는 않지만, 피하고 싶거나 복수하고 싶은 감정의 파

도를 느낄 수 있어요.

그리고 내 자신에게 말해요. 나 혼자가 아니야. 모든 사람이 나처럼 느껴.

지금 내가 조금 더 차분해지길.

지금 내가 조금 더 내 자신에게 친절해지길.

# 확장 버전 18주

|  | 13차시 | 14차시 | 15차시 |
|---|---|---|---|
| **도입** | • 짧은 마음챙김 연습<br>• 주제 T 소개 | • 짧은 마음챙김 연습<br>• 지난 차시 상기 | • 짧은 마음챙김 연습<br>• 지난 차시 상기 |
| **웰빙 역량 기르기** | • 친절이나 불친절을 연습하는 방법<br>• 친절 · 불친절 카드 분류하기<br>• 선택 활동 |  | • 감사의 냇물<br>(마음챙김하며 쓰기) |
| **마무리** | • 자애<br>• '집에서 연습하기' 안내 | • 자애<br>• 병 속에 메시지 (짧은 버전)<br>• '집에서 연습하기' 안내 | • '연결감 지니기' 연습(긴 버전)<br>• '집에서 연습하기' 안내 |

| | 9차시 | 10차시 |
|---|---|---|
| 도입 | • 짧은 마음챙김 연습<br>• 지난 차시 상기<br>• 들어가기 | • 짧은 마음챙김 연습<br>• 지난 차시 상기<br>• 들어가기 |
| 활동 | • 정신적 습관 연습(신경과학 뉴스)<br>• 친절이나 불친절을 연습하는<br>  방법 | • 감사의 냇물<br>• 선택 활동(생략 가능) |
| 연습 | • 자애 | • '연결감 지니기' 연습(기본 버전) |
| 마무리 | • '집에서 연습하기' 안내 | • '집에서 연습하기' 안내<br>• 자기 자비 연습 |

확장 버전은 기본 버전의 스크립트, 지도 시 유의점, 활동을 바탕으로 구성
된다. 다음은 추가 활동이다.

### 주제 T 소개

> 오늘 수업은 뇌를 위한 '훈련 캠프'와 같아요. 우리는 지금 뇌를 변화시키는 방법을 연습하고 있어요. 매일 새로운 것을 배우면서 우리의 뇌는 조금씩 변해가고 있죠. 이를 통해 새로운 정보를 얻게 되고 생각하는 방식이 바뀔 수 있어요. 예를 들어 운동을 하면 협응능력, 속도, 민첩성, 근육 조절 등을 담당하는 뇌의 부분들이 향상되죠. 살아있는 뇌를 연구하는 과학자들 덕에 우리는 이제 뇌가 연습으로 변할 수 있다는 것을 알게 됐어요. 우리는 마음챙김을 연습함으로써 건강한 마음 습관을 지닐 수 있어요. 다시 말해서, 운동경기나 악기 연주를 위해 연습하는 것처럼, 건강하게 사고하고 느끼는 방법을 더 많이 연습할수록 우리는 더 잘 균형 잡히고, 강해지고, 행복해질 수 있습니다.

> 이 모든 수업을 통해, 우리는 더 많은 권한을 가질 수 있는 방법으로 마음챙김을 연습해 왔습니다. 이것은 내면뿐만 아니라 외부에서도 강해지고 균형을 잡는 것을 의미합니다. 우리는 모든 일이 순조로우면, 자기 삶을 통제할 수 있다고 느끼기 쉽습니다. 그러나 평탄하지 않으면, 이렇게 느끼기 어렵습니다. 하지만 우리는 여전히 삶을 통제할 수 있습니다! 특히 일이 뜻대로 되지 않을 때에도 자신을 친절하게 대할 수 있다는 사실을 떠올리는 것만으로도 스스로에게 큰 힘이 될 수 있어요.

왜 그런지 토의를 진행한다.

> 주제 T에서는 "자신을 친절하게 대하세요."라고 말하는 방법도 사용할 거예요. T는 '다정함' 또는 '있는 그대로의 수용'을 뜻합니다. 자신에게 상처 주는 대신 중요한 누군가를 돌보듯 자신을 다정하게 대하는 것을 연습할 수 있습니

258

다. 스스로에 대한 다정함을 연습하는 것은 자신을 곤경에서 벗어나게 하거나 딱하게 보는 것을 뜻하지 않습니다. 다정함을 연습하는 것은 내면과 외면을 돌보지 않는 것이 스스로를 돕지 않는 것임을 알아차리는 것입니다. 우리는 자신을 있는 그대로 받아들이고 자비심을 갖고 대할 수 있습니다.

## 친절이나 불친절을 연습하는 방법

기본 버전을 참고하여 진행한다.

## 친절 · 불친절 카드 분류하기

카드 분류 활동을 통해 학생은 (색인 카드에 적힌) 불친절 또는 친절이 나타나는 사례를 유목화하는 기술을 기를 수 있다. 유목화를 통해, 해가 되는 또는 득이 되는 생각, 느낌, 행동을 분별하는 연습을 할 수 있다. 이 활동을 하려면 해를 끼치는 또는 득이 되는 생각, 감정, 행동의 사례가 적힌 색인 카드 세트가 필요하다. 색인 카드 한 장에 하나의 사례를 포함하고 있다. 전체 카드가 몇 장인지에 따라 개별 또는 모둠, 전체 활동으로 실시할 수 있다.

예를 들어 생각, 감정, 행동이라고 쓴 종이를 교실에 붙여 구역을 나누는 방법으로 활동을 교실 전체에서 실시할 수 있다. 한 번에 한 모둠원씩, 맨 위의 색인 카드를 뒤집어 사례를 읽은 뒤 색인 카드의 단어가 속해 있다고 생각하는 구역으로 이동한다. 이렇게 학생들마다 세 영역의 각 목록 가운데 하나에 자신의 단어를 쓴다. 모든 카드를 분류한 다음에는 토론을 진행한다. 토론을 통해 목록에 더 많은 단어를 추가할 수 있다. 그런 다음 백지에 생각, 감정, 행동의 영역에서 친절하게 대하는 것을 연습하는 방법을 찾아 쓰고 발표하게 한다.

자신을 불친절하게 대하는 다음과 같은 사례를 들려주고 설명한다.

- **행동** 대충 먹기 또는 과식, 약물복용, 충분히 자지 않기, 자해, 음주, 흡연, 헬멧 없이 자전거 타기, 운동하지 않기, 다른 사람에게 못되게 굴거나 험담을 해서 사회적 관계를 망가뜨리기, 공부 미루기, 결석
- **감정** 습관적으로 '자신에게 화내기 또는 참지 않기, 다른 사람에게 분노하기, 자신을 엄격하게 대하기, 자신이 보거나 말하는 방식에 당황하기, 다른 사람에 대해 우월감 느끼기, 부적절한 감정을 당연하게 여기기'
- **생각** 자신을 패배자로 여기기, 항상 다른 사람이 자신보다 낫다고 생각하기, 자신이 다른 사람보다 언제나 낫다고 여기기, 아무도 자신에게 관심이 없다고 생각하기, 자신이 매력 없다고 여기기, 자신이 너무 뚱뚱하다고 생각하기, 자신이 너무 말랐다고 생각하기, 자신이 똑똑하지 않다고 생각하기, 자신은 성공할 수 없다고 생각하기

## 자애

충분히 쉬어갈 시간을 주며 천천히 안내한다.

> 자신에게 도움이 되는 감정을 강화하는 방법으로 자애 명상을 연습해 봅시다. 우리는 무의식적으로 자신에게 도움이 되지 않는 생각과 감정을 연습해서 키울 때가 많아요. 자애 명상은 자신에게 도움이 되는 감정을 키우는 방법이에요. 자애를 통해 우리는 도움이 되는 감정을 다른 사람에게까지 확장할 수 있어요. 이제 조용히 앉아, 숨을 고르세요. 숨을 깊게 들이마시며 숨이 드나드는 것에 주의를 기울이세요.

설명을 멈추고 다섯 번 정도 호흡에 집중할 수 있도록 기다린다.

> 친절하게 대하는 것을 연습하기 위해 경험을 떠올려봅시다. 누군가 여러분을 친절하게 대했던 경험을 떠올려보세요. 아주 대단한 경험일 필요는 없어요. 그

경험은 친구나 친지, 선생님, 코치님, 심지어 낯선 사람에게 받은 작은 친절일 수도 있어요. 오늘 일어난 일일 수도 있고, 아주 오래전에 일어난 일일 수도 있어요.

최선을 다해 경험을 기억해 보세요. 내가 어떻게 느꼈는지 떠올려보세요. 그리고 친절의 경험을 기억하면서, 지금 자신의 신체가 무엇을 느끼고 있는지 알아차려 보세요. 그 느낌은 따뜻함이나 가벼움, 분주함, 차분함일 수 있어요. 아무것도 기억하지 못하거나 신체에서 그런 느낌을 발견할 수 없어도 괜찮아요. 단지 호흡에만 주의를 기울여봅시다. 여러분이 지금 무엇을 경험하든 괜찮아요. 이제 친절의 기억에 머물러 봅시다. 누군가가 여러분을 친절하게 대하고 싶어 했다는 사실에 집중해 보세요. 이제 그 친절함과 다정함을 여러분 자신을 향해 베풀 수 있는지 살펴봅시다. 자신을 친절하게 대하고 싶은 바람을 소망해 봅시다.

> 나 자신을 친절하게 대하길.
> 다른 사람도 친절하게 대우받길.

> 종이 울릴 때까지 숨을 깊게 들이마셨다 내쉬며, 바람을 반복하며 떠올립니다.

종을 울려 마친다.


## 14차시

### 지난 차시 상기

> 이제 우리는 연습에 따라 뇌가 변화할 수 있다는 것을 알아요. 우리는 마음챙김을 하지 않은 채 자동 조종에 따라 살 때가 많고, 그래서 자신도 모르게 마음챙

김을 하지 않는 것을 연습하며 살고 있다는 것도 알아요. 마음챙김을 하지 않는 것은 건강하지 못한 방식으로 생각하고, 느끼고, 행동하는 것으로 나타나요. 가끔 우리는 자신을 있는 그대로 받아들이지 않기 때문에 무분별한 정신적 습관에 빠져들어 우리 자신을 불친절하게 대할 수 있어요. 자신을 수용하지 않는 사람은 자신에 대해 자비심을 갖기 어려워요. 또한, 늘 자신을 평가하는 사람은, 다른 사람도 그렇게 대할 가능성이 높죠. 자신이 잘못된 방식으로 연습하고 있다는 것을 깨닫지 못하는 운동선수는 연습을 많이 해도 발전하지 않아요. 오히려 자신에게 도움이 되지 않는 습관이 생겨서 경기를 망칠 수도 있죠. 그런 예로 무엇이 있을까요?

예를 들면 테니스 서브, 골프스윙, 수영 스트로크, 또는 풋볼 패스를 예로 든다.

> 코치는 미숙한 패턴에 주의를 기울이게 해서, 선수가 그 패턴에 더 능숙해지고 성장하게끔 돕죠. 이런 방법은 마음의 습관에도 적용할 수 있어요. 앞에서 공부한 상처를 주는 생각 및 감정과 같이 우리는 건강하지 못한 습관을 알아차림으로써 더 건강한 마음의 습관을 지닐 수 있어요.

이번 차시는 많은 활동을 하기보다는 도입과 함께 '자애' 연습을 완성할 수 있도록 여유 있게 진행한다. 시간이 남으면, '병 속의 메시지' 활동을 진행할 수 있다(기본 버전 참조).

## 15차시

## 지난 차시 상기

> 눈을 감고 호흡에 집중해 봅시다. 오늘이나 어제 일어난 좋은 일을 생각해 보세요. 생각이 잘 나지 않으면, 더 시간을 거슬러 떠올려도 좋아요. 좋은 일은 엄청 좋은 일일 수도 있고 조금 좋은 일일 수도 있어요. 천천히 숨을 쉬면서, 여러분이 기억하는 일에 대해 감사하는 마음을 느껴보세요(303쪽의 '짧은 감사 연습' 활동 참조).

연습을 마친다.

## 감사의 냇물(마음챙김하며 쓰기)

기본 버전을 참고하여 진행한다. '나와 같은 사람'의 긴 버전으로 연습을 마친다.

# 활동지

## 친절을 연습하는 법

| 생각 |
| --- |
|  |

| 행동 |
| --- |
|  |

| 감정 |
| --- |
|  |

## 불친절, 또는 자신을 돌보지 않기를 연습하는 법

생각

행동

감정

## 집에서 연습하기

- 하루에 세 번, 한 번에 세 번 이상 마음챙김 호흡을 연습한다. (저학년의 경우 하루에 여섯 번까지 연습해도 좋다.)
- 짧은 자애 명상을 연습한다. (하루에 한 번이 가장 좋다.)
- 하루 일과 동안 생각, 감정, 신체적 감각이 생겨나는 것을 계속 알아차려 본다. 자기를 또는 다른 사람을 비판하는 생각과 감정에 특히 주의를 기울인다. 자신과 다른 사람에게 친절한 마음을 가진다.
- 일상 생활에서 마음챙김을 꾸준히 연습한다. 특히 연습을 위한 공간에서 연습한다. (저학년의 경우 생략한다.)
- 아래 마음챙김 일지에 관찰하거나 성찰한 것을 기록한다. (저학년의 경우 생략한다.)

**마음챙김 일지**

## 자기 자비 연습

시작하기 전 호흡을 고른다. 아래 스크립트를 활용하여 연습한다.

> 이제 나는 알아. 어떤 때는 스스로를 행복하게 하고, 어떤 때는 기분 나쁘게 하는 생각, 감정, 상황이 있다는 것을. 이러한 경험은 모두 인간 삶의 일부야. 나는 단지 지금 내 몸과 마음속에 있는 생각, 감정을 관찰해서 이 감정적인 손님이 왔다 떠나는 것을 마음챙김하며 바라볼 수 있어.
>
> 비록 지금은 상황이 어렵거나 내 감정을 이해할 수 없더라도, 나는 멈춰서 몇 가지를 기억할 수 있어. 이렇게 느끼는 사람은 나만이 아니라는 것을. 다른 사람도 느낀다는 것을. 한 걸음 뒤로 물러나서 내 몸에서 무슨 일이 일어나고 있는지 알아차릴 수 있어. 당장 잘못된 것을 바로잡으려 하지 말고, 도망가거나 복수하고 싶은 감정의 파도를 지켜보자. 나는 내 자신에게 이렇게 말할 수 있어.

> 나는 혼자가 아니야.
> 사람은 살면서 종종 이런 감정을 느껴.
> 지금 좀 더 차분해질 수 있을까?
> 지금 내 자신을 조금만 더 친절하게 대할 수 있을까?

아래에 자신이 느낀 감정과 관찰한 것을 써보자.

# 매일 감사 한 스푼

아래 표를 점선대로 잘라 조각들을 상자나 봉투에 넣는다. 매일 한 가지 활동을 선택해 본다. 자기가 하고 싶은 활동을 추가해서 적어 넣는다.

| | | | |
|---|---|---|---|
| 나에게 도움을 준 사람에게 감사하는 마음 적기 | 매일 밤 잠들기 전에 감사한 일을 적을 수 있는 공책 마련하기 | 친척이 나에게 어떤 도움을 주는지 주의를 기울이고, 이에 감사하기 | 감사하게 생각하는 음식을 마음챙김하며 먹기 |
| 자신에게 감사하는 점(자신의 재능, 기술 등) 다섯 가지를 써보기 | 잘 모르지만 나를 친절하게 대하는 사람도 있다는 사실에 대해 마음챙김하고, "감사합니다."라고 되뇌기 | 차를 타는 동안, 감사한 일 열 가지를 되뇌기 | 텔레비전을 볼 때, 등장인물들이 감사의 태도를 가지고 있는지, 있다면 어떻게 보여주는지 주목하기 |
| 하루 동안 사소하더라도 좋았던 일에 대해 마음챙김하기, 알아차린 좋은 일 중 가장 작은 일과 큰 일은 무엇인지 생각하기 | 친구에게 어떤 도움을 받는지 주의를 기울여보고 감사하기. 은혜를 갚기 위해 노력하기 | 자신의 몸(심장이나 표정)에서 타인에 대한 친절함, 자비심, 감사함을 느껴보기 | 어떤 음악을 들을 수 있어서 감사한가? 마음챙김하며 음악 듣기 |
| 감사에 관한 이야기나 시를 읽거나 쓰기 | 친구에게 고마움을 표현하기 위한 방법 중 하나로 친구와 함께 자애 연습하기 | 선생님이 나에게 어떤 도움을 주는지 주의를 기울이고, 감사하기 | 좋아하는 동물이나 반려동물을 떠올리고, 그 동물이 나를 얼마나 행복하게 해주는지 생각하기 |
| 감사한 사람이 모르게 호의를 베풀고(예를 들어, 청소해 주기) 비밀로 하기 | 감사하는 사람과 사물을 담은 사진들로 감사 콜라주 만들기. 방 안에 걸어두고 감사 연습하기 | 대화 상대방에게 좋은 말 건네기 | 아프거나, 슬프거나, 화가 난 사람을 친절하게 대하기 |
| 슬프거나 화나는 것을 알아차리고 멈추기. 호흡에 주의를 기울이기. 감사하는 일 세 가지 생각하기 | 어떤 스포츠를 할 수 있어서 감사한가? 마음챙김하며 운동해 보기 | 잘 모르는 학급 친구의 좋은 점 관찰하기. 살면서 이처럼 좋은 친구를 만났다는 사실에 대해 마음챙김하며 감사해하기 | 평소 당연하다고 생각하는 것(물, 나무, 집 등)을 선택하고, 그것에 감사하는 이유를 나열해 보기 |

Healthy mind habits ————————————

건강한 마음의 습관이 필요해!

# 수업 개요

주제 H의 시작을 환영한다. H는 '건강한 마음의 습관 *healthy mind habits*'을 뜻한다. 주제 H 수업의 핵심은 스트레스를 줄이고 내면의 힘을 키우기 위해 건강한 마음의 습관을 지니는 것이다. 교사는 학생들이 L2B 프로그램이 이제야말로 시작한다는 것을 이해하게끔 하는 데 주안점을 두어야 한다. 지금까지 배운 마음챙김을 일상생활에서 연습할 수 있도록 안내하는 것이 중요하다.

**수업의 목표**

- 마음챙김을 일상생활에서 연습하기
- 개인적으로 마음챙김을 연습할 수 있는 방법에 관해 이야기 나누기
- 지금까지 배운 내용의 핵심을 되돌아보기

# 수업의 흐름

| 도입(10분)* | • 지난 차시 상기와 주제 H 소개 <br> • 나만의 마음챙김 연습 |
| --- | --- |
| 가지고 싶은 습관(10~15분) | • 마음챙김하며 퀼트하기 |
| 마무리(25~30분, <br> 학생 수에 따라 탄력적으로) | • 마음챙김하며 듣고 말하기 <br> • '연결감 지니기' 연습 |

● 일주일에 한 차시 시행을 고려한 대략적인 소요 시간

# 도입

## 지난 차시 상기와 주제 H 소개

짧은 마음챙김 연습으로 수업을 시작한다.

> 여러분은 이제 우리가 현재에 머물러 있지 않을 때가 많다는 사실과, 그것이 자신에게 해가 될 수 있다는 점을 알 거예요. 우리가 움직이고 일하며 즐기고 성취하는 동안, 우리의 정신과 마음은 다른 곳에 있을 수 있어요. 우리는 자신이 무엇을 생각하고 느끼고 행동하는지 인식하지 못한 채, 건강하지 못한 정신적 습관을 계속 쌓고는 하죠. 또 우리는 자신과 다른 사람에 대해 친절하기보다는 불친절한 방식으로 생각하고 행동하기도 해요.

⊙ 학생 응답

> 📋 **지도 시 유의점**
>
> 좀 더 확장된 연습으로 수업을 시작할 수 있다. 호흡이나 소리, 마음챙김하며 감정 관찰하기, 마음챙김하며 생각하기, 마음챙김하며 식사하기, 바디 스캔, 마음챙김하며 움직이기, 마음챙김하며 걷기, 자비 실천하기, 자애 표현하기, 감사 표현하기 등에서 하나를 선택하여 연습하도록 한다.

## 나만의 마음챙김 연습

> 우리는 지금까지 다섯 개의 주제를 통해 주의를 기울이는 새로운 방법을 배웠어요. 자신의 신체, 생각, 감정에 지금 무슨 일이 일어나는지 주의를 기울이는

마음챙김을 연습했죠. 그래서 마음챙김 없이 행동하고 생각하는 방식이 나쁜 습관이 될 수 있다는 사실을 알았습니다. 이제 여러분은 마음챙김이라는 빛으로 삶을 비추고, 호흡을 닻으로 삼아 매 순간 판단하지 않고 더 편안해지는 법을 알 거예요. 또 새로운 정신적 습관을 실천하는 법에 대해서도 알죠. 여러분 중에는 자신의 정신과 마음에 걱정, 분노, 질투와 같은 성향이 있다는 것을 알아차린 사람도 있을 거예요. 이러한 성향은 우리의 삶을 방해하는 마음의 습관이 될 수 있어요. 하지만 우리는 이러한 습관을 바꿀 수 있어요. 마음챙김을 하기로 선택하고, 더 많은 것을 알아차리며, 스스로에게 힘을 부여할 수 있어요.

---

P **포스터**

T 포스터 옆에 H 포스터를 게시한다.

---

## 가지고 싶은 습관

### 마음챙김하며 퀼트하기

| **준비물** | 도화지(퀼트를 만들 수 있도록 네모나게 잘라서 준비),
색인 카드, 마커, 크레파스, 색연필

> 오늘로 L2B 프로그램을 마치지만, 그렇다고 마음챙김 연습이 끝나는 것은 아니에요. 사실, 이 수업은 마음챙김 연습의 시작에 불과하죠. 오늘 우리는 지금까지 배운 것과 앞으로 배우고 싶은 것들을 생각해 보며 '건강한 마음의 습관'을 지니기 위해 연습할 거예요. 이제 만들기 활동을 통해 여러분에게 가장 도움이 되는 메시지가 무엇인지 알아봅시다.

H
기본 버전

이 활동에서 모둠원들은 자신들의 감정을 표현하는 몽타주(퀼트)를 만들어 전시한다. 교사는 모둠원들에게 나누어줄 자료를 준비한다. 그리고 잔잔한 음악을 틀어 학생들이 차분히 마음챙김을 하면서 활동할 수 있도록 돕는다. 학생들이 아래 질문들에 대해 깊이 생각해 보게끔 한다. 교사는 이 질문들을 읽어주거나 판서한다.

- 이 프로그램에서 무엇을 배웠나요?
- 나에게 가장 중요한 메시지는 무엇인가요?
- 이 프로그램을 통해 배운 것을 삶에서 어떻게 활용할 것인가요?

10~15분 후, 종을 울려 학생들이 활동을 마무리하도록 한다.

## 마무리

### 마음챙김하며 듣고 말하기

| 준비물 | 종, 명함 크기의 종이, 또는 작은 선물(선택)

> 자, 이제 이 프로그램을 마치기 위해 (가능하면) 의자를 원 모양으로 놓아봅시다.

마지막 차시는 대부분 연습 활동으로 이루어진다. 특히 마지막에는 학생들이 배운 점과 그것을 앞으로 어떻게 일상생활에 적용할지 공유할 기회를 준다. 이때, 마음챙김하며 경청하기(종소리와 다른 사람의 의견에 귀 기울이기)와 말하기 연습은 평소보다 더 공식적으로 지도한다. 마무리 연습이 충분히 이루어질 수 있도록 시간적 여유를 확보하는 것이 좋다. 가능하면 학생들이 의자나 바닥에 원형으로 앉게 한다. 학생들이 각자 마음챙김 퀼트를 위해 만든 이미지를 챙기게 한다. 그런 다음 학생들이 프로그램을 통해 어떤 경험을 했는지 토의하게 한다. 퀼트 조각에 그린 것도 발표한다. 또는 배운 점, 좋았던 점, 싫었던 점, 자신에 대해 깨달은 점에 관해 이야기를 나눌 수 있다.

교사는 가장 먼저 발표할 학생에게 종을 준다. 학생은 발표를 마치면 종을 울리고 옆의 학생에게 종을 전달한다. 종을 울릴 때마다 학생들은 말하거나 움직이지 않고, 종소리가 끝날 때까지 기다리며 마음챙김 듣기를 연습한다. 교사는 학생들 한 명 한 명에게 자신의 생각을 공유하고 참여해 준 것에 대해 감사를 표현한다. 학생이 많은 경우 수업의 대부분을 감사를 표현하는 데 사용할 수 있다. L2B 프로그램을 마무리하면서 교사는 학생들에게 작은 선물을 줄 수 있다. 선물에는 작은 종, 돌, 인증서 또는 메시지 카드가 포함될 수 있다. BREATHE라는 머리글자와 각 글자의 주요 메시지가 인쇄된 작은 카드를 줄 수 있다. 학생의 연령에 맞는 도서 목록이나 웹사이트 목록을 주는 것도 좋다.

> 이제 마지막 연습으로 마음챙김을 실천하는 두 가지 방법을 더 배워보겠습니다. 그것은 마음챙김하며 듣기와 마음챙김하며 말하기예요. 한 명씩 돌아가면서 이 프로그램을 통해 배운 것이나 앞으로 실천할 것들을 말해볼 거예요. 이때 마음챙김을 하며 말하고 듣는 것을 함께 연습해 보세요. 마음챙김하며 말하는 것은 할 말을 너무 많이 준비하지 않고, 또는 걱정하지 않고, 진심으로 말하는 것을 의미해요. 마음챙김하며 듣기는 자신의 차례에 할 말을 생각하지 않고 온전히 진심 어린 관심을 가지고 듣는 것을 의미합니다. 마음챙김하며 말하기와 듣기는 이 교실에 있는 모든 사람에게 주는 선물이에요. 우리는 L2B 프로그램에 참여하면서 지금까지 마음챙김을 함께 해왔어요.

> 자, 심호흡을 몇 번 하고, 숨이 들어가고 나오는 것을 관찰해 봅시다. 그리고 마음챙김하며 듣고 말하기를 확인하는 활동을 시작해 봅시다. 선생님이 종을 울리면, 더 이상 들리지 않을 때까지 소리에 주의를 기울여보세요. 선생님이 옆

에 있는 사람에게 종을 전달하면, 자신이 무엇을 배웠는지 친구들에게 이야기해 주세요. 발표가 끝나면 종을 울리고 더 이상 소리가 들리지 않을 때까지 기다렸다가, 다음 사람에게 종을 전달하면 됩니다. 한 명씩 자기 차례가 되면, 자신이 바라는 것, 퀼트에 그린 것, 수업에서 가장 의미 있었던 것, 좋거나 싫거나 기억하고 싶은 것을 마음챙김하며 말해보세요. 한 사람이 발표하는 동안, 나머지 사람은 마음챙김하며 듣습니다. 발표를 마치고 울린 종소리가 더 이상 들리지 않을 때까지 기다렸다가 옆으로 전달합니다.

모두가 발표를 마치면, 교사는 학생들의 생각, 관찰, 또는 친절한 바람을 나누는 활동을 진행할 수 있다. 그런 다음 지갑에 넣을 수 있는 메시지 카드나 프로그램에 관해 기억할 수 있는 다른 기념품을 준비해 나누어줄 수도 있다. 프로그램을 마무리하기 전 여유가 있다면, 교실이나 다른 일상적인 환경에서 마음챙김을 어떻게 계속 연습할 계획인지 토의하도록 한다. 예를 들어, 학생들은 정기적인 연습 시간을 갖거나 돌아가며 연습 진행자가 되어 연습을 계속할 수도 있고, 아예 다른 계획을 세울 수도 있다. 어떤 결정을 하든, 중요한 것은 L2B는 그저 시작에 불과하다는 것이다. 마음챙김은 매일 연습해야 한다. 토의를 바탕으로 활동지의 '삶과 연계하기-마음챙김 신호'(285쪽)를 활용한다. 마지막으로 주제 H에 대한 '연결감 지니기' 연습을 진행하고 마친다.

## '연결감 지니기' 연습

> 먼저 조용히 앉아서 심호흡을 몇 번 해봅시다. 그리고 이제 우리가 어떻게 앉았는지를 머릿속에 그려보고 이 방에 있는 모든 사람의 모습을 의식 속에 떠올려봅시다. 여기 있는 사람들 모두가 행복하고, 평화롭고, 강하고, 평정심을 갖기를 바란다는 사실을 생각해 보세요. 이제 다른 것들도 바라봅시다.

> 우리 모두가 삶의 어려움을 이겨낼 수 있는 힘과 자원을 갖길,
> 그리고 도움을 받길,
> 우리 모두가 고통과 괴로움으로부터 자유로워지길,
> 우리 모두가 친절한 대우를 받길,
> 우리 모두가 행복하고 편안하길,
> 우리는 모두 같은 사람이자 이웃이니까요.
> 나처럼 말이죠.

# 확장 버전 18주

| | 16차시 | 17차시 | 18차시 |
|---|---|---|---|
| 도입 | • 짧은 마음챙김 연습<br>• 주제 H 소개 | • 짧은 마음챙김 연습<br>• 지난 차시 상기 | • 짧은 마음챙김 연습 |
| 삶과 연계하기 | • 되새기는 법 계획하기 | • 마음챙김하며 퀼트 하기<br>• 선택 활동: BREATHE 엮기 | |
| 마무리 | • 짧은 바디 스캔 연습 | • 자애 명상 | • 마음챙김하며 듣고 말하기<br>• 삶과 연계하는 법 안내<br>• '연결감 지니기' 연습 |

| | 11차시 | 12차시 |
|---|---|---|
| 도입 | • 짧은 마음챙김 연습<br>• 지난 차시 상기<br>• 들어가기 | • 짧은 마음챙김 연습<br>• 지난 차시 상기<br>• 들어가기 |
| 활동 | • 마음챙김하며 퀼트하기 | |
| 연습 | • 나만의 마음챙김 연습 | • BREATHE 엮기<br>• 마음챙김하며 듣고 말하기 |
| 마무리 | • '집에서 연습하기' 안내 | • 마음챙김 신호 기념품이나 선물 배부<br>• '삶과 연계하기' 복습<br>• '연결감 지니기' 연습 |

확장 버전은 기본 버전의 스크립트, 지도 시 유의점, 활동을 바탕으로 구성된다. 다음은 추가 활동이다.

## 짧은 마음챙김 연습과 주제 H 소개

> 우리는 멈추고, 확인하고, 진심으로 주의를 기울임으로써 평정심을 찾을 수 있어요. 평소에 우리는 집중을 잘 못 합니다. 그래서 멈추고, 확인하고, 진심으로 주의를 기울이는 것이 필요합니다. '되새기다'(remind)라는 단어를 한 번 살펴볼까요? 여기서 '되'는 무엇을 의미할까요?

되돌리다. 되풀이하다, 되뇌다, 되짚다 등과 같은 예를 든다.

> 이 모든 단어들은 돌아가서 무엇인가를 다시 해보자는 뜻을 담고 있어요. 자, 그럼 '되새기다'라는 단어를 생각해 봅시다. 이 단어가 의미하는 것은 무엇일까요? 되새기는 것은 무엇을 다시 새겨보는 것일까요?
> 마음챙김을 하면서 우리는 자신의 관심을 지금 이 순간으로 몇 번이고 다시 가져왔어요. 되새긴다는 것은 다시 지금 이 순간으로 돌아오기를 기억하는 것을 의미해요. 지금 현재에 집중하기를 되새기는 것이 우리가 연습해야 할 것이에요. 왜냐하면 평소에 우리는 산만해지기 쉽거든요. 우리는 마음챙김하기를 스스로 떠올려서 자신을 도울 수 있어요. 주의가 산만해지는 것은 자연스러운 거예요. 우리는 몇 번이든 항상 주의를 되돌릴 수 있어요. 핵심은 마음챙김하기를 되새기는 것이에요.

## 되새기는 법 계획하기

이 활동은 L2B 프로그램이 끝난 뒤, 학생들이 배운 것을 수업이나 실생활에서 적용할 방법을 생각해 보는 모둠활동이다. 어떤 학생은 종소리와 함께 몇 분 동안 마음챙김하기로 하루를 시작하는 것을 선택할 수도 있다. 또 어떤 학생은 동생에게 마음챙김 호흡을 가르쳐주기로 정할 수 있다. 어떤 학생은 무작위로 울리는 종소리를 컴퓨터나 휴대폰에 다운로드받거나, 마음챙김을 안내하는 포스터를 복사해서 방에 걸어두는 방법을 제안할지도 모른다.

먼저 모둠을 구성한다. 이 활동의 목적은 마음챙김을 떠올릴 무엇인가를 만드는 것이다. '리마인더'는 신호나 문구, 전략, 의식, 소품, 기호 같은 것일 수 있다. 리마인더에는 '마음챙김을 떠올리려면 어떻게 해야 할까?'라는 질문을 담을 수 있다. 학생들은 마음챙김으로 모니터 바탕화면을 꾸미거나, 마음챙김 어플리케이션들을 활용할 수 있다. 또, 붙임 종이를 붙여두는 것처럼 별다른 기술이 필요 없는 방법을 사용할 수도 있고, 책을 펴기 전에 세 가지 마음챙김을 연습하기로 약속하거나, 매일 마음챙김 걷기 또는 마음챙김 식사를 할 수 있도록 시간과 장소를 정할 수도 있다. 모둠은 개인 또는 모둠 전체가 함께하는 리마인더를 선택할 수 있다. 리마인더는 창의적이면서 실용적인 것이어야 한다. 각 모둠은 활동지에 아이디어를 설명하는 글을 작성한다. 활동 결과는 발표하거나 교실에 게시한다.

> 오늘은 모둠(또는 짝)활동을 통해 마음챙김을 잘 떠올릴 수 있는 방법들을 생각해 볼 거예요. 그동안 수업에서는 종소리가 주의를 집중시키는 역할을 해왔었죠? 이 프로그램이 끝나면, 종 대신 무엇을 사용할 수 있을까요? 자신이나 모둠(또는 학급 전체)에 도움이 될 수 있는 방법들을 생각해 봅시다. 모둠별로 활동지에 아이디어를 쓰거나 그려보세요. 활동지 '마음챙김을 떠올릴 신호 만들기' (286쪽)에 자신이 생각한 아이디어를 작성한 뒤, 다른 모둠원과 돌려보세요. 이 활동을 하려면 몇 가지 단계가 필요해요. 우선, 마음챙김을 떠올리는 데 정말로 도움을 줄 수 있는 방법이 무엇인지 생각해 보세요. 모든 사람이 아이디어를 내야 해요. 그다음, 한 가지 아이디어를 선택하고 그것이 어떻게 작동할 수 있는지 이야기해 봅시다. 활동지에 아이디어에 대해 쓰거나 그림을 그려보세

요. 마지막으로 여러분의 아이디어를 발표하고, 모든 학급 친구들과 공유해 봅시다.

학생들은 정기적인 회의를 통해 학급이나 모둠별로 새로운 아이디어를 채택하거나 새로운 리마인더를 만들 수 있다.

## 17차시

### 마음챙김하며 퀼트하기

기본 버전의 설명과 지침을 참조한다. 또한 대안 활동으로 BREATHE 엮기를 실시할 수 있다.

### 선택 활동: BREATHE 엮기

**| 준비물 |** B, R, E, A, T, H, E가 적힌 구슬 일곱 개(학생 한 명당 한 세트), 플라스틱 공예 끈이나 팔찌 끈, 또는 열쇠고리

BREATHE 엮기 활동은 (각 모둠원이 선택한) BREATHE의 철자가 적힌 구슬로 팔찌나 열쇠고리를 만드는 활동이다. 온라인에 팔찌와 열쇠고리를 만들기 위한 구체적인 설명을 제공하는 동영상이 많이 있으므로 참고한다. 이런 동영상을 참고하여 L2B를 통해 학생들은 자신이 배운 것을 상기할 수 있는 팔찌나 열쇠고리를 만든다.

주제 T에서 소개한 자애 연습으로 이번 차시를 마무리한다.

## 짧은 마음챙김 연습

BREATHE가 인쇄된 지갑용 종이카드를 나누어주거나 소정의 상품을 준다. 활동지의 '삶과 연계하기-마음챙김 신호'(285쪽)를 활용하여 L2B 프로그램을 마친 후 마음챙김을 연습할 수 있는 방법에 관한 토의를 진행한다. '나와 같은 사람' 연습으로 간단히 마무리한다.

H

확장 버전

# 활동지

## 집에서 연습하기

- 마음챙김 호흡을 가능한 한 자주 연습한다.
- 자신이 고른 마음챙김 활동(마음챙김 호흡, 바디 스캔, 자애 명상, 마음챙김하며 먹기, 마음챙김하며 걷기 등)을 매일 연습하기 위한 계획을 세운다. (저학년의 경우는 계획을 적어보게 한다.)
- 아래 마음챙김 일지에 마음챙김을 하며 관찰하거나 성찰한 것을 기록한다.

### 마음챙김 일지

## 삶과 연계하기

### 마음챙김 신호

- 컴퓨터 화면이나 거울에 'BREATHE'라고 쓴 쪽지를 붙여보세요.

- 한번 이어폰을 빼고 차를 타거나 걸어보세요. 그러면 주변을 잘 알아차릴 수 있어요.

- 아침에 일어날 때와 잠들기 전에 천천히, 세 번 마음챙김 호흡을 해보세요.

- 친구와 대화할 때도 귀를 열심히 기울여보세요. 자신의 생각과 집착은 그냥 흘러 나가도록 부드럽게 놔두세요. 그리고 상대방이 하는 말을 경청해 보세요.

- 스마트폰 앱에서 종소리를 다운로드해서, 임의의 시간에 울리도록 설정하고, 종소리가 울릴 때마다 깊게 호흡해 보세요. (저학년의 경우 학교에서 종이 울릴 때마다 마음챙김을 해보도록 한다.)

- 자주 지나가는 복도나 길을 선택해서 그곳에 갈 때마다 '마음챙김하며 걷는 또는 뛰는 곳'이라고 이름 붙이고 마음챙김하며 걷기 또는 뛰기를 연습해 보세요.

- 저녁에 밖에 나가 3분 동안 밤하늘을 바라보거나 낮에 밖에 나가 3분 동안 아름다운 자연을 바라보는 것도 좋아요.

- 마음챙김하며 운동을 하면서 몸의 움직임에 주의를 기울여보세요.

- 이메일이나 문자에 답하기 전에 마음챙김 호흡을 연습을 해보세요.

- 숙제를 시작하기 전에 다섯 번 마음챙김 호흡을 하고 주의를 집중해 보세요.

- 주제 B의 '나만의 마음챙김 연습'(93쪽)을 꾸준히 늘려보세요.

- 하루에 한 번 자신과 타인에 대해 친절함을 연습해 보세요.

# 마음챙김을 떠올릴 신호 만들기

# 그 밖의 마음챙김 활동

이 장에서는 L2B를 가르칠 때 활용할 수 있는 다양한 활동들을 살펴본다. 이는 학생들이 프로그램에 참여하는 동안, 그리고 그 이후에 마음챙김을 쉽게 연습하고, 마음챙김을 잘하는 데 필요한 용어들을 이해할 수 있도록 도울 것이다.

## 마음챙김 동기 유발하기

학생들을 마음챙김 수업에 집중하도록 하는 것은 때때로 어려울 수 있다. 어떤 학생은 흥미를 못 느끼거나 방해를 받아서, 또는 피로나 배고픔, 불안 때문에, 아니면 집중하기 좋은 시간이 아니거나 무력감 때문에 집중하지 못할 수 있다. 그럴 때 마음챙김 활동을 하나의 문으로 생각해 보게끔 하는 것이 도움이 될 수 있다. 즉 어떤 상태(들떠있거나, 흥분하고 있거나, 불안하거나, 산만하거나, 동요되거나, 어리석게 생각하던 상태)에서 더 침착하고 집중하는 다른 상태로 넘어가게 하는 문 말이다. 몸에 쌓인 긴장은 차분하게 집중하는 것을 어렵게 만든다. 교사는 여러 방법을 통해 학생들이 마음챙김에 집중하도록 도울 수 있다.

물건을 치우고 공간을 정리하는 것처럼 물리적인 변화를 만드는 행동(예: 책이나 연필을 책상에서 치우기, 전화기 멀리 두기, 컴퓨터 *끄기*)으로 분위기를 전환할 수 있다. 스트레칭이나 작은 동작을 통해 신체를 돌보는 것은 특히 어린이와 청소년에게 도움이 된다. 수업 시작 시 가벼운 신체 활동은 학생들이 다른 생각에서 빠져나와 마음챙김 수업에 집중하도록 도울 수 있다. 공간의 크기를 고려해서 작은 몸동작부터 시작한 다음 차분해질 때까지 점진적으로 속도를 줄인다. 교사는 활동과 어울리는 음악을 틀어놓고, 볼륨을 신호로 활용해서 볼륨을 낮추며 학생들이 움직이는 속도를 늦추게끔 할 수 있다.

좁은 공간에서 팔을 앞뒤로 강하게 휘두른 뒤, 팔이 멈출 때까지 움직임을 점차 늦추는 것도 한 방법이다. 만약 학생들이 앉아있다면, 학생들이 불편해하지 않는 선에서 1분 정도, 허리를 앞으로 굽혀 고개를 숙이도록 하여 상체를 이완시킨다. 아주 천천히, 허리를 세워 편안하게 의자에 앉은 자세로 되돌아오도록 한다. 학생들은 어깨나 주먹, 또는 다른 부위의 근육에 힘을 줬다가, 유지하고, 이완시키는 점진적인 근육 운동을 통해 긴장을 풀고 자신의 존재감을 느낄 수 있다.

## 간단한 마음챙김 동작

다음의 간단한 마음챙김 동작 연습은 수업을 시작하기 위한 마음챙김 연습일 뿐만 아니라 수업에 집중하도록 분위기를 전환하는 역할을 할 수 있다.

### 교실 주변

학생들을 둘로 나누어서 반은 교실 앞에 오게 하고, 나머지 반은 뒤에 서있도록 한다. 교실이 작다면 반씩 나누어 진행하는 식으로 조정할 수 있다.

> 이 연습은 각자가 서있는 곳에서 교실의 다른 쪽으로 마음챙김을 하며, 아무것

(책상, 사람 등)도 만지지 않고 가는 것입니다. 빠르게 걷거나 점점 느리게 걷거나, 보통 속도로, 또는 속도를 바꿔가며 걸을 수 있습니다. 교실 한쪽에서 다른 쪽으로 천천히 그리고 조용히 걸어보세요. 마음챙김을 하며 교실을 가로질러 가는 동안, 누구와 접촉하거나 아무것도 만지지 않고, 자신의 호흡과 움직임에 주의를 기울이도록 노력해 보세요. 그러면서 여러분이 경험하는 모든 생각과 감정에 집중해 보세요.

## 세상을 잡고 있기

두 발을 엉덩이 너비로 벌리고 발가락이 앞을 향하도록 안정된 자세로 서세요. 무릎을 살짝 벌리고 깊고 큰 숨을 쉬세요. 이제 세상을 잡고 있는 것처럼 두 팔을 앞에 있는 원 안으로 끌어들이세요. 손가락이 닿지 않을 만큼 서로 가까이 오도록 하세요. 자세를 바르게 하고, 호흡을 인식하고, 어깨와 손과 손가락의 감각을 마음속으로 느껴보세요. 잠시 뒤, 손을 옆으로 천천히 움직입니다.

## 앞으로 구부리기, 또는 헝겊 인형

> 발을 엉덩이 너비로 벌리고 서세요. 천천히 그리고 신중하게 몸을 구부리고 팔을 바닥으로 늘어뜨려, 헝겊 인형처럼 좌우로 흔들어보세요. 여러분의 손가락이 바닥에 닿을 수도 있습니다. 잠시 이 자세를 유지하면서 호흡의 감각을 알아차려 보세요. 아주 천천히 서있는 자세로 올라옵니다. 똑바로 몸을 세우며 의도적으로 마음챙김을 하면서 자신의 호흡을 의식하세요.

## 너의 몸을 깨워봐

> 서있는 자세에서 시작하세요. 부드럽게 오른손으로 주먹을 쥐거나 손가락 끝

으로 왼쪽 어깨 위에서 팔과 손끝까지 두드려보세요. 왼쪽 옆구리에서 왼 다리 바깥쪽을 계속 두드리며 내려가 보세요. 이제 왼손으로 오른쪽 어깨에서부터 이 과정을 반복합니다. 동작을 마치면 몇 분 동안 자신의 몸을 느껴보세요. 왼쪽 두드리기와 오른쪽 두드리기 사이에 잠시 멈추고 왼편과 오른편에 어떤 차이점이 있는지 느껴보아도 좋아요.

## 바람에 서있는 나무

> 발을 약간 벌리고 차려 자세로 서세요. 균형을 유지하면서 한 발을 앞뒤로 천천히 흔들기 시작하세요. 좌우로도 움직여보세요. 균형을 유지하면서 천천히 원을 그리며 움직이세요. 중심을 잘 잡으면서 움직임의 속도와 방향을 원하는 만큼 바꿔보세요. 이제 같은 방식으로 손을 올려서 다양하게 움직여봅시다.

## 초승달

> 서있는 자세에서, 천천히 그리고 조심스럽게 천장을 향해 팔을 뻗으세요. 팔을 머리 위로 똑바로 유지하면서 오른쪽으로 천천히 허리를 구부립니다. 팔은 초승달 모양을 만들면서 오른쪽으로 뻗습니다. 신체가 늘어나는 감각을 느끼고 몸 안의 호흡을 알아차리면서 자세를 유지해 보세요. 왼쪽으로도 반복합니다.

## 서서 손 뻗기

> 서서 호흡을 고르는 것으로 시작합니다. 오른발을 편안한 선에서 앞으로 한 걸음 내딛으세요. 오른쪽 무릎은 오른발 바로 위에 있어야 하고, 왼쪽 다리는 뒤로 길게 뻗습니다. 왼쪽 발뒤꿈치를 위로 들어 올리고 왼발 발가락에 힘을 주어 균형을 잡으세요. 팔을 머리 위로 뻗어 위를 바라보세요. 이 자세를 유지한 채 호흡을 고르세요. 다시 선 자세로 돌아와서, 이제 왼발을 앞으로 내딛습니다.

반대편에서도 동작을 반복합니다.

## 종탑의 종 울리기

> 숨을 쉬며 균형을 잡아봅니다. 숨을 들이쉴 때, 무거운 밧줄을 잡듯이 두 손을 머리 위로 모으고, 내쉬는 숨에, 천천히 그리고 조심히 밧줄을 바닥으로 끌어 내린다고 상상해 보세요. 두 손을 머리 위로 움켜쥐고 허리를 굽히며 가능한 한 많이 끌어 내리는 동작을 합니다. 다른 속도로도 동작을 반복하세요. 그리고 동작에 사용되는 근육에 주의를 기울입니다. 자신의 신체에서 감각을 느껴보세요.

## 시계 돌리기

> 엉덩이 너비로 발을 벌리고 서있는 자세를 취합니다. 여러분 앞에 큰 원형 시계가 있다고 상상해 보세요. 두 손바닥이 밖을 향하도록 놓고, 원형 시계의 제일 높은 부분을 만진다고 생각하고 두 손을 올립니다. 숨을 몇 번 들이쉬고 나서 내쉬는 숨에 손바닥을 끝까지 뻗은 상태로 시계 방향으로 큰 동그라미를 그립니다. 허리를 90도 정도로 굽힌 다음에는 숨을 들이쉬면서 위쪽으로 다시 원을 그리며 올라옵니다. 시계의 가장 높은 부분에 도착하면, 숨을 내쉬고 원을 따라 1시에서 6시 방향까지, 그리고 다시 12시 방향까지 쓸어 올리세요. 원을 넓게 그리면서 부드럽게 쓸어내리고 올리는 동작을 계속합니다. 들이쉬고 내쉬는 숨을 고르고 규칙적이도록 합니다. 여러분의 손을 시계 겉면에 항상 '대고' 크고 완전한 원을 그리면서 시곗바늘을 움직이듯이 해야 합니다. 6회 원을 그린 후, 방향을 바꾸어 반복합니다.

## 우리는 하나

> (학생들이 둥근 대형으로 서도록 한 다음, 다음과 같이 말한다.) 호흡을 조절하세요. 편안하게 눈을 감고 양옆에 서있는 다른 친구의 존재를 알아차릴 수 있는지 관찰해 보세요. 이제, 눈을 뜨고 천천히 양팔을 들어, 원 가운데를 향해 뻗으세요. 호흡을 조절하면서 이 자세를 유지하세요. 숨을 들이쉬고 몸을 통해 손가락 끝으로 숨이 이동하는 것을 상상해 보세요. 내쉬는 숨에 손가락 끝에서 원의 가운데로 숨이 이동하는 것을 상상해 보세요. 몇 번을 반복합니다.

## 도입을 위한 짧은 마음챙김 연습 ─────────

짧은 마음챙김 연습은 가볍게 몸을 움직인 뒤에 수업을 시작하기 위해 활용할 수도 있다. 처음 짧은 마음챙김 연습을 할 때는 몸을 편안히 하고 긴장을 푸는 것을 강조한다.

> 몇 가지 마음챙김을 연습하며 시작해 봅시다. 들고 있는 물건은 모두 내려놓으세요. 의자에 앉은 채로 발을 바닥에 평평하게 놓고, 등을 곧고 부드럽게 펴세요. 어깨와 얼굴 근육을 펴고, 손을 허벅지나 무릎에 가볍게 놓은 채로 편안한 자세를 찾으세요. 이제 코로 숨을 깊게 들이마시고 입으로 내쉬며, 부드럽게 한숨을 쉬듯이 해보세요. 날숨을 길게 그리고 느리게 내쉬어보세요. 이렇게 세 번 반복하며 긴장을 풀어보세요. 이제 숨이 조용히 콧구멍을 드나들게 하면서 호흡의 움직임에 주의를 기울입니다. 지금 여러분이 할 일은 호흡의 움직임을 느끼는 것, 단 하나뿐이에요. 코끝의 감각에 주목하세요. 종소리가 들리지 않을 때까지 들숨과 날숨에 집중합니다.

종을 울린다.

수업 도입부에 연습할 수 있는 또 다른 버전의 마음챙김 활동은 간단하게 일지를 쓰는 것이다. 학생들에게 일지나 공책을 준비하게 한 다음, 지금 이 순간에 경험하고 있는 것, 또는 이전 수업에서 기억에 남았던 것이나 지금 떠오르는 질문을 쓰도록 한다. 이때, 잔잔한 음악을 틀어도 좋다. 학생들이 쓴 내용은 개인적인 것이므로, 제출해 검사하거나 다른 학생들에게 공개해서는 안 된다.

# 차시 사이에 활용할 수 있는 마음챙김 연습

여기에 안내된 보충 활동들은 학교나 L2B 프로그램을 운영하는 곳에서 수업 사이에 마음챙김 능력을 향상시킬 수 있는 짧고 간단한 연습 방법들이다. 아래는 18차시 확장 버전에 배운 것을 잘 익히도록 순서에 맞게 구성한 것이다. 하지만, 6차시나 12차시에서도 사용할 수 있다. 보충 연습은 상황에 따라 짧거나 길게 진행할 수 있으며, 자투리 시간을 활용하여 되도록 자주 실시하는 것이 좋다. 어떤 상황에서는 매일 지속적인 짧은 연습(예를 들어, 마음챙김하며 다섯 번 호흡하기, 또는 3분 동안 마음챙김 호흡하며 침묵하기)을 진행할 수도 있다. 중요한 것은 규칙적으로 연습하게끔 하는 것이다.

상황에 따라, 학생들에게 번갈아가며 보충 연습을 지도하는 역할을 하도록 할 수 있다. 이를 통해 교사는 연습의 효과를 극대화하고 수업을 통해 향상된 역량을 더 강화하도록 이끌 수 있다.

## 1차시 마음챙김 보충 활동

> 배에 손을 대고 5~10회 복식호흡을 연습해 보세요.

## 2차시 마음챙김 보충 활동

> 복식호흡을 하며 배의 움직임에 맞춰 숨을 쉬세요. 발에 주의를 옮겨, 발과 바닥이 닿아있는 느낌을 경험해 보세요. 복식호흡으로 관심을 다시 옮기세요.

등, 어깨 또는 머리에 관심을 집중하게 하는 것으로도 변형이 가능하다.

## 3차시 마음챙김 보충 활동

발이나 배, 어깨, 머리에 초점을 맞춘 짧은 '바디 스캔'을 진행한다.

## 4~6차시 마음챙김 보충 활동

> 배에서 호흡을 조절하는 연습을 하세요. 생각으로 주의를 옮겨보세요. 마음속의 생각을 알아차리도록 연습해 보세요. 배에서의 호흡으로 주의를 돌린 다음 마음챙김을 마칩니다.

## 7~9차시 마음챙김 보충 활동

> 호흡을 조절합니다. 이제 여러분이 어떤 감정이나 느낌을 알아차릴 수 있는지 보세요. 자신의 몸, 가슴, 배, 이마, 목구멍, 또는 어깨에서 자신의 감정이나 감각을 인식해 보세요. 단지 알아차려 보세요. 알아차리면서, 자신이 감정이나 감각을 판단하는 방식을 인식하세요. 그런 다음 관심을 호흡으로 부드럽게 다시 옮겨서 마음을 가라앉히고 평정심을 가져봅니다.

## 10차시 마음챙김 보충 활동

학생들이 마음챙김 걷기를 3분 동안 연습하도록 안내한다.

## 11차시 마음챙김 보충 활동

학생들에게 마음챙김하며 움직이기 연습(활동지의 '앉은 자세'(217쪽), '서 있는 자세'(218쪽), '마음챙김하며 걷기'(228쪽) 참조) 또는 교실에서 매일 할 수 있는, 또는 모둠활동(교실 밖 활동 등)으로 할 수 있는 마음챙김 연습을 안내한다.

## 12차시 마음챙김 보충 활동

주제 A의 '삶과 연계하기-마음챙김하며 먹기' 활동지(227쪽)를 통해 학생들이 마음챙김하며 먹기를 연습할 수 있도록 한다.

## 13차시 마음챙김 보충 활동

학생에게 세 번 마음챙김하며 호흡하기를 하도록 요청한 다음, "나 자신을 친절하게 대할 수 있기를", "다른 사람들도 친절하게 대하기를" 마음속으로 반복하여 바라도록 한다.

## 14차시 마음챙김 보충 활동

자신을 향한 '자애'를 연습하도록 지도한다. 학생들이 자신에게 맞게 문구를 바꾸거나 좋아하는 말을 고르도록 한다.

### 15차시 마음챙김 보충 활동

학생들이 잘 모르는 사람을 떠올리게 한 다음 '나와 같은 사람'을 연습하도록 지도한다.

### 16차시 마음챙김 보충 활동

조용한 가운데 3~5회 마음챙김 호흡을 하도록 한다.

### 17차시 마음챙김 보충 활동

모둠별로 또는 학급 전체가 어떤 마음챙김 활동을 연습할 것인지 선택하도록 한다.

### 18차시 마음챙김 보충 활동

'나와 같은 사람' 연습을 지도한다.

## 마음챙김으로 매일매일 성장하기 ────────

마음챙김이 실천으로 이어지려면 우리 마음의 시스템에 일부가 되어야 한다. 이러한 시스템은 내면의 균형을 유지하려는 의도를 지닐 때 구축된다. 그러므로 교사는 마음챙김 프로그램이 학생의 내면에 뿌리내릴 수 있도록 마음챙김을 할 수 있는 환경을 만들고 연습하도록 하는 것이 중요하다는 사실을 인지해야 한다.

L2B와 같은 체계적인 프로그램 외에도, 특히 L2B가 끝난 후에 일상적으로

마음챙김 연습을 교육할 수 있는 간단한 활동들이 있다. 예를 들어 수업을 시작할 때, 또는 수업 내용을 전환할 때 실시할 수 있는 짧은 마음챙김 호흡 연습이 있다. 교사나 학생은 짧게 마음챙김을 함께 연습할 수도 있다. 또는, 하루 중 여러 시간에 벨을 누르거나 다른 소리를 이용해 '지금 여기'에 주의를 기울이는 연습을 하는 것도 가능하다. 또한, 마음챙김 연습을 통해 진행 중인 경험을 기록하거나 일기를 쓰도록 할 수 있다. 수업 시간이나 차시별 활동이 끝날 때 5분 동안 일기를 쓸 시간을 주어도 된다. 마음챙김하며 듣기, 걷기, 먹기 등과 같은 성찰 활동은 학생들이 L2B에서 배운 것을 강화하고 다시 생각하게 할 수 있다.

다음 연습은 마음챙김을 하는 학교 환경을 조성하기 위해 매일 실행할 수 있는 것들이다. 이 연습들 대부분은 잘 설계된 L2B 프로그램에 바탕을 둔다.

## 이완 호흡

이완 호흡은 들숨은 짧게, 날숨은 길게 함으로써 부교감(진정) 시스템을 활성화하여 생리적 긴장을 풀어준다. 이완 호흡 연습은 언제 어디서든 실시할 수 있는데, 특히 교사 자신이나 학생의 몸과 마음에서 어떤 긴장을 감지했을 때 실시하는 것이 좋다. 또한, 마음챙김 연습을 시작하기 전에 휴식을 취할 수 있는 좋은 방법이기도 하다. 교사는 원하는 만큼 이완 호흡을 반복하여 실시할 수 있다. 수업을 진행할 때 아래 스크립트와 스크립트 사이는 잠시 멈추는 것이 좋다.

> 먼저 편안하게 눈을 감으세요. 눈을 감는 것이 불편하면, 시선을 정면 아래에 부드럽게 두세요. 이제 편안하게 호흡을 해볼 거예요. 숨을 들이쉴 때는 코로, 숨을 내쉴 때는 입으로 내쉬면 됩니다. 이제 코로 숨을 들이마시고 입으로 내쉬어보세요. 내쉴 때 부드럽고 편안하게 긴 숨을 내쉽니다. 숨을 들이쉬고 내쉼에 따라 배가 나왔다 들어갔다 하도록 천천히 길고 부드러운 호흡을 해봅시다.

코로 들이마시고 입으로 내쉬는 부드럽고 긴 호흡의 소리와 느낌에 주의를 기울여, 다시 편안하게 호흡을 해보세요. 이번에는 조용히 호흡을 해봅시다. 코로 숨을 들이마시고 입으로 길고 부드러운 숨을 내쉬세요. 몇 번 더 해봅시다. 지금 자신의 몸이 어떻게 느끼고 있는지 잠시 바라봅시다.

## 세 번 마음챙김 호흡하기

마음챙김 호흡은 무언가를 바꾸려 하지 말고 모든 관심을 호흡의 움직임에 두는 것이다. 교사는 이러한 사실을 학생들에게 상기시킨다. 마음이 방황하고 있다는 것을 알아차리면, 단지 관심을 호흡에 다시 돌리면 된다. 여유를 갖고 지시와 지시 사이에 간격을 둔다. 학생들이 편안하게 앉도록 안내하고, 눈을 감거나 시선을 정면 바닥에 부드럽게 두도록 한다. 편안하게 긴 숨을 내쉬고 시작한다.

> 먼저, 내면에 주의를 기울여 봅시다. 자신의 호흡을 알아차릴 수 있는지 살펴보세요. 자신의 신체에서 가장 호흡을 관찰하기 쉬운 곳에 주의를 기울이세요. 숨결이 코를 들락날락하는 것을 관찰해도 괜찮고, 가슴이 올라갔다 내려가는 것을, 아니면 배가 오르락내리락하는 것을 관찰해도 괜찮아요. 들숨이 시작해서 날숨이 끝날 때까지 호흡을 따라가며 관찰해 보세요. 호흡을 가장 잘 알아차릴 수 있는 곳이라면 내 몸의 어디든 주의를 기울여봅니다. 세 번 더 깊은 호흡을 하면서 관찰해 봅시다. 배에 손을 얹고 호흡의 리듬을 느껴보아도 좋습니다.

## 선택 활동: 마음챙김하며 호흡하기

강조하지만, 마음챙김 호흡은 무언가를 바꾸려 하지 말고 모든 관심을 호흡의 움직임에 두는 것이다. 교사는 이러한 사실을 학생들에게 상기시킨다. 마음이 방황하고 있다는 것을 알아차리면, 부드럽고 단호하게 관심을 다시 호흡에 돌리면 된다. 여유를 갖고 지시와 지시 사이에 간격을 둔다.

> 편안한 자세를 찾아보세요.

**앉아있는 경우**

두 발을 바닥에 평평하게 놓습니다. 허리는 곧게 펴세요. 하지만 너무 뻣뻣하지 않아도 됩니다. 양손은 무릎에 놓거나 손바닥을 아래로 하고 다리 위에 놓습니다.

**누워있는 경우**

등을 대고 누워 양발을 떨어뜨려 놓고, 손바닥은 하늘을 향하게 하여 엉덩이 양옆에 둡니다.

> 자, 이제 자신의 내면에 주의를 기울여봅시다. 자신의 호흡을 관찰할 수 있는지 확인해 보세요. 콧구멍, 가슴, 배 어디든 호흡을 관찰하기 가장 쉬운 곳에 주의를 기울여보세요. 호흡을 시작할 때부터 끝날 때까지 따라가며 주의를 기울일 수 있는지 살펴보세요. 배에 손을 얹고 호흡의 리듬을 느껴도 좋습니다. 호흡에만 집중하세요. 숨이 들고 나는 시작부터 끝까지 온 신경을 기울여 호흡을 따라갑니다. 자신의 내부에서 어떤 일이 일어나는지 마음챙김을 통해 관찰해봅시다.

## 복식호흡 연습

앞의 호흡 연습 지침을 활용하여 복식호흡을 안내한다. 배에 손을 얹고 5~10번 숨을 쉬도록 한다.

## 호흡 헤아리기

이 연습은 호흡에 주의를 기울이는 데 도움이 된다.

> 숨을 들이쉬고 내쉬면서 소리 없이 숨을 세어보세요. 숨을 들이쉬고 있는 것을 인식하면서, 속으로 '하나'라고 말합니다. 그리고, 숨을 내쉬는 것을 알아차릴 때, 다시 마음속으로 '하나'라고 말합니다. 다음 숨을 들이쉬는 것을 알아차릴 때 '둘', 다시 내쉬는 것을 알아차릴 때 '둘'이라고 말합니다. 계속해서 열 번 또는 더 많이, 완전히 주의를 기울이며 호흡을 세어봅니다. 또는, 숨을 들이쉬고 내쉴 때, 마음속으로 '들숨'과 '날숨'이라고 말해도 좋습니다.

## 바닥과 닿은 발

'바닥과 닿은 발'은 바닥에 닿아있는 발에 초점을 맞추는 간단한 바디 스캔 연습이다. '바닥과 닿은 발' 연습을 하기 전에 편안하게 숨을 길게 쉬게 하거나 마음챙김 호흡 연습을 자유롭게 진행한다(Felver & Singh, 2020 각색).

> 앉아있다면, 발바닥을 바닥에 놓은 채 편안하게 앉습니다. 서있다면, 양팔의 무게가 잡아당기는 만큼 어깨를 내려놓고, 무릎을 살짝 구부려 자연스럽게 서세요. 만약 걷고 있다면, 속도를 늦추고 양팔을 아래로 늘어뜨려 어깨를 이완시키도록 하세요. 호흡이 자연스럽게 이어지도록 하세요. 그리고 순간순간의 감정을 느껴봅니다. 어떤 생각이나 신체감각이 느껴지더라도 그것을 억누르거나 바꾸려고 하지 말고 단지 알아차리면서 관찰하도록 합니다. 그런 다음 발바닥으로 주의를 옮깁니다. 발뒤꿈치를 바닥이나 신발 안에서 느껴보세요. 아치, 발볼, 발가락의 곡선을 느껴보세요. 발가락을 꼼지락거리면 발가락의 감각을 더 잘 느낄 수도 있습니다. 주의를 발바닥에 잠시 머물게 합니다. 주의가 산만해졌다면, 가능한 한 부드럽게 주의를 다시 발바닥으로 가져옵니다.

## 짧은 바디 스캔 버전(허리)

학생들이 편안하게 앉을 수 있게 한다. 눈은 감거나 부드럽게 정면 바닥을 바라보도록 한다. 이완 호흡을 몇 번 하고 시작해도 좋다.

> 먼저 심호흡을 하며 배의 호흡에 집중해 봅시다. 이제 등 아래쪽으로 주의를 옮깁니다. 등이 의자와 닿는 느낌을 관찰해 보세요. 호기심을 갖고 허리의 느낌을 자세히 살펴봅니다. 느낌이 변화하나요, 아니면 그대로인가요? 느낌이 날카롭나요, 부드럽나요? 이제 느낌을 그대로 내버려두고, 다시 배 쪽의 호흡으로 주의를 이동합니다. 종소리가 날 때까지 심호흡을 몇 번 합니다.

## 마음챙김하며 생각하기

학생들이 편안하게 앉을 수 있게 한다. 눈은 감거나 부드럽게 정면 바닥을 바라보도록 한다. 이완 호흡을 몇 번 하고 시작해도 좋다.

> 자신의 호흡을 알아차릴 수 있는지 살펴보세요. 그리고 들숨이 시작할 때부터 날숨이 끝날 때까지 호흡을 따라가며 관찰합니다. 지금 우리는 자신의 내면에 어떤 일이 일어나고 있는지 주의를 기울이고 있습니다. 만약 마음이 방황하고 있으면, 자신의 마음이 방황했다는 것을 알아차리면 됩니다. 어떤 생각은 크고 힘이 세요. 또 어떤 생각은 부드럽고 조용합니다. 여러 모습의 생각들이 나타날 수 있어요. 생각들이 마음의 공간에 나타났다가 사라지는 것을 지켜보세요. 그런 생각들을 이건 단지 '생각', 이건 단지 '상상', 이건 단지 '계획'이야, 라고 부르면 돼요. 아무것도 할 필요 없이 그대로 생각을 두세요. 그리고 종소리가 날 때까지 몇 번이고 호흡으로 주의를 다시 가져옵니다.

## 짧은 감정 마음챙김

학생들이 편안하게 앉을 수 있게 한다. 눈은 감거나 부드럽게 정면 바닥을 바라보도록 한다. 이완 호흡을 몇 번 하고 시작해도 좋다.

> 호흡을 조절하고, 심호흡을 세 번 합니다. 지금 존재하는 감각이나 감정을 알아차릴 수 있을지 모르겠군요. 자신의 몸에서, 가슴이나 머리, 목, 어깨에서 느껴지는 감각이나 감정을 관찰해 보세요. 그것이 얼마나 강한지 약한지, 크거나 작은지 알아차려 보세요. 억지로 바꾸거나 없애려 하지 말고, 변화를 단지 알아차리면 됩니다. 그런 다음 주의를 호흡으로 부드럽게 돌려 마음을 차분하게 하고, 마음의 균형을 찾아보세요.

## 항상 마음챙김하며 움직이기

교실에서 생활을 할 때, 또는 모둠활동(책 챙기기, 책상에서 펜이나 연필 꺼내기, 의자에서 일어서서 교실 나가기 등)을 할 때 마음챙김을 연습하도록 한다. 처음에는 학생들이 평소 속도대로 움직이도록 한다. 그런 다음에는 자신의 신체, 생각, 감정을 인식하면서 매우 천천히 마음챙김하며 다시 움직여보도록 한다.

> 동작을 하면서 몸의 작은 움직임을 모두 인식할 수 있었나요? 자신을 둘러싼 공간을 인식할 수 있었나요? 생각과 감정을 알아차릴 수 있었나요? 행동이 언제 시작되고 언제 끝나는지 알 수 있었나요? 행동을 시작할 때부터 마칠 때까지 신체의 감각이나 움직임, 생각, 감정 등의 변화를 알아차릴 수 있었나요? 각 활동은 마음챙김 능력을 더 키울 수 있는 기회입니다.

## 짧은 감사 연습

학생들이 자유롭게 눈을 감은 채 조용히 앉도록 한다. 이완 호흡이나 마음 챙김 호흡으로 시작한다.

> 이제 눈을 감고 편안하게 여기 앉아서, 오늘이나 어제 여러분에게 일어났던 좋은 일을 생각해 보세요. 좋은 일은 친구가 친절하게 말해주거나 행동한 것일 수도 있고, 내가 한 행동이나, 들은 것, 즐긴 일일 수도 있습니다. 기억이 잘 안 떠오르면, 더 옛날 일을 떠올려보아도 괜찮아요. 좋은 일은 큰 사건일 수도, 작은 사건일 수도 있어요. 그냥 생각해 보세요. 맛있는 것을 먹은 일, 재밌는 책을 읽은 일, 즐겁게 연주한 일, 무언가를 배운 일.
> 여러분이 기억하는 일에 대해 감사하는 마음을 알아차려 보세요. 감사하는 마음이 신체의 어떤 부분에서 느껴진다면, 그곳에 주의를 기울여보세요. 어쩌면 몸이 좀 가볍게 느껴질 수도 있고, 미소를 짓고 있을 수도 있어요. 고마움의 감정이 자연스럽게 일어나도록 두세요. 그리고 종소리를 들으면서 고마운 감정이 퍼져나가는 것을 느껴봅니다.

종을 울려 마친다.

## 짧은 친절 연습

학생들이 자유롭게 눈을 감은 채 조용히 앉도록 한다. 이완 호흡이나 마음 챙김 호흡으로 시작한다.

> 누군가가 당신에게 친절했던 때를 생각해 보세요. 엄청난 친절을 받았을 수도 있고 소소한 친절을 받았을 수도 있습니다. 또 그 일은 최근에 일어난 일일 수도 있고 오래전에 일어난 일일 수도 있습니다. 최선을 다해서 그 일을 떠올려보

세요. 그리고 친절을 받았을 때의 느낌을 알아차려 봅시다. "내가 내 자신을 친절하게 대하기를. 다른 사람을 친절하게 대하기를"을 마음속으로 되뇝니다.

## ABC 자기 자비 연습

이 연습은 자신이 힘든 감정이나 상황 때문에 어려움을 겪고 있다는 것을 인지할 때마다 사용하도록 고안된 것이다. 또한, 스스로를 너무 심하게 대하고 있을 때도 사용할 수 있다. 교사는 별다른 스트레스가 없는 학생도 이 방법을 익혀둠으로써 필요할 때 사용하도록 할 수 있다. ABC는 쉽게 기억하고 자주 연습하도록 하기 위한 것이다. A는 '인식awareness'을, B는 '호흡breathing'을, C는 '자비compassion'를 의미한다. ABC 각각의 단계는 약 1~2분 정도 수행할 수도 있고 원한다면, 특히 불편함이 빨리 사라지지 않는다면, 더 오래 수행할 수도 있다. ABC 자기 자비 연습은 힘든 마음을 다루기에 좋은 마음챙김 방법이며, 평정심을 회복하는 데에도 도움을 줄 수 있다.

학생들을 위해 ABC 연습 단계가 나와 있는 안내물을 복사하여 나눠주는 것도 좋은 방법이다. 학생들은 필요할 때마다 안내물을 보며 이 단계들을 참고할 수 있다.

> A. 불안하고, 존중받지 못하고, 무기력하고, 무섭고, 슬프고, 부적절하고, 또는 다른 불편한 감정이 느껴질 때, 자신이 경험하고 있는 힘든 감정을 알아차려 보세요. 그리고 마음속으로 "내가 지금 겪고 있는 일은 너무 힘들어." 또는 "이런 감정이 정말 불편해."라고 말합니다.
> B. 잠시 시간을 내어 자신의 신체에서 호흡을 관찰할 수 있는 곳을 찾아 마음챙김 호흡을 해보세요. 몸에서 호흡의 움직임을 느껴보세요.
> C. 들숨과 날숨의 움직임과 나의 바람들을 연결시켜 봅니다. 마음속으로 다음 문장들을, 또는 자신만의 문장을 원하는 만큼 반복해 말해봅니다. 숨을 들이쉬며 "내가 나를 자비롭게 대할 수 있길", 숨을 내쉬며 "내가 나를 격려할 수 있

길". 다른 단어나 문장으로 자유롭게 바꿀 수 있습니다. '사랑, 친절, 평화, 인내, 고요함, 힘, 침착함, 균형'과 같은 단어들을 사용해도 됩니다.

## 마음챙김하며 걷기

> 시작하기 전에 잠시 서서 자신의 몸이 서있는 것을 느껴보세요. 그런 다음 양발을 바닥에 대고 오른쪽에서 왼쪽으로, 또는 앞에서 뒤로 조금 움직이다가 다시 가운데로 돌아옵니다. 여러분의 몸이 자연스럽게 균형을 찾는 방법에 주목하세요. 두 발에서 자기 몸의 무게를 느낄 수 있는지 주목해 보세요. 바르게 자세를 잡되 편안하게 서봅니다. 서있는 자세에서 힘과 균형을 느껴봅니다.
> 이제 관심을 발로 옮겨 발이 바닥에 닿는 느낌을 관찰해 보세요. 이제 걷기 시작합니다. 오른발을 들어 올리며, 들어 올릴 때의 감각을 알아차려 보세요. 오른쪽 발을 천천히 앞으로 움직이며 움직임과 균형감을 느껴봅니다. 그런 다음 오른발이 바닥에 닿을 때 바닥이나 땅과 맞닿는 부위에 주의를 기울여보세요. 처음에는 평소보다 훨씬 더 천천히 걷는 것이 좋습니다. 나중에는 평소 속도로 걸으며 관찰해 봅니다. 왼발을 들어 올리고, 움직이고, 놓는 과정을 마찬가지로 관찰합니다. 걸을 때의 모든 감각에 계속해서 주의를 기울이세요. 만약 여러분의 마음이 방황하는 것을 알아차렸다면, 다시 걷는 동작으로 주의를 되돌립니다.

## L2B의 핵심 개념들

L2B의 핵심적인 개념을 학생들이 잘 기억하고 이해할 수 있도록 주요 단어 목록을 전시할 수 있다. 마음챙김에서 사용하는 어휘들을 자신의 것으로 만듦으로써 학생들은 교육과정의 핵심 메시지를 이해하고 연습을 지속해 나갈 수 있다. 마음챙김의 핵심 개념들을 칠판에 써놓거나 게시판에 게시하면,

수업 내용이 교실 생활과 연결된다. L2B에서 사용하는 단어와 문구가 완전히 새로운 것이 아닐 수도 있고 생소한 것일 수도 있지만, 보이는 곳에 붙여놓고 L2B의 주제들을 시각적으로 상기하는 데 도움이 된다.

| | | |
|---|---|---|
| 마음챙김 | 내면의 힘 | 주의를 기울이기 |
| 마음의 수다 | 불쾌한 | 넓게 주의를 기울이기 |
| 급성 스트레스 | 친절함 | 감각 |
| 마음챙김하며 감정 관찰하기 | 역량을 기르는 | 자애 |
| 지금 이 순간 | 중립적인 | 자동 조종 |
| 좁게 주의를 모으기 | 있는 그대로 받아들이기 | 사로잡는 생각 |
| 마음이 방황하는 | 집중력 | 내면의 강점훈련 |
| 스트레스 | 마음챙김 영역 | 유쾌한 |
| 알아차리고 내버려두기 | 자기 자비 | 자기 돌봄 |
| 의식하지 않는 영역 | 정서 | 떠올리기 |
| 확대 렌즈 | 만성 스트레스 | 다섯 가지 감각 |
| 지각 | 마음챙김하며 움직이기 | 느낌 |
| 불친절함 연습 | 호기심 | 비판단 |

| 감사 | 흥미 | 긍정적인 정서 |
|------|------|-------------|
| 감상 | 바디 스캔 | 부정적인/불편한 감정 |
| 집중하기 | 부주의 | 연습 |

# 3부
# 한 걸음 더

3부에서는 교사나 임상심리가 궁금해하는
주제를 간략하게 다루려고 한다. 여기에는 스
트레스에 관한 생리학, 청소년의 발달, 트라우마
와 마음챙김 연습의 관계, 교육 목적의 마음챙김
연습과 관련된 내용이 포함된다. 이를 통해 L2B의
기초가 되는 원칙을 깊이 이해할 수 있을 것이다.

# 청소년의 뇌와 스트레스

청소년기는 고유한 가능성을 지닌 도전적인 발달 시기이다. 이 시기 청소년의 뇌의 변화는 극적이며 교육과 직접적으로 관련된다(Blakemore, 2018; Blakemore & Frith, 2005). 청소년기의 이러한 변화는 주로 전두엽과 두정엽 피질에서 발생한다. 전두엽과 두정엽 피질은 집행 기능을 담당하는 부위로, 높은 수준의 인지과정을 설명할 때 자주 언급된다(Blakemore & Choudhury, 2006). 전두엽 피질의 수초화myelination는 절연체가 전선을 감싸듯이 지방(지질)이 뉴런의 축색을 감싸서 정보가 원활하고 효율적으로 처리되게 하는 과정이다. 수초화는 청소년기에 걸쳐 지속적으로 진행되지만 성년 초기에 이르러서야 완성된다. 청소년기에는 잘 사용하지 않는 시냅스 연결이 가지치기될 뿐만 아니라 새로운 연결이 생겨나는 수초화가 일어난다. 이러한 활동은 전전두 피질 측두엽에서 가장 두드러진다. 이마 바로 뒤에 위치한 전전두피질은 자기 통제·판단·감정 조절을, 측두엽은 언어기능 통제와 감정 조절 역할을 한다(Casey, Giedd, & Thomas, 2000; Sawyer et al., 2012; Sowell, Thompson, & Toga, 2007).

과학자들에 따르면 가소성은 청소년 뇌가 가진 가장 중요한 특징 중 하나이다(Giedd, 2015 참조). 청소년기의 뇌에서는 학습과 경험에 기초하여 여러 방향으로 재배선이 이뤄진다. 그래서 이 시기 시냅스의 재구성은 감정과 사회적 관계와 관련된 내적·외적 경험에 특히 민감할 수 있다(Blakemore, 2008).

학습의 경우, 가벼운 스트레스는 기억력을 향상시킬 수 있지만, 만성적이거나 지나친 스트레스는 새로운 학습과 기억력 강화에 필수적인 뇌 부위에 손상을 입힐 수 있다(Sapolsky, 2004). 결과적으로 위험천만한 행동은 그 어느 시기보다 청소년기에 자주 일어난다. 청소년 내면의 통제 기능(전두엽 피질)은 잘 작동하지 않으며, 위험한 행동 성향을 제대로 억제하지 못한다. 그 결과 달[Dahl](2004)이 "미숙련 운전자가 터보 엔진을 단 고성능 자동차를 모는 격"이라고 묘사한 상황이 벌어지는 것이다.

## 이 시기에 청소년을 둘러싼 환경에서는 무슨 일이 벌어지는가?

요즘 청소년들은 그들의 사회정서적 웰빙을 위협할 수 있는 많은 환경에 노출되고 있다. 학교의 구조와 교육과정은 청소년기의 발달 요구와 괴리가 있으며(Eccles, 2004), 초기 청소년기부터 시작되는 학업에 대한 강조는 학습에 대한 동기를 감소시키고 있다(Gutman, Sameroff, & Cole, 2003). 또한 부모와의 심리적인 거리가 멀어지고(Darling, Cumsille, & Martinez, 2008), 또래 영향에 대한 취약성도 증가하였다(Sim & Koh, 2003). 나아가 이성 관계에서 비롯한 압력(Collins, 2003), 반사회적 또는 위험한 행동(Reyna & Farley, 2006) 및 미디어의 과도한 노출도 증가하였다. 미디어 메시지는 사회적 비교의 기준이 된다. 미디어는 규범적인 행동에 대한 기대를 높임으로써 청소년의 자존감을 낮추며, 그들로 하여금 가족과 지역사회와 대립할 수 있는 가치를 추구하게 만든다(Comstock & Scharrer, 2006). 사춘기 초기 심리적 고통의 증가는 우울감(Garber, Keiley, & Martin, 2002; Hammen & Rudolph, 2003)과 부모와의 갈등에 원인이 있는 경우가 많다(Larson & Richards, 1994; Laursen & Collins, 1994). 긍정적인 감정의 감소는 성인기뿐 아니라 청소년기에도 보고되며(Collins & Steinberg, 2006), 우울증 발병 시기도 더 빨라지고 있다(Cross-

National Collaborative Group, 1992). '아동 및 가족 건강의 심리사회적 측면에 관한 미국 소아과학회American Academy of Pediatrics Committee on Psychosocial Aspects of Child and Family Health'(2001)의 1993년 보고서는 청소년의 웰빙을 위협하는 목록으로 다음과 같은 항목들을 포함하기 시작했다. 학교 문제(학습장애 및 주의력장애 포함), 기분 및 불안장애, 청소년 자살 및 살인, 가정 내 총기 보관, 학교폭력, 약물 및 알코올남용, HIV와 AIDS, 그리고 '새로운 질병'으로 불리는 폭력에 관한 미디어의 효과와 비만 및 성적 행위가 그것이다.

## 스트레스는 무엇을 의미하는가?

스트레스는 개인이 내면 또는 외부의 사건에 대응하기 위해 자원을 지나치게 사용할 때, 그래서 웰빙이 위태롭다고 인식할 때 생겨난다(Lazarus & Folkman, 1984). 맥퀸McEwen과 지아나로스Gianaros(2010)는 뇌의 '지각 중추 perceiver in chief'로서의 역할이 뇌의 핵심적인 역할이라고 설명한다. 지각 중추로서 뇌는 연쇄적인 스트레스 과정을 촉발하고 스트레스로부터 회복하도록 만든다. 이 연구는 우리가 세상과 자신의 경험을 인지하는 방식, 즉 마음챙김을 하며 세상과 경험을 인식하는 것의 중요성을 보여준다.

## 스트레스를 받으면 어떤 일이 일어나는가?

피할 수 없는 삶의 일부인 스트레스는 부정적인 것으로 인식된다. 그럼에도 불구하고 스트레스에 나쁜 면만 있는 것은 아니다. 대부분의 사람들에게 아기가 태어날 것이라는 행복한 기대는 긍정적인 스트레스이다. 셀리에 Selye(1978)는 이러한 형태의 스트레스를 유익 스트레스eustress라고 정의했다. 이러한 스트레스는 삶에서 가끔 또는 만성적으로 경험하는 좌절, 갈등, 압박 그리고 부정적인 사건과 관련된 고통과 다르다.

## 스트레스 반응 시스템 작동

어떤 유형의 스트레스든 신체는 스트레스요인을 다루는 일반적인 절차를 지니고 있다. 여기에는 신체의 빠른 반응 시스템('스트레스 반응stress response')을 작동시키고, 생존에 덜 중요한 신체 시스템을 일시적으로 멈추게 하는 화학 물질을 빠르게 분비하는 것이 포함된다. 이 화학물질은 위협이 가라앉으면서 사라진다. 이에 따라 일시적으로 멈췄던 신체 시스템은 다시 작동하게 된다.

## 스트레스 반응 3단계

원시 동물을 통해 스트레스를 연구한 셀리에는 스트레스 반응을 세 단계로 나눈다. 경보 단계에서는 싸움, 회피, 정지 중 하나로 반응하면서 교감신경계와 부신의 활동이 증가한다. 저항 단계에서는 신체가 스트레스에 계속 저항하면서 스트레스 반응이 활성화된다. 마지막 소진 단계에서는 투쟁이 지속되면서 신체의 자원이 고갈된다. 정도가 심각하고 지속적인 스트레스는 우울증과 질병을 유발하고, 심지어는 죽음에 이르게 할 수 있다. 이때, 우리가 기억해야 할 것은, 스트레스와 내부의 연쇄적인 반응이 서로 연관된다는 뇌의 인식 자체가 스트레스라는 사실이다. 스트레스에 대한 인지는 개인마다 다르다. 어떤 사람에게 스트레스인 것이 다른 사람에게는 흥미진진한 도전일 수 있다.

## 에피네프린과 노르에피네프린 분비

신체적·심리적 위협에 직면할 때, 에피네프린(아드레날린)과 노르에피네프린(노르아드레날린)과 같은 중요한 화학물질이 분비된다. 이 화학물질들은 덜 중요한 시스템(예를 들어, 소화 및 생식)에서 에너지를 빼서 싸우거나 도망치는 데 필요한 기관들(예를 들어, 심장 및 폐)로 에너지를 방출한다. 아드레날린은 심장이 뛰고 손바닥에 땀이 나는 것과 같은 각성 효과를 일으키는 중요한 역할을 한다.

## HPA 축 활성화

스트레스는 또한 시상하부-뇌하수체-부신 축(HPA 축)이라고 불리는 생리적 시스템을 활성화한다. 사람이 스트레스를 경험하거나 예상할 때, 전전두피질과 편도체는 위험을 감지하고 중뇌의 중앙에 위치한 작은 시상하부에 정보를 보낸다. 뇌하수체가 선택한 화학물질(신피질자극호르몬방출인자, CRF)이 보내는 메시지는 부신피질자극호르몬(ACTH)을 혈류로 분비하라는 신호로 작동한다. 이에 ACTH는 혈류를 통해 신장 근처의 부신으로 이동하며, 이에 따라 부신은 코르티솔을 분비한다. 코르티솔은 중요한 스트레스호르몬이다. 코르티솔은 다시 뇌로 이동하여 편도체 및 해마의 수용체와 결합한다. 코르티솔은 혈당 수치를 증가시키고 면역반응을 억제하는 역할을 한다. 정상적인 조건에서 코르티솔은 더 이상 위협에 대응할 필요가 없을 때 HPA 축에게 시스템을 멈추라고 경고하러 돌아간다. 문제는 스트레스가 길어지고 이를 효과적으로 차단할 장치가 없을 때 시작된다.

궁극적으로, 개인의 스트레스 반응 시스템은 신체와 정신에 엄청난 손상을 주면서 만성적으로 활성화될 수 있다(McEwen et al., 2015). 만성적인 과잉 경계hypervigilance 또는 잠재적인 위협에 대비해 환경을 주시하는 것은 불안, 우울과 같은 감정적인 문제를 초래하는 조건을 만든다. 만성적인 대사 과정 활성화는 싸움이나 회피를 예상해서 혈류로 포도당을 방출하며 당뇨병과 같은 질병을 유발할 수 있다. 알로스타틱 부하allostatic load는 이러한 손상을 일컫는다(McEwen, 2002). 억제·조절되지 않은 만성 스트레스는 알로스타틱

부하를 유발한다. 이 경우 성장호르몬이 억제되고 심혈관계, 신경계, 기억계를 비롯한 많은 시스템에 장기적으로 부정적인 영향을 미칠 수 있다.

# 자율신경계의 역할

이러한 기능 대부분은 심장, 폐, 신장 및 기타 기관에 영향을 미치며, 이때 자율신경계(ANS)는 일종의 마스터 컨트롤러 역할을 한다. 자율신경계의 부교감(부교감신경계, PNS)부는 활성화된 교감(교감신경계, SNS)부가 스트레스로 인한 내적 또는 외적 변화에 대처한 뒤 균형을 회복하는 역할을 한다. 트라우마는 이러한 생리적 균형 시스템을 교란시켜 만성적으로 혹사시키거나 기능을 마비시키고 회복을 방해할 수 있다.

## 미주신경신장도와 스트레스 조절

부교감계의 주요 신경이자 몸에서 가장 긴 신경인 미주신경vagus nerve은 심장, 폐, 신장, 소화계를 비롯한 여러 기관들의 활동을 자극한다. 특히 미주신경은 항상성을 회복하기 위해 심박수를 낮추고 호흡과 심장 기능을 동기화하기 위해 중요하다. 혈관 및 호흡 동기화의 질을 미주신경긴장도vagal tone라고 하는데, 이는 스트레스 조절에 매우 중요한 역할을 한다. 또한, 미주신경긴장도는 측정이 비교적 쉽기 때문에 많이 사용된다. 심박변이도heart rate variability, HRV(Berntson et al., 1997)는 들숨과 날숨에 따른 심장박동 사이의 시간 변화를 측정한 것이다. HRV는 이러한 시간 변화가 가장 높고 낮은 범위로 판단된다.
의외겠지만, 들숨과 날숨 사이의 심박동 변화는 크면 좋다. 변화가 매우 작으면, 즉 HRV 수치가 너무 낮으면 미주신경긴장도가 매우 낮다는 것을 의미하며, 이는 심혈관 문제뿐 아니라 우울증, 불안, 외상후스트레스장애

(PTSD)를 비롯한 여러 정신 건강 문제와 관련이 있다. 예를 들어, 이른 시기에 힘든 일을 겪은, 미주신경긴장도가 낮은 청소년은 미주신경긴장도가 높은 비슷한 또래에 비해 우울증과 같은 내면화 장애를 겪을 가능성이 높다 (Mclaughlin, Alves, & Sheridan, 2014). 낮은 미주신경긴장도 수치는 PNS가 과도하게 높은 심박수를 충분히 조절하지 못하고 있으며, 위협에 노출된 뒤 회복할 수 있는 능력이 부족하다는 것을 가리키는 지표이다.

높은 HRV 수치, 즉 높은 미주신경긴장도는 더 나은 신체적·정신적 건강 그리고 더 적은 스트레스 경험 시간과 관련이 있다. 이는 스트레스를 받은 뒤 빠르게 회복하고 더 길게 휴식할 수 있는 능력이 높은 것으로 해석된다. 높은 미주신경긴장도는 건강, 특히 심혈관 건강과 회복탄력성이 좋다는 것을 의미한다. 스트레스에 대해 신체가 반응하는 방법과 이러한 반응을 조절하는 방법에 관해서는 〈트라우마를 겪은 청소년을 위한 마음챙김〉(322쪽)에서 더 자세히 살펴볼 것이다.

## 스트레스는 면역체계에 어떤 영향을 미치는가?

스트레스 반응 과정은 응급 상황이나 비교적 짧은 시간 동안 호르몬이 터져 나오는 상황일 때 도움이 된다. 하지만, 만성적인 시스템 활성화에는 비용이 든다. 예를 들어, 신체의 스트레스 반응의 급성기acute phase에는 면역체계의 기능이 저하된다. 면역체계는 해로운 병원체의 확산을 막고 손상을 복구하기 위해 염증을 일으킨다(Stein, Naudé, & Berk, 2018). 감염을 막기 위한 면역 과정이 만성적으로 활성화되면 면역체계 기능이 약화되어 질병에 취약해질 수 있다. 만성적으로 높아진 코르티솔 수치는 중장년층의 심혈관 기능 퇴화와 관련이 있다(Pahuja & Kotchen, 2011).

# 각종 질병 발생의 위험성

높은 수준의 코르티솔 분비는 또한 면역기능의 조절 능력을 낮추고, 질병으로부터 보호하는 신체 능력을 감소시킬 수 있다. 독자들은 스트레스가 계속되면 감기나 독감에 걸리기 쉽다는 사실을 경험적으로 알 것이다. 감기나 독감은 대표적인 면역억제 과정 가운데 하나이다. 이러한 현상은 코르티솔이 증식을 억제하거나 특정 유형의 사이토카인cytokine의 반응을 무디게 만들기 때문에 발생한다. 사이토카인은 면역체계 세포에서 분비되며 면역체계 기능 조절에 도움을 주는 다양한 단백질 분자이다. 사이토카인은 신경전달물질과 비슷하게 작동하며, 다른 세포에 반응하거나 반응을 억제하는 명령을 전달한다.

만성 스트레스요인은 또 다른 면역체계 반응인 염증에도 영향을 미친다. 코르티솔에 의해 유발되는 염증 과정은 조절되지 않을 경우 신체에 파괴적일 수 있다. 주목할 것은 급성 스트레스에 대처해야 할 때 신체는 면역기능을 일시적으로 억제함으로써 평소 상태로 회복된다는 점이다. 문제는 스트레스요인이 지속될 때이다. 지속적인 스트레스 노출은 코르티솔의 생성을 증가시킬 뿐 아니라, 염증 과정을 억제하기 위해 코르티솔의 지시에 반응하는 면역세포의 능력을 무감각하게 한다. 결과적으로, 부적응성 염증을 유발하는 고농도의 염증성 사이토카인은 억제되지 않는다. 심혈관 질환, 알레르기, 류머티즘성관절염 및 기타 자가면역질환과 같은 많은 질병들은 조절되지 않은 염증 과정과 관련이 있다.

# 스트레스와 우울증의 연관성

트라우마적인 사건과 같은 심리적 스트레스요인은 감염원처럼 신체에 작용한다. 심리적·신체적 스트레스요인은 정상적인 감염 반응에서 볼 수 있는 면역 증상을 일으킨다. 여기에는 발열, 수면 증가, 식욕 감소, 활동 감소,

공격성 감소, 사회적 상호작용 감소, 인지 변화, 통증 민감도 증가, HPA 활동 증가, 우울한 기분 등이 포함된다. 그 구체적인 메커니즘은 아직 불분명하지만, 특정 유형의 우울증은 면역반응의 과활성화와 관련이 있다. 이것이 정서적 경험과 신체 메커니즘의 조절장애dysregulation 사이의 연관성을 찾는 연구가 중요한 이유이다(면역체계 기능처럼; Miller & Raison, 2016 참고).

선행 연구(Quan & Banks, 2007)는 심리적이든 신체적이든 간에 스트레스요인과 관련된 면역체계와 뇌 사이의 양방향 의사소통 과정이 존재한다는 사실을 입증한다. 학습처럼, 뇌와 면역체계는 신체-마음의 시스템 내에서 알로스타시스(allostasis 신항상성, 신체예산으로도 불리며, 몸에서 뭔가 필요할 때 충족시킬 수 있도록 자동으로 예측하고 대비하는 것을 의미한다.—옮긴이), 즉 균형을 유지하기 위해 매우 정교한 춤을 추듯 함께 작동한다(McEwen, 2017). 처음에 이는 뇌가 '말'하고 면역체계가 반응하는 것으로 여겨졌으나 최근 연구에서(Quan & Banks, 2007)는 뇌도 뇌를 포함한 신경계의 여러 부분으로 화학 메신저chemical messenger를 보내는 면역 시스템의 의사소통을 '듣는다'고 본다. 이와 같은 발견은 중추신경계, 면역체계, 행동 사이의 상호작용에 관한 연구인 정신신경면역학psychoneuroimmunology의 분야를 개척하는 데 도움을 주었다. 때때로 이 분야는 정신신경내분비면역학psychoneuroendocrinoimmunology이라고도 불리며, 신체 시스템의 복잡성과 상호 연관성을 더 분명하게 보여준다.

## 이런 사실들이 청소년기에 의미하는 것은?

청소년기에는 코르티솔을 비롯한 호르몬들의 기본적인 분비량이 증가하며 이에 따라, 성인기에는 유년기보다 더 높은 수준으로 호르몬 분비량이 유지된다(Fataldi et al., 1999; Marceau, Ruttle, Shirtcliff, Essex, & Sussman, 2015). 종단연구 결과들로 코르티솔의 수치가 아동 중기 동안 점진적으로 상승하다가 13세 무렵에 훨씬 더 빠르게 증가한다는 것을 발견했다(Walker & Bollini,

2002). 호르몬 생산 촉진, HPA 축의 활성화 증가, 그리고 빠른 신경생물학적 변화의 조합은 모두 청소년기 동안 특정 정신질환의 출현뿐 아니라 청소년의 고통에 대한 민감도를 높이는 데 기여한다. 지금은 많은 연구자들이 사춘기를 스트레스에 민감한 발달 기간으로 받아들인다(Casey, Getz, & Galvan, 2008; Steinberg, 2008; Walker, 2002). 성인에 대한 연구들을 보면 코르티솔 증가로 측정되는 HPA 반응성의 증가를 단극성·양극성장애, 정신분열증, 외상후스트레스장애와 연관시켜 왔다(Müller, Holsboer, & Keck, 2002; Post, 2007; Walker & Diforio, 1997). 몇몇 증거들을 통해 청소년 장애, 특히 우울증에 비슷한 패턴이 있다는 것을 알 수 있다(Birmaher & Heydl, 2001; Goodyer, Park, Netherton, & Herbert, 2001). 완전히 밝혀지지는 않았지만, 호르몬의 변화와 HPA 축의 성숙은 모두 뇌의 재구성 메커니즘에 영향을 미치는 것으로 보인다(Romer & Walker, 2007; Walker, Sabuwalla, & Huot, 2004).

## 청소년기의 심각한 사회적 스트레스

정상적인 청소년은 이와 같은 호르몬 및 신경생물학적 변화를 겪는다. 그러므로 십 대들은 아동기 때보다 일반적으로 더 큰 스트레스를 경험한다. 이러한 사실은 이해하기 어려운 청소년의 행동들을 설명하는 데 도움이 된다. 특히, 왕따나 폭력, 사회적 배제로 인한 스트레스가 극심하거나 장기화되는 것은 매우 해로울 수 있다. 청소년기의 심각한 사회적 스트레스는 스트레스 반응 시스템의 조절을 어렵게 하고, 스트레스를 효과적으로 처리할 수 있는 능력을 낮춘다(Laceulle, Nederhof, van Aken, & Ormel, 2017). 청소년기에 정신 건강 문제가 시작되는 경우가 많다는 사실은 청소년의 웰빙을 매우 심각하게 받아들일 필요가 있다는 것을 보여준다(Paus, Keshavan, & Giedd, 2008). 선행 연구들에 따르면 청소년의 뇌는 영구적인 스트레스 관련 변화에 취약하며, 이는 사춘기의 신경 가소성과 관련이 있다. 하지만, 청소년기는 외상 등 "초기 손상으로 축적된 부작용을 줄이거나 역전시킬 수 있는 개입과 기회"(Romeo & McEwen, 2006, p. 210)가 필요한 시기이기도 하다.

## 뇌는 스트레스 관리의 핵심 기관

여기서 꼭 기억해야 할 것은 청소년기가 뇌 발달에 중요한 시기라는 것이다. 청소년에게 일어나는 일은 스트레스에 반응하고 회복하는 정서적 능력과 생리적 기능에 영향을 준다. 사회적 스트레스는 특히 독이 될 수 있다. 우리는 청소년의 사회정서적 기술 발달에 대한 요구도, 그 발달을 보살펴야 하는 어른의 역할도 무시해서는 안 된다. 이 과정에서 마음챙김 연습이 중요한 역할을 한다. 상술한 바와 같이, 뇌는 스트레스 관리의 핵심 기관이다. 스트레스 시스템은 우리가 어떤 것을 위협으로 인식하지 않는 한 작동되지 않는다. 스트레스 시스템은 의식적이거나 무의식적으로 위협이 감지될 때 활성화되며, 적응적 반응으로 이어지거나 알로스타틱 부하에 기여한다. 현재의 경험에 반응하지 않기 위한 연습인 마음챙김은, 청소년의 스트레스 부담을 줄이고, 회복력을 기르며, 성인기까지 건강과 복지를 향상시키는 데 도움을 줄 수 있다.

| 만성 스트레스가<br>인체에 주는 영향 | 반응 기제 | 스트레스 관련 문제 |
| --- | --- | --- |
| 기억 및 학습 문제 | 스트레스는 해마에 위치한 뉴런의 손상과 수축을 야기한다. 해마는 기억과 학습에 매우 중요하다. | 새로운 정보를 학습하고 기억하는 것이 어려움 |
| 혈관 손상 및 분기점의 염증 증가 | 아드레날린의 급격한 분비(그리고 기타 교감신경계 활동)는 혈관에 부담을 주고, 미세 분기점(염증 과정을 자극)의 손상 가능성을 높인다. | 고혈압, 심장병, 죽상동맥경화증은 염증이 있는 부위에 혈류 내 지방과 같은 물질의 축적을 유발한다. |

| 만성 스트레스가<br>인체에 주는 영향 | 반응 기제 | 스트레스 관련 문제 |
|---|---|---|
| 식욕 증가 | 코르티솔은 특히 고지방 음식의 식욕을 자극한다. 스트레스호르몬은 지방이 복부에 우선 저장되도록 자극한다. | 내장지방의 축적은 대사증후군 위험이 있다. |
| 위 내벽 두께 감소 | 지나친 코르티솔 분비는 소화를 방해하고, 위의 점액 보호막 생성을 방해하고, 얇은 보호막은 염산에 취약하다. | 위궤양 위험 증가 |
| 혈류로 포도당과<br>지방산을 이동시킨다. | 스트레스호르몬은 인슐린 저항성을 촉진하는데, 이는 포도당을 (저장하라는 것이 아니라) 동원하라는 메시지를 전달하기 때문이다. 결국 지방 세포는 인슐린에 덜 반응하게 된다. | 당뇨병(2형 또는 성인 당뇨병 발병) |
| 골밀도 감소 | 너무 많은 코르티솔은 새로운 뼈의 성장을 방해한다. | 골다공증 및 골절 위험 |
| 수면 방해 및<br>수면의 질 저하 | 코르티솔(그리고 다른 스트레스호르몬)의 수치가 상승하고, 교감 시스템이 더 활성화된다. 수면 부족은 스트레스호르몬을 자극하여 수면의 양과 질을 떨어뜨린다. | 불면증 등 수면 장애 |
| 정신질환 | 과도한 스트레스호르몬은 신경전달물질과 사이토카인 시스템을 방해한다. | 우울증, 불안, 외상후스트레스장애 등 거의 모든 정신질환에 영향을 미친다. |
| 노화의 가속화 | 코르티솔은 스트레스호르몬을 조절하는 해마를 손상시킨다. 부정적인 피드백의 반복은 코르티솔 과잉을 유발한다. | 노화 관련 질병 |

# 트라우마를 겪은 청소년을 위한 마음챙김

우리 모두는 스트레스를 경험하며 대부분의 경우 회복된다. 강도, 시기, 지속 시간 면에서 볼 때, 트라우마는 특별한 스트레스 유형이다. 트라우마는 그 영향이 더 포괄적이며 더 오래 지속되는 경향이 있다. 점점 더 많은 교사와 임상치료사들이 트라우마가 학생의 삶에 미치는 영향과 유병률에 대해 인지하고 있다. 이러한 배경에는 일련의 ACE 연구들이 자리한다. ACE 연구자들은 캘리포니아에 사는 성인들을 대상으로 그들의 어린 시절 부정적인 경험ACE, adverse childhood experience에 대해 연구했다(Felitti et al., 1998; Flaherty et al., 2009). 이 연구 결과들에 따르면 어린 시절의 부정적인 경험은 그 이후 삶의 결과와 용량-반응* 관계를 지닌다. 이는 초기에 불리한 경험을 할수록 그 결과가 더 심각하다는 것을 뜻한다.

## 부정적 경험 목록 10가지

처음 '부정적 경험ACE 목록' 10가지는 정서적·신체적·성적 학대, 신체적·정서적 방치, 가정 내 약물남용, 부모 또는 가족구성원의 정신질환, 가정폭

---

* dose-response 모든 약품에서 그 약효가 발현되기 위해서는 일정량 이상의 양을 필요로 하며, 그 양보다 많아도 그 이상의 효과는 기대할 수 없다. 때로는 독성이 나타나 효과가 줄기도 한다. 효과적인 약효를 발현하기 위해 필요한 최고, 최저의 두 용량 사이에서 약효는 투여한 용량에 비례하여 변화한다. 이러한 현상을 용량-반응이라 한다(생명과학대사전, 강영희, 2014). ― 옮긴이

력, 가족구성원의 감금, 부모의 이혼 또는 별거를 포함했다. 이러한 목록 가운데 몇 가지를 어린 시절에 경험했는지를 합산한 것이 부정적 경험 점수(0에서 10점까지)이다. 크론홀름Cronholm과 동료들은 2015년에 수행한 연구를 바탕으로 지역사회에서 폭력을 목격한 경험, 다른 사람에 맡겨져 양육된 경험, 괴롭힘을 당한 경험, 인종차별을 당한 경험, 안전하지 않은 이웃과 사는 경험을 ACE 목록에 추가했다. ACE 목록에는 없지만 '가족구성원이나 애완동물의 죽음, 입원이나 수술, 사고, 낙상'과 같이 비교적 흔한 외상 경험도 아동기에는 중요할 수 있다(Levine & Kline, 2007 참조).

ACE에 대한 여러 연구의 결과는 아동기의 부정적 경험이 성인기에 얼마나 큰 영향을 미치는지를 여실히 보여준다. 처음 만들어진 ACE 목록의 10가지 경험은 심장병, 당뇨병, 알코올중독 및 남용, 우울증, 불안, 만성폐쇄성폐질환, 불법적인 약물 사용, 간질환, 비만, 처방약 남용, 자살 시도, 수명 단축과 관련이 있다(Centers for Disease Control and Prevention, 2020). 트라우마의 결과는 궁극적으로 개인의 고유한 체질과 환경에 따라 달라지지만, 상대적으로 약한 트라우마 경험은 심각한 영향을 덜 미칠 수 있다. ACE의 경험은 생각보다 더 일반적이다. 보고에 따르면, 미국 청소년 및 성인의 거의 50%가 ACE 목록 가운데 적어도 한 가지를 경험한다(McLaughlin et al., 2012). ACE의 책임연구자인 빈센트 펠리티Vincent Felitti는 중산층 성인 11명 가운데 한 명이 여섯 개 이상의 아동기 ACE 경험을 가지고 있으며, 이는 "매우 흔하면서도 전혀 인식되지 않는" 문제라고 지적한다(APB Speakers, 2018).

## 학교에서의 트라우마 이해 훈련

학교에서의 트라우마 이해 훈련trauma-informed practice은 이러한 문제의식 아래 개발된 것으로 다양한 교육 전략, 정책 및 학생들에 대한 대응 방법을 광

범위하게 포함한다. 이 접근법의 핵심은 트라우마가 아동의 마음과 신체 발달 그리고 학습 능력에 지속적으로 미치는 영향을 파악하는 것이다. 트라우마적인 경험은 그냥 '사라지지' 않는다. 트라우마는 현재의 행동보다는 자기보호와 고통 조절의 맥락에서 나타나는 범주의 행동을 잘 설명해 준다. 트라우마를 겪은 사람은 안전을 위해 다른 사람들과 연결될 필요가 있지만, 고통을 줄이고 자신을 보호하기 위해 타인과의 연결을 피할 수도 있다. 트라우마의 부정적 영향은 시간이 지남에 따라 누적되는 경향이 있다. 이 때문에 유아기의 심각한 방치나 학대는 부정적인 영향을 지속적으로 미치며 취약성을 갖게 한다. 연구 결과에 따르면, 어린 시절에 경험한 고통은 이후 나타나는 기분장애, 행동장애, 약물남용, 불안장애의 발병과 강한 관련이 있다(Duffy, McLaughlin, & Green, 2018).

## 정서적 지원과 회복탄력성

주목할 만한 점은 아동기의 가장 깊은 고통 대부분은 주양육자(대부분 부모)와의 부적절하거나 복잡한 애착 관계에서 비롯한다는 사실이다. 주양육자와의 관계는 돌봄을 주고받는 일차원적인 관계로 반드시 안전해야 한다. 신뢰할 수 없고, 상처가 되며, 위험하거나, 무서운 양육자와의 관계는 상당히 고통스러울 수밖에 없다. 우리는 살아가면서 경제, 문화, 장애와 관련한 문제들을 직면할 수 있으며, 이를 극복하기 위해서는 예측 가능하고 반응적이며 사랑이 담긴 정서적 지원이 필요하다. 애착 관계에서 고통을 경험한 아이들은 필요할 때 떠올릴 수 있는 정서적 지원의 원천이 없다.

정서적인 지원을 제공하는 관계와 연습은 어떤 어려움이 발생하든 아동과 청소년 모두를 보호하지만, 특히 ACE로 어려움을 겪고 있는 사람에게 효과적일 수 있다. 어려움에 직면하여 회복탄력성을 발휘하게끔 돕는 조건과 지원은 중요한 보호 요인이다. 이러한 보호 요인은 학습, 적응 그리고 미래의 성공을 위한 기회를 촉진하는 사회정서적 기술의 향상을 포함한다. 특히 어린 나이에 투입되는 일차적이고 보편적인 예방은, 만성적인 스트레스가 뇌와 신체 시스템에 미치는 영향을 완화함으로써 생애 초기에 경험하는 고통의 악영향을 어느 정도 개선할 수 있게 한다.

## 트라우마는 학습, 행동, 정서적 웰빙에 어떤 영향을 미칠까?

모든 경험은 뇌와 신경계의 발달과 기능에 영향을 준다. 유전과 경험은 우리의 정체성의 형성에 상호적으로 영향을 미친다. 생물학적인 면에서, 트라우마는 뇌와 신경계가 발달하는 방식을 부정적으로 변화시키는 특별한 경험이다. 이 분야의 전문가인 피터 레빈Peter Levin은 "트라우마는 사건 자체에 있지 않으며, 오히려 신경계에 존재한다."고 강조한다(2008, p. 4). 일반적으로, 우리는 싸우거나 회피하는 뇌의 신경망 메커니즘을 통해 우리가 삶에서 직면하는 위협을 처리한다. 그러나 우리가 가장 취약할 때, 즉 유아기와 어린 시절에는 위협을 피하거나 극복하기 위해 싸우거나 회피하는 메커니즘을 사용할 준비가 되어있지 않다. 이 발달 단계에서 위협은 대개 안전하지 않다는 느낌으로 나타나는데, 이런 느낌은 인간의 모든 욕구 가운데 가장 기본적인 욕구인 안전에 대한 욕구를 바로 훼손한다. 지속되는 스트레스는 우리의 뇌와 몸이 위협에 대처하기 위해 작동시키는 건강한 메커니즘을 망가뜨린다. 극도로 조심하며, 안전한 곳에서도 위협을 두려워하고, 예민하게 경계하며, 마음의 문을 닫아버리는 증상은 쉽게 고치기 어려울 수 있다. 만성적인 스트레스는 스스로 회복하는 신체 능력의 발달을 막는다. 시간이 지나면, 면역체계는 신체적·정신적 건강을 저하시키는 만성 염증의 수준을 유지하는 화학물질을 생산한다(〈청소년의 뇌와 스트레스〉 310쪽 참조).

우리의 존재 자체가 위협받고 있다고 인식할 때 보이는 꼼짝 못 하는 반응은 훨씬 원시적인 대응에 속한다. 이 원시적인 반응을 촉발하는 강렬한 공포는 그 사건과 관련된 감정과 기억이 사라질 정도로 압도적일 수 있다. 앞에서 언급한 연구들이 보여주듯이, 충격적이고 극도로 무서운 경험은 우리가 그 공포의 크기를 완전히 의식하지 못할 때조차도 우리의 몸과 마음에 상처나 흔적을 남긴다. 이러한 행동 패턴을 알면 자신의 반응을 인식하고 개선하는 데 유용할 수 있다. 아래의 '방어 단계'는 〈청소년의 뇌와 스트레스〉에서 다룬 내용을 확장하여, 스트레스나 위협을 다루는 방법에 대해 자세한 정보를 제공할 것이다.

## 방어 단계 이해하기 ——————

건강하다는 것은 생리적 각성 정도가 최적(너무 높지도 낮지도 않은)의 범위 안에서 유지된다는 것을 뜻한다. 스트레스가 잘 조절되는지는 스트레스가 있을 때 잘 작동한 뒤 정상적인 상태로 돌아가는 스트레스 시스템의 항상성 유지 능력에 달려있다. 앞 장에서 살펴본 바와 같이 뇌와 신경계는 이 과정의 핵심이며, 반응을 조정하기 위해 함께 작동한다. 연구자들은 스트레스 반응 및 회복에 관한 복잡한 생리학적 네트워크를 계속해서 밝혀내고 이러한 과정들을 단계적으로 체계화했다. 이러한 단계들을 합쳐서 방어 단계defense cascade라고 부른다(Bracha, 2004; Kozlowska, Walker, McLean, & Carrive, 2015).

여러 연구들에 따르면, 인간을 포함한 포유류는 위협적인 상황에서 활성화되는 특정한 행동 패턴 레퍼토리를 가지고 있다. 이러한 행동 패턴들은 각각 고유하고 기초적인 구조를 가진다. 이는 운동, 신경, 감각 시스템의 특정 영역이 어떤 단계에서는 활성화되지만 어떤 단계에서는 다를 수 있다는 것을 뜻한다. 심각한 위협이 있은 뒤에 동물들은 대체로 항상성을 빨리 회복하는 반면, 인간은 항상성을 회복하는 데 상당히 많은 시간을 필요로 한다. 불행하게도, 인간은 자동적으로 빠져나갈 수 없는 방어 단계에 갇힐 수 있다.

## 방어 단계

다음(Bracha, 2004를 수정; Kozlowska et al., 2015)은 개입을 위해 응용할 수 있는 방법과 함께 방어 단계에 대한 간략한 설명을 제공한다. 완벽하지는 않지만, 다음 단계들은 교사와 전문가들이 스트레스와 트라우마가 표출되는 다양한 경로를 이해하고 전략적으로 개입하도록 도울 수 있다. 유념할 것은 스트레스 관련 행동은 중복되어 나타나기 때문에 어느 단계로 특정하기 어려울 수 있다는 것이다. 하지만, 교사와 임상의는 공포 반응 단계들을 숙지함으로써 마음챙김 교육과 관련하여 공포 반응을 체계적으로 이해할 수 있는 틀을 지닐 수 있다. 생리학적인 방어 단계는 현재의 위협뿐만 아니라 과거 사건에 대한 기억이나 미래 사건에 대한 예측과 같은 내적 표상에 의해 활성화될 수 있다는 점을 기억하자.

- **각성** 위협에 대한 초기 대응은 경계를 극대화하는 것이다. 경계 태세를 취함으로써 우리는 상황에 집중해서 무슨 일이 일어나고 있는지 파악할 수 있다. 혼자 있을 때 집에서 문이 열리는 소리가 들리거나 갑자기 큰 폭발음이 났거나, 어떤 십 대가 소셜 미디어에서 자신에 대한 악의적인 댓글 또는 사진을 보거나, 권위적인 성인으로부터 날카롭고 비판적인 말을 듣거나, 자신을 향해 공격적이고 위압적으로 다가오는 다른 사람의 모습을 보는 순간 등을 상상해 보자. 심박수가 빨라지고, 근육이 긴장하며, 입이 마르고, 목소리가 높아질 것이다. 위협에 대처할 때 우리는 호흡이 빨라지고 땀이 나며, 과호흡이나 공황 상태가 발생할 수 있다.

  **각성에 대처하기** 생리학적 설명에 기초하여 각성을 감소시킬 수 있는 여러

경로가 존재한다. 큰 틀에서 맨 처음 할 수 있는 일은, 다른 사람과의 편안한 만남을 통해 감정을 조절하게 하는 것이다. 반복적인 위로, 토닥임, 따뜻한 눈맞춤은 흥분 상태에서 더 편안하고 수용적인 상태로 전환하는 것을 도울 수 있다. 각성 상태에서는 교감신경의 활성화 정도가 높기 때문에 부교감 기능을 활성화시키는 것이 좋다. 숨쉬기와 같은 신체적(신체 기반) 훈련은 미주신경긴장도vagal tone를 향상시킬 수 있다(〈청소년의 뇌와 스트레스〉 참조). 편안하게 쉬는 긴 날숨, 상자 호흡, 벌 호흡, 그리고 요가의 호흡조절이나 숨을 길게 내쉬는 기술들은 생리적 균형의 회복을 돕는다(Zaccaro et al., 2018; Gevirtz, 2000). 마찬가지로, 점진적인 근육 이완, 요가, 흔드는 동작과 같은 리드미컬하고 부드러운 움직임은 각성의 수준을 낮출 수 있다. 작은 움직임이 크고 빠른 움직임보다 더 도움이 되는데, 이는 신체에 스트레스 신호를 내보내는 생리적인 흥분을 덜 유발하기 때문이다. 마음챙김은 스트레스 반응의 또 다른 핵심인 편도체의 각성을 억제하고 인지 조절 기능을 강화하기 때문에, 짧은 바디 스캔이나 호흡 알아차리기와 같은 간단한 연습도 도움이 된다. 각성 수준이 높은 상태일 때 '곰곰이 생각해 보게끔 하는' 인지 전략은 도움이 되지 않는다("왜 이렇게 화가 났지? 그만 걱정하자"). 위협적인 상황에서는 인지 통제가 일시적으로 무력해지기 때문이다. 위협이나 명령은 자극을 악화시킬 뿐, 역효과를 초래할 수 있다.

- **싸움 또는 회피** 일단 어떤 식으로든 위협이 인식되면, 자신을 방어하려는 시도가 시작된다. 싸움(위협에 대항하기) 또는 회피(위협에 멀어지기)는 모든 방어 단계들 가운데 가장 잘 알려진 단계이다. 이 단계에서는 부신 호르몬의 순환 때문에 자율신경계의 교감신경이 많이 관여한다. 소화와 같은 다른 기능이 일시적으로 보류되는 동안 부신 호르몬은 호흡, 심박수, 혈류를 증가시킨다. 한마디로 교감신경이 증가할수록 부교감신경의 활동은 줄어든다. 이러한 기능은 안전에 대한 실제적인 위협이 존재할 때 분명

유용하다. 그러나 어떤 학생이 다른 반 친구의 말에 화가 나서 의자를 난폭하게 밀치고 교실을 뛰쳐나오거나, 다른 친구의 공격 때문에 도망친다고 상상해 보자. 감정이 제대로 조절되지 않을 때는 사소한 도발에도 싸움이나 회피 반응이 촉발될 수 있으며, 정서적·행동적 문제로 이어질 수 있다.

**싸움 또는 회피에 대처하기** L2B의 목표는 감정 조절이다. 이때 핵심은 실제적인 이유가 없는데도 무작정 싸우거나 도망치는 패턴을 관리하는 것이다. 싸움이나 회피는 대개 의식적인 자각보다 먼저 일어난다. 따라서 위협을 알아차렸을 때, 감정 조절이 잘 안 되고 있다는 경고 징후를 빠르게 알아차리는 기술을 가르치는 것이 중요하다. 호흡의 변화, 신체의 긴장, 빨라지는 심박수 등은 모두 알아차릴 수 있는 신체적 변화이다. 이러한 인식은 각성을 더 잘 인식하게 하는 역할을 하며, 결과적으로 더 의도적으로 반응하게 하는 데 도움이 된다. 일단 자극이 줄어들면, 문제 식별, 전략 선택(예: 재구성하기, 관점 취하기, 도움 구하기, 자기 대화), 실행과 같은 인지 통제 전략에 접근할 수 있다. 그런데 각성을 줄이는 것은 그렇게 간단하지 않다. 감정 조절을 지속적으로 방해하는 자극은 다시 나타나는 경우가 많기 때문이다. 또한, 인지적 기능과 감정적 기능 사이의 경계는 명확하지 않다(Ahmed, Bittencourt-Hewitt, & Sebastian, 2015). 따라서 심호흡과 같이 각성을 감소시키는 전략과 관점 취하기와 같이 고차적인 인지 자원을 강화하는 전략 사이를 왔다 갔다 하는 것이 필요하다.

• **경직 반응(또는 의도적인 경직)** 경직 반응은 자극이 강하고 매우 고통스러운 시작 단계에서 잘 발생한다. 경직 반응이 일어날 때, 위협에 대한 싸움 또는 회피 반응은 작동하지 않는 것처럼 보인다. 자율신경계의 교감신경계와 부교감신경계는 상호보완적인 방식이 아니라 동시에 활성화된다. 부교감신경계가 활성화되어 심장박동수의 급격한 감소(느린 맥박bradycardia)를 야

기하는 동시에 교감신경계의 작동(예: 심박수, 땀, 호흡)이 증가한다. 경직 반응이 일어나면 몸이 마비되고 근육이 긴장되는 것을 느낄 수 있다. 또한 레이저를 쏘듯이 공포에 관심을 집중한다. 공포영화 속 인물을 상상해 보자. 적이 문 앞에 있지만, 발이 바닥에 붙어버리고, 눈이 휘둥그레지며, 심장이 뛰지만, 속수무책으로 꼼짝하지 못하게 된다. 보통은 몇 초가 지난 뒤에야 움직일 수 있다. 적어도 한 번 이상 역경을 경험한 사람은 그런 경험이 없는 사람에 비해 불쾌한 이미지를 볼 때, 신체 흔들림(불안정성)이 감소하는데, 이는 외상 생존자들에게 경직 반응이 잘 일어난다는 것을 보여준다(Hagenaars, Stins, & Roelofs, 2012). 경직 반응은 뒤에 설명될 부동화 단계와 다르다. 왜냐하면 경직 반응은 싸움 또는 회피를 통해 방어 행동을 동원할 수 있는 동안 일시적으로 움직임을 감소시키기 때문이다. 주목해야 할 사실은, 일부 전문가들이 경직 반응과 정향 반응orienting response(동물에게 새로운 자극이나 상황을 자극했을 때 나타나는 각성 반응—옮긴이)을 구별하고 있으며, 이와 관련한 연구가 계속되고 있다는 것이다(Hagenaars, Oitzl, & Roelofs, 2014 참조).

**경직 반응에 대처하기** 경직 또는 일시적인 부동상태에 있다는 것은 자극이 압도적이라는 것을 의미한다. 사람들은 보통 이 단계를 잘 벗어나며, 비교적 빠르게 능동적인(싸움 또는 회피) 방식을 취한다. 각성이나 싸움 또는 회피와 관련된 생리적 감각이 전반적으로 매우 강렬하게 느껴지는 경우, 생각이나 감정보다는 구체적인 신체감각에 주의를 집중하는 것이 강도를 줄이는 데 도움이 될 수 있다. 바닥에 닿은 발이나 손바닥 또는 손가락의 감촉 등을 의식하는 것은 자극을 일으키며 경직 반응에 대처할 수 있게 해준다. 어떤 대상이나 소리, 기분 좋은 이미지나 부드러운 목소리는 인식의 영역을 넓혀, 위협에 과도하게 집중하는 것을 줄이고 자유로워지게 도울 수 있다. 궁극적인 목표는 경직된 반응을 보이는 사람이 경직되지 않고 불편한 자극을 참을 수 있도록 돕는 것이다.

• **긴장성 부동화** Tonic immobility  긴장성 부동不動상태는 자기 방어 시도가 부적
절하거나 성공하지 못하고 위협이 압도적일 때 발생한다. 부동화 상태에
서는 교감신경계 작동에 따른 스트레스 반응 능력이 한계를 넘어선다. 이
는 싸움 또는 회피와 관련한 적극적인 조치와 비교해 볼 때, 극도로 수동
적인 방어라고 할 수 있다. 동물과 인간 모두에서 관찰되는 긴장성 부동
화 반응은 '장난하는 주머니쥐', '죽은체하기'에 관한 이야기로 유명하다.
긴장성 부동화는 경직으로 볼 수도 있지만 경직은 앞에 설명한 것과 같이
일시적인 반응이라는 점에서 긴장성 부동화와는 다르다. 긴장성 부동화
는 생존을 위한 것이다. 성폭행, 학대, 사고 또는 전투를 포함한 심각한 폭
력의 피해자들은 자신들이 겪은 그러한 경험을 절망적이고, 사방이 벽이
고, 마비되거나, 차갑고, 긴장되고, 꼼짝할 수 없는 것으로 묘사한다. 어떤
사람들은 통제할 수 없는 떨림을 보고하기도 한다. 시야가 흐려지고 자신
의 몸과 경험으로부터 단절된 것처럼 느낀다. 부교감 활동의 증가로 심박
수가 급격히 떨어질 수 있기 때문에 긴장성 부동화는 위험하다. 해리나
비인격화, 그리고 자신의 몸을 "내려다보고 있다"는 느낌을 경험할 수 있
다. 마지막 방어 단계는 붕괴된 부동화 상태이다. 붕괴된 부동화 상태는
근육이 이완되고 기절할 수 있다는 것을 제외하고는 긴장성 부동화와 비
슷하다. 급격한 혈압 강하는 어지럼증을 유발해 기절하게 만들거나 부분
적으로 또는 완전히 의식을 잃게 할 수 있다.

**부동화 반응에 대처하기**  신체적 감각을 사용하여 신체적 경험에 다시 연결
시키는 것은 해리 상태에서 벗어나게 하는 데 도움을 준다. 자기수용감각
proprioception(이를테면 바닥의 느낌, 의자에 닿은 등의 느낌, 손에 닿는 차가운 물의
감각, 질감이 있는 물체의 감촉)과 상호수용적 단서(예를 들면 몸의 긴장, 무게, 압
력 또는 움직임 알아차리기)에 다시 연결되게끔 한다. 이때, 교사는 학생의 신
체적 경험이 실제적인 것으로 다시 살아날 수 있도록 차분하고 위로가 되
는 어조로 말할 필요가 있다. 신체의 한 부분에 주의를 기울이면 그 부분

의 혈류는 증가한다. 내부수용감각introceptive(이를테면 얼음처럼 차가운 것 만지기, 민트나 라벤더처럼 강한 향기 맡기)의 사용은 감각을 강하게 느끼게 함으로써 몸에 주의를 집중하는 것을 도울 수 있다. 연결이 복구될 때, 피해자들은 위협에 더 적극적으로 대응하지 않는 것에 수치심을 느끼곤 한다. 이와 같은 문제는 L2B가 다루는 자기 자비self-compassion와 자애loving-kindness를 의도적으로 함양함으로써 해결될 수 있다.

# L2B 교사를 위한 지침

생애 초기에 경험한 역경은 어른뿐 아니라 청소년의 정서와 행동에도 분명히 영향을 미친다. 하지만, 모든 사람이 같은 방식으로 경험에 반응하는 것은 아니다. 보호 요인이 있는 사람은 역경이 장애로 발전할 가능성이 적다. 스트레스, 트라우마, 역경, 그리고 장기적인 결과는 우리가 처음에 생각했던 것보다 더 복잡한 영향을 미치는 경우가 많다. 교사 대부분은 학생들의 배경이나 그들이 직면한 어려움을 알지는 못한다. 임상전문가도 아닌 교사가 학생들이 지닌 모든 문제를 치료해야 한다거나 위험 요소를 알아야 한다고 기대하는 것은 부적절하고 비합리적이다. 그럼에도 불구하고, 학생들이 겪는 어려움에 관한 지식은 교사에게 도전적인 학생들을 이해하는 데 필요한 관점을 넓혀줄 수 있다.

## 진정한 학습은 관심에서부터 시작

심각한 트라우마가 있는 청소년은 정신적 에너지가 크게 떨어져 학습이 힘들다. 매일 위험하거나 불안정한 상황에 직면하면서 학교를 다니는 것만이 그들이 할 수 있는 유일한 것일 수 있다. 진정한 학습은 관심에서부터 시작하는데, 이런 학생은 배움에 관심을 갖기 힘들다. 어떤 학생들에게 과거의 트라우마는 기억으로 남아있지 않지만 그들의 신체 생리에 영향을 미치는 형태로 살아남아서 통제되지 않는 행동, 순응하지 않는 태도, 반항, 우울증, 이탈, 불안, 무관심 또는 사회적 결핍으로 표현된다. 트라우마가 있는 청소년은 일반적으로 다른 학생보다 더 취약하고, 교사가 이해하기 어려운 생활 환경 속에서 매일 어려움을 겪을 수 있다.

교사는 학생의 행동(특히 잘못된 행동)을 해석하는 시야를 넓혀, 학생이 어떤 환경에 처해있고 어떤 삶을 살았는지 고려할 필요가 있다. 이는 학생의 잘못된 행동을 무조건 눈감아주라는 것이 아니다. 그보다는 눈에 보이지 않는 취약성이 나타나는 징후를 인식하라는 것을 뜻한다. 교사와 성인 대부분은 객관적이기보다는 방어적인 태도로 청소년의 도전적인 행동을 바라본다. 어른도 인간이다. "못되게 행동하는 학생이네."라는 생각이 들면 어떤 반응을 하게 된다. 이때 L2B 교사는 일련의 반응 패턴을 살필 필요가 있다. L2B는 우리가 '내면과 외부'에 주의를 기울이는 법을 배우고 있다는 사실을 자주 상기시킨다. 학생의 행동을 이해하기 위해 교사는 학생의 내면과 외부를 들여다볼 수 있는 일종의 X-ray와 같은 능력을 지닐 필요가 있다. 이러한 능력을 통해 교사는 학생에게 주의 깊은 관심을 기울일 수 있다. 교사는 마음챙김 연습을 함으로써 이런 능력을 향상시킬 수 있다.

교사는 또한 학생들에게 스스로 감당하기 힘든 일을 관리하는 법을 가르침으로써 그들의 사회정서적 역량을 강화하게끔 도울 수 있다. 많은 연구들이 입증하듯이, 따뜻하고 애정 어린 사회적 관계가 아동에게 미치는 스트레스의 영향을 완충하는 역할을 한다는 것은 분명하다(Ozbay et al., 2007). 가르치는 기술뿐 아니라 따뜻하고 진정 어린 관심이 있는 학습환경도 중요하다.

주지하다시피, 이러한 사회적 참여는 심박변이도를 증가시키고[*] 교감신경 활성화를 감소시킴으로써 신경계를 변화시킨다(Porges, 2011). 이는 감정 조절을 가르치는 자연스러운 방법이다. 그러므로, 성인과 관계를 맺게끔 유도하는 것은 남아있는 초기 외상으로 어려움을 겪는 학생에게 안전망과 효과적인 대처법이 될 수 있다.

## 회복탄력성에 집중하기

때때로 우리 어른들은 책임에 대한 두려움 때문에 아이들의 두려움과 마음의 투쟁을 애써 모르는척한다. 진정한 회복탄력성은 '불구덩이 속을 뚫고 나오는 힘'이라는 사실을 무시하고, 학생의 '긍정적인' 면만 찾아 바라보는 태도를 취하기도 한다(Ryff & Singer, 2003, p. 15). 회복탄력성은 위험과 도전에도 불구하고, 또는 그것을 겪으면서, 피할 수 없는 투쟁을 통해 건강한 방식으로 회복되는 것이다. 외상후성장(PTG)(Tedeschi & Calhoun, 2004)이란 개념은 이러한 현상의 이해를 도와준다. 외상후성장은 "아주 도전적인 삶의 환경과 투쟁한 결과로 경험하는 긍정적인 심리적 변화"(p. 1)다. 우리는 고통이나 외상후스트레스가 없을 때 심리적으로 성장하는 것이 아니다. 고통은 심리적 성장과 공존할 수 있다(Zięba, Wiecheć, Biegaęska-Banaę, & Mieleszczenko-Kowszewicz, 2019). 그런데 트라우마를 경험한 후 성장을 보여주는 성인에 대한 연구는 트라우마가 되는 사건을 겪기 이전의 수준을 초과해서 심리적 기능이 향상할 수 있음을 입증한다. 이런 성장은 삶에서의 우선순위 변화, 삶에 대한 더 큰 감사, 타인과 더 가깝고 더 긍정적인 관계, 삶의 가능성에 대한 향상된 감각, 그리고 영성의 고양을 포함하기도 한다(Tedeschi & Calhoun, 1996).

---

● 심박변이도가 높다는 것은 우리의 몸이 휴식, 회복, 건강, 안정 등의 상황에 있다는 것이고, 심박변이도가 낮다는 것은 교감신경이 활성화되어 흥분상태를 의미하는 것이기 때문에 스트레스나 질병의 상태를 나타낸다고 볼 수 있다.— 옮긴이

당연히 아이는 어른이 아니며, 어른이 되면 지니는 심리적 방어력을 키우는 과정에 있다. 따라서 개념적으로 볼 때, 이 연령대의 아이들은 취약하고, 어른들의 관심을 필요로 한다. 자율적이고 싶어 하는 청소년을 보고, 스스로를 보호할 수 있는 능력이 있다고 오해할 수 있지만, 청소년은 우리가 신경 쓰든 말든 여전히 성인과 연결되고 지지받고자 하는 정서적인 요구를 지니고 있다. 마음챙김은 스스로에게 동기를 유발할 수 있는 능력과 연민을 기르기 위한 것이다. 생애 초기에 겪을 수 있는 부정적인 경험에도 불구하고, 마음챙김은 고립에서 벗어나 자신을 위한 삶을 살 수 있도록 보호적인 요인으로 기능을 할 수 있다.

## 마음챙김을 통한 안전과 연결의 강화

마음챙김 또는 마음챙김을 통한 알아차림은 모든 학생이 배워야 할 중요한 기술이다. 마음챙김은 학습을 근본적으로 추동하는 엔진이라고 할 수 있는 우리의 마음을 '조절'하기 때문이다. 마음챙김은 불안이 유발하는 정신적 자원의 소모를 줄이고, 균형의 회복을 도우며, 주의집중을 통해 좋은 성과를 거두게끔 하며, 흥미를 유발하여 생산적인 경로를 따르도록 한다. 마음챙김과 연민은 학생이 비판단적인 방법으로 자신을 수용하게 함으로써 내면에 안전한 공간을 만들게끔 한다.

### 불편한 경험과 대면하기

그런데 마음챙김을 통한 알아차림과 자비는 조용한 자기 성찰과 불쾌한 경험에 대한 대면을 요구한다. 사람들은 대개 무의식적으로 아픈 기억을 차단하거나 회피하고, 관련된 불편한 감정을 억누른다. 이러한 전략은 별로 도움이 되지 않지만, 어른조차도 그러는 경우가 많다. 연구에 따르면, 불편한 감정을 억누르거나 피하는 청소년은 그렇지 않은 청소년보다 불안하고 우울할 가능성이 높다(Schäfer, Naumann, Holmes, Tuschen-Caffier, & Samson,

2017). 중요한 사실은, 감정을 억압하는 바로 그 행위가 불안과 우울감이 생기는 데 중요한 역할을 한다는 것이다. 나아가, 다른 집단 프로그램에서와 마찬가지로 L2B에 참여하는 학생 역시 잘못 행동하고 수업을 방해할 수 있다. 특히 트라우마 때문에 괴로운 학생은 일종의 금단증세뿐만 아니라 조절장애 징후를 나타낼 수 있다. 마음챙김을 가르치려면 학생의 이러한 반응에 불친절하게 또는 처벌적인 방식으로 반응하지 않고, 무슨 일이 일어나고 있는지 끈기 있게 살펴볼 수 있는 능력이 필요하다.

어떤 사람에게는 찬찬히 자신의 내면을 들여다보고, 마음을 가라앉히며, 불쾌할 수 있는 일을 대면하는 것이 유독 힘들 수 있다. 특히 불쾌한 감정을 오랫동안 억누르거나 마음 깊이 감춰둔 경우라면 더 그렇다. 힘들었던 일을 다시 떠올리는 것은 학생에게 더 많은 스트레스를 주기도 한다. 그래서 어떤 아이들은 과잉행동을 하거나 관심을 돌려 거리를 두기도 한다. 트라우마로 안전에 대한 감각이 예민해진 학생은 위협감을 더 느낄 수 있다. 그러나 트라우마 경험이 마음챙김 연습을 방해하지는 않는다. 왜냐하면 마음챙김 연습은 우리 스스로를 친절하게 대하도록 이끌며, 벽에 가둬뒀던 우리 자신의 일부와 다시 연결되게끔 돕기 때문이다.

## 아이들의 변화를 이끌어내는 교사의 역할

마음챙김 프로그램 중에는 감정 조절 연습에서 교사가 하는 역할을 크게 강조하지 않는 것도 있다. 하지만 교사의 역할은 학습 및 탐구, 안전, 성장에 필수적인 관계 형성과 관련되기 때문에 분명 중요하다(Siegel, 2007 참조). 이 장의 초점은 심각한 트라우마를 경험한 학생에 대한 것이지만, 일상적으로 우리 모두는 기본적인 안전감을 조금씩 갉아먹는 스트레스를 의도치 않게 경험한다. 뉴스에서는 매일 끔찍한 폭력, 재난, 건강을 위협하는 것에 관한 정보가 쏟아진다. 주기적으로 학교 문을 닫는 미국 학교들의 관행은 총격 사건이 일어나는 현실을 떠올리게 한다. 또한 학교 건물은 자주 훼손되고 소음을 유발하며, 시험과 성취도 평가는 학생들을 무자비한 경쟁으로 내몰고 있다. 그러는 와중에 학생들은 세계를 무대로 도전해야 하는 요구를 받고 있다. 이 모든 상황들은 가장 좋은 조건을 지닌 학생에게조차도 부족할 수 있는 강인함과 적응력을 요구한다.

우리의 신경계 깊숙한 곳에서 학교가 안전하지 않은 곳이라고 느끼는 것은 당연하다. 교사는 이를 바꾸고 아이들이 안전하다고 느끼게끔 돕는 중요한 역할을 한다. 우리 모두는 다른 사람의 어조와 표정만으로도 안전과 위협에 대한 신호를 알아차릴 수 있다. 교사는 부드러운 위로나 따뜻한 표정과 같은 단순한 사회적 연결 메커니즘을 통해 학생이 자신의 감정을 조절하고 불안과 스트레스에 지친 마음을 차분하게 달래도록 도울 수 있다. 또한 교사가 학생들과 마음챙김을 함께 연습하는 것은 상호조절적인 기능을 할 수 있다.

### 같은 공간에서 서로의 이야기를 직접 듣는 힘

온라인 공간에서 가상으로 L2B를 실시하는 것이 필요한 때도 있다. 그러나 사회적 연결을 촉진하기 위해서는 기본적인 집단구조를 유지해야 한다. 마주 앉아 서로의 이야기를 들을 때, 우리는 모든 사람의 삶에 공통점이 있으며, 유쾌하거나 불쾌한 경험을 하는 것이 보편적인 일임을 깨닫는다. 이를 통해 우리는 고립감과 수치심을 줄이는 경험의 공동체를 구축할 수 있다. 필요에 따라 온라인 수업을 하더라도, 모둠 토론, 휴식 시간, 집단 마음챙김 연습을 통해 집단응집력을 키울 수 있다.

# 트라우마 경험이 있는 학생에게 L2B를 가르치기 위한 지침

정확한 안내를 위해서는 아직 더 많은 연구가 필요하지만 청소년, 특히 트라우마 경험이 있는 청소년에게 '트라우마 정보에 기초한 접근'을 적용하는 것은 마음챙김을 가르칠 때 중요하다(Baer, Crane, Miller, & Kuyken, 2019). 다음은 베어와 그의 동료들이 참가자, 프로그램, 교사 세 범주로 나누어 제시한 '트라우마 정보에 기초한 접근'을 요약한 것이다. 이는 학생에게 무리한 것을 요구하는 것이 아니라, 안전하고 수용적인 분위기에서 타인과 친구가 되는 과정을 시작하게끔 돕는 내용으로 구성된다. 안내에 포함된 일반적인 규칙들은 발생 가능한 모든 고통과 소외를 다루는 유연한 방법들과 연관된다. 교사는 교실에서 학생들의 반응을 주목하는 것이 중요하다는 것을 명심해야 하며('방어 단계' 도구 참조), 모든 학생을 친절하게 대하기 위해 필요에 따라 프로그램과 지도 내용을 수정할 수 있어야 한다.

## 학생 관련 고려 사항

- 심각한 트라우마를 지닌 청소년(이를테면 치료를 받고 있는 청소년)이 대상일 때는, 인터뷰나 진단 도구를 활용해 준비 상태를 평가해야 한다. 이를 통해 교사는 현재 학생이 L2B를 배우기에 적절한 시기인지 파악할 수 있다.
- L2B는 과거의 사건을 자세히 설명하기 위한 치료법이 아니다. L2B는 현재의 경험에 초점을 둔다. 가끔 어떤 학생은 자신에게 트라우마가 된 사건과 그 사건의 세부사항을 반복해서 이야기해서 트라우마를 다시 경험하기도 한다. 이런 상황은 교육과정에 계획된 부분이 아니므로 피해야 한다.
- 마음챙김 연습은 힘들었던 경험뿐 아니라 모든 경험에 대한 인식능력을 향상시킨다. 학생 내면의 힘을 길러주기 위해 교사는 이러한 정보를 학생이 알도록 해야 한다. 나아가 인식능력의 향상이 정신력 강화에 도움이 되지만, 때때로 불편하고 어려울 수 있다는 사실도 가르칠 필요가 있다. L2B 프로그램을 시작할 때, 주제 B를 다룰 때, 또는 주기적으로 이러한 사실을 학생들에게 상기시키는 것이 좋다.
- 집중력을 기르는 연습이 학생에게 이득이 된다는 점을 상기시킨다. 하지

만, 가치 있는 모든 일이 그렇듯이 노력과 결단이 중요하다는 점을 가르쳐야 한다. 가끔 사람들은 자기가 '마음챙김을 잘하지 못한다'거나, 결과가 바로 눈에 보이지 않기 때문에 '제대로' 연습하지 않고 있다고 느낄 수 있다. 이럴 때, 마음의 본성과 앞으로 경험할 것에 대해 정보를 제공하는 것이 도움이 될 수 있다. 학생이 질문을 하거나 걱정을 하고 있다면 도움을 받을 수 있는 방법을 알려주어야 한다.

- L2B 수업이 공유된 경험과 공동체의식을 바탕으로 자기 관리를 배우는 시간이 되도록 격려해야 한다. 트라우마는 고립감을 느끼게 하고, 자신이 남들과 다르다는 생각을 하게 만든다. 이럴 때, 정신 건강과 웰빙을 명시적으로 함께 배우는 수업에 참여하는 것은 학생의 고립감을 줄일 수 있다(재차 강조하지만, 트라우마 치료는 L2B 교육과정에 포함되지 않는다). 마음챙김은 트라우마 이해 정보에 기초한 접근을 취하는 학교를 만들기 위해 활용할 수 있는 기술이다(National Child Traumatic Stress Network, Schools Committee, 2017 참조).

- 무엇보다 안전한 공간을 만들고 유지하는 것이 중요하다. 모든 실행, 대처, 참여는 강제가 아니라 자발적으로 이뤄져야 한다. 교사는 참여와 관련하여 '벗어나는 법'(고개 숙이기, 다른 교실로 가기, 평화지대로 가기, 물 마시기, 다른 일을 잠시 하거나 자세 바꾸기 등)을 반드시 미리 알리고 이를 허용해야 한다. 교사는 수업 지침(61쪽 참조)을 만들 때 이러한 선택 사항을 포함시켜야 한다.

- 학급 규칙을 정할 때는 교실에서 경험한 그 어떤 것(특히 개인적인 경험)도 다른 사람에게 전하지 않아야 한다는 점을 명시한다.

- 학생들의 반응을 주시해야 한다. 능숙한 교사는 언제 학생이 트라우마에 도전하도록 하고 언제 학생을 도와주어야 하는지 안다. 학생에게 지나친 각성(주먹 움켜쥐기, 땀 흘리기, 한숨 쉬기, 울기 등) 또는 종료 신호(멍하게 있기, 먼 산 바라보기, 잠자기)가 있는지 확인해야 한다. 자세한 내용은 방어 단계 프로그램에 포함된 방법들을 참조한다. 학생이 프로그램의 구성 요소들을 그들이 어떻게 대하는지 토론할 기회를 준다. 각 차시가 끝날 때마다,

또는 프로그램의 다양한 지점에서 확인하는 것이 적절할 수 있다. 예를 들어, 학생은 각 차시 후에 체크리스트를 작성하거나 익명으로 쪽지에 자신의 의견을 제시할 수 있다.

- 압도적인 감정을 다루기 위한 몇 가지 제안. ① 모두가 준비될 때까지 수업을 시작하지 않는다. 〈그 밖의 마음챙김 활동〉에서 제안한 활동들을 활용하여 준비 상태를 파악한다. ② 모두 또는 몇몇 학생의 흥분, 동요, 좌절, 불안의 정도가 높아지는 것처럼 보이면, 잠시 멈추고 그 순간을 활용해 휴식을 취하고, '숨쉬기'나 다른 호흡조절 연습을 하며, 자신의 감정을 알아차리고 이름을 붙이도록 한다. 학생들에게 지금 무슨 일이 일어나고 있는지, 자신의 몸에서, 생각과 감정에서 어떤 감각을 경험하고 있는지에 관심을 기울이게끔 한다. 서서 편안하게 깊은 숨쉬기, 스트레칭 연습하기 또는 다른 동작을 따라 하도록 한다. ③ 어떤 학생은 힘들었던 기억이 떠오르면 마음의 문을 닫아버리고 혼자 있으려 한다. 이런 경우에는 방어 단계에 포함된 방법들이 안내하는 지침을 활용하도록 한다.
- 상담이나 전문적인 설명이 가능한 정신 건강 전문가를 확보한다.

## 프로그램 관련 고려 사항

- 트라우마가 있는 학생뿐만 아니라 모든 학생에게 (시작하는 단원에서, 발표 슬라이드나 회의할 때, 또는 유인물을 통해) 프로그램에 관한 정보를 미리 알려준다. 학교 또는 기관에 적절한 사전 동의 절차를 거친다.
- 안내물, 발표 슬라이드 또는 기타 형태의 자료로 부모 또는 보호자와 L2B에 대한 정보를 공유한다. 가능하면, 보호자도 마음챙김을 직접 연습해 볼 수 있도록 워크숍과 같은 기회를 제공하는 것이 좋다. 보호자가 교육과정과 그에 대한 설명을 검토할 수 있게끔 한다.
- 호흡 인식과 바디 스캔(주제 B)을 지도할 때는, 학생이 필요할 때 주의를 기울일 수 있는 '몸 안의 안전 공간'(이를테면 호흡, 손, 손가락, 입술의 느낌, 바

닥에 닿은 발, 의자 등받이에 닿은 등의 느낌)을 의식하도록 안내한다. 신체에서 안전한 공간을 찾기 어려워하는 학생이 있다면, 자신의 외부에서 안전 공간(이를테면 가장 좋아하는 장소나 여행지)을 찾도록 돕는다. 호흡이나 몸에 주의를 기울이는 것이 지나치게 불편함을 유발하는 경우에는, "잠시 쉬었다 해볼까요."라고 한다. 괴로운 감각을 느끼기 전에 불안을 억제하는 방법으로, 고통이 느껴질 때 유쾌하거나 중립적인 감각으로 주의를 돌리는 반복적인 훈련은, 점진적이고 지속 가능한 방식으로 인내심을 갖게 해준다. '탐색하기'와 '진정하기'의 상호 균형은 전체 또는 개별 학생을 대상으로 가르칠 수 있다. 프로그램 중간에 '탐색하기'와 '진정하기'를 번갈아가며 연습할 수 있도록 계획해 둔다.

- 바디 스캔이나 호흡에 집중하는 마음챙김이 과도한 불안을 유발하는 경우에는, 듣기(소리, 정신적 단어나 문구) 또는 어떤 시각적 이미지에 대신 주의를 기울이게끔 한다. 예를 들어, 발바닥에서 바디 스캔을 시작한 다음, 소리에 주의를 기울이도록 한다. 다양한 종이나 여러 사물을 가져와서 학생들이 그러한 사물에서 나는 소리의 변화에 주의를 기울이게끔 한다. 이런 식으로 '탐색하기'와 '진정하기'를 번갈아가며 반복 연습할 수 있다.

- 학생들이 안전하다고 느끼는 공간을 그릴 수 있도록 한다. 이렇게 그린 그림은 책상 위에 붙여 필요할 때 활용할 수 있다. 특정 감정에 압도당하고 있다고 느낄 때 학생은 그림의 이미지에 집중해서 안전감을 느낄 수 있다.

- 신체로 주의를 돌리기 위한 방법으로 몸을 움직일 기회를 준다. 걷기, 스트레칭, 공 던지기, 물 마시기는 지금 있는 곳에서 주의를 신체로 돌리는 데 도움이 될 수 있다. 특정 상황에서는 집단으로 움직이기 또는 토론이나 게임을 하기 위한 휴식도 도움이 될 수 있다.

- 마음챙김을 연습하는 동안 압도당하는 느낌을 가질 경우, 마음속에서(또는 속삭임으로) 되뇌일 수 있는 몇 가지 정신적인 확언을 소개하고, 학생들이 이런 확언을 준비하게끔 한다. 예: "내 몸은 강해. 그리고 균형 잡혀 있

어.", "나는 내면의 힘을 키우는 법을 배우고 있어."

- 학생들이 (눈을 감기를 원하지 않는다면) 눈을 뜨는 것을 허용한다. 대신 시선을 멀리 떨어진 곳에 부드럽게 두도록 한다. 마음챙김을 소개할 때 눈, 얼굴, 턱, 어깨에 '힘 빼기'를 안내한다. 이런 방법을 통해 무의식적으로 긴장될 수 있는 신체 부위에 주의를 기울이고, 다시 이완시킬 수 있다.

- 학생들이 원한다면 눕지 않고, 앉거나 서서 마음챙김을 할 수 있다. 또한 둥근 대형 대신 벽을 향하게끔 의자를 돌려 앉아서 마음챙김을 연습할 수도 있다.

- 특히 중간에 다른 공간으로 이동해야 하는 경우는 수업 시작 전에 이동 경로와 공간이 안전한지 미리 살피고, 학생들이 자신의 소지품(가방, 겉옷, 음식 등)을 잘 보관하게 한다. 학생들이 소지품을 안전한 공간(예: 사물함 또는 옷장)에 보관하게 해서 불안하지 않게 해야 한다.

- 연습에 걸리는 시간을 안내해서 마음챙김 수업이 어떻게 진행될 것인지 학생들이 미리 인지하게끔 한다. 프로그램에 계획된 대로 연습은 짧게 진행한다. L2B는 미리 수업안을 제공하기 때문에 학생들은 매 수업이 어떻게 진행될지 사전에 파악할 수 있다. 실습 스크립트를 활용해서 학생들의 연습을 이끈다(예: 부드러운 목소리로 "종소리가 날 때까지 호흡에 주의를 기울이세요.").

- 몇몇 활동은 (그대로 하기보다) 수정해 적용해도 되고, 토론만 해도 된다. 예를 들어, 주제 R의 '내 마음 역할극'(109쪽 참조)은 청소년들에게 관심이 많은 사람을 등장인물로 설정할 수 있다. 연습 도중 일어나는 부정적인 생각이나 '끈질긴' 생각은 더 중립적인 (위협적이지 않은) 생각으로 대체할 수 있다. 아니면, 부정적이거나 끈질긴 생각에 대한 토론을 진행할 수도 있다. 스트레스를 받은 경험에 대한 기억이 떠오르게 하는 것이 염려된다면, 3인칭 토론을 활용해서 경험에서 멀어지게 하는 것이 효과적이다. 토론은 학생들이 힘든 생각이나 감정을 처리하는 법을 이해하는 데 도움을 줄 수 있다. 숨을 쉬는 동안 "나는 이러한 감정을 숨기지 않고 느낄 수 있어."

라고 반복하며, 가능한 한 반응을 줄인 채 주의를 기울이고(수용) 내버려 두는 방법(방치하는 것이 아니라)으로 힘든 생각이나 감정을 다루도록 할 수 있다. 역할극을 하는 동안, 교사는 중간중간 역할극을 멈추고 청중인 학생들이 어떤 경험을 하고 있는지 확인하는 것이 좋다. "이와 비슷하게 느낀 사람은 손 들어볼까요?"라고 물으며, 시연을 통해 공통적으로 경험하고 있다는 점을 강조한다. 교사도 역할극에 자원할 수 있다. 주제 E의 '감정 파도타기'(157쪽 참조)도 필요에 따라 비슷한 방식으로 진행한다.

- 주제 B의 '연결감 지니기'(79쪽 참조) 연습을 소개하고 프로그램 전체(특히 '나와 같은 사람')에서 꾸준히 수행한다. 학생들이 압도당하는 느낌을 유발하는 모든 것을 연결감을 바탕으로 알아차릴 수 있도록 돕는다.
- 연습 시간은 짧게 하되 자주 실시한다. 학생들이 교사의 목소리와 자신이 연결돼 있는 것처럼 느낄 수 있도록 꾸준히 지도한다.
- 연습 환경을 조성하기 위해 필요한 부가적인 심리교육 및 구조적 지원(설명, 숙제, 사전 프로그램 설명)을 제공한다. 어떤 치유 환경에서는, 프로그램이 시작되기 전 또는 주제 A의 수업 중간에 트라우마에 관한 심리교육을 추가하는 것이 적절할 수 있다.

## 교사 관련 고려 사항

- 트라우마가 있는 학생을 위해서 안전이 중요하다는 사실을 꼭 기억해야 한다. 교사는 학생들이 위협을 느끼고 있음을 가리키는 징후를 읽는 법을 배울 필요가 있다.
- 특히 마음챙김 연습을 지도할 때, 교사는 자신이 지닌 영향력과 목소리 톤에 매우 주의해야 한다. 목소리 톤만으로도 우리의 뇌는 무의식적으로 위협 신호를 인식한다. 만약 교사가 수업 또는 그 이외의 것에 화가 나면, 쌀쌀맞은 목소리로 산만하게 연습을 지도하기 전에 자신에 대해 자애와 자비심을 지니도록 연습해야 한다. 교사는 학생들의 안전한 공간이 되어

야 한다. 그리고 이는 자동적으로 반응하지 않고 자비심을 유지할 수 있는 교사의 능력에 달려있다.

- 교사 스스로를 위한 마음챙김 연습을 꾸준히 해야 한다. 정기적이고 일상적인 짧은 연습은 가끔씩 하는 긴 연습보다 더 나을 수 있다.

- 모든 학생이 모든 수업에 적극적으로 참여하거나 수업 시간이 아닐 때도 마음챙김을 연습할 것이라는 기대는 버리는 것이 좋다. 그런 기대는 열정적이기는 하지만 헛된 것이 될 가능성이 높다. 학생들이 마음챙김 연습의 가치를 깨닫기까지는 시간이 걸릴 수 있다는 점을 인정해야 한다.

- 트라우마는 신경계에 존재한다는 사실을 기억하자. 단순히 학생들에게 가만히 행동을 멈추고, 더 잘 듣고, 스스로를 통제하라고 말하는 것은 문제에 대한 적절한 해결법이 아니며, 문제를 더 악화시킬 수 있다. 뇌에서 언어와 성찰이 일어나는 부분은 아이들이 압박감을 느낄 때 멈춰버린다. 차분해지기, 진정하기, 안정감 느끼기 기술은 학생이 안전하다고 느끼는 데 도움이 되는 방법들이다.

- 프로그램의 범위, 순서 및 취지에 대한 깊은 이해가 요구된다. 나아가 필요하다면 프로그램의 취지를 훼손하지 않는 범위 내에서 유연하게 활용할 수 있다.

- 프로그램을 적용하는 학교가 속한 지역의 교사들은 그 지역의 문화와 학생 특성에 관해 잘 알기 때문에, 프로그램을 효과적으로 적용하는 데 필요한 정보를 제안해 줄 수 있다. 그러므로 그 지역의 교사와 소통하는 것이 매우 중요하다.

# 청소년, 학교 그리고 마음챙김

아이들이 삶을 성공적으로 살도록 돕기 위해 필요한 것은 무엇인가? 이 질문에 관한 공통적인 대답은 '좋은 교육'이다. 학업에서의 성공은 교육개혁운동과 관련한 교육 성취기준 체계가 강조하는 목표이며, 현재 미국의 국가적인 관심의 최전선에 있다. 학업에서의 성공을 나타내는 가장 일반적인 지표는 시험 성적, 상위 학교 진학, 지식의 숙달과 같은 성과들이다. 하지만, 매일 청소년과 시간을 보내며, 아이들의 발달과 어려움을 목격하는 교사나 상담가는 학업적 성공과 관련하여 더 많은 것들이 있다는 사실을 안다.

## 교육의 근본적인 역할

우리가 아이들에게 학업에서의 성공 외에도 행복하고 건강하기를 바란다는 것에는 의심의 여지가 없다. 그런데 행복이나 건강과 같은 목표는 단절된 삶을 통해 달성할 수 없다. 즉, 학업적 성과를 이루는 데 사회정서적 안녕이 근본적인 역할을 한다는 것은 이제 모두가 수긍하는 사실이 되었다 (Domitrovich, Durlak, Staley, & Weissberg, 2017; Elias, Wang, Weissberg, Zins, & Walberg, 2002; Goleman, 2006). 생산적인 일에 몰두하는 법, 일이 힘들 때도 동기를 유지하는 법, 친구와 나누고 배우며, 소통하기 힘들 때 대처하는 법을 배우는 것은 감정을 이해하고 조절하는 능력에 달려있다. 아이들은 이러한 능력을 전통적인 학업 능력과 함께 배운다. 대인관계능력, 내적 성찰능력, 문제해결능력과 같은 능력에 대한 요구는 학년이 올라갈수록 증가한다.

학업 성취가 학교 개혁에 관한 논의의 대부분을 차지하긴 하지만, 교육에 대해 더 전체적인 관점을 취하는 사람들의 노력을 통해 중요한 발전도 이루어지고 있다. 왕Wang, 헤어틸Haertel, 월버그Walberg(1993)에 따르면, 교실 학습에서 가장 중요한 11가지 요인 가운데 8가지는 사회정서적 요인이다. 사회정서학습 프로그램에 관한 수십 년간의 경험 연구는 잘 설계되고 잘 구현된 예방 프로그램이 정신 건강을 위한 기술을 익히고, 교실에서의 행동을 개선하고, 성취도를 향상시키는 동시에 문제 발생률을 줄인다는 사실을 일관되게 보여준다(Durlak et al., 2011; Greenberg et al., 2003; Zins, Weissberg, Wang, & Walberg, 2004).

## 사회정서학습의 필요성

많은 저명한 연구자들은 유치원·초·중·고 교육과정에 사회정서학습을 포함시킬 것을 요구해 왔다. 학업과 사회정서학습을 위한 협회Collaborative for Academic, Social, and Emotional Learning(이하 CASEL, 2003)의 목표는 종합적인 프로그래밍을 통해 학교에서 아이들이 사회정서적 능력을 발달시키게끔 촉진하는 것이다. 공인된 학교 상담 및 폭력 예방 프로그램에는 개인적·사회적·정서적 학습 목표가 포함된다(American School Counselor Association, 2005; Mihalic, Irwin, Fagan, Ballard, & Elliott, 2004).

신경과학 역시 인지적·사회적·정서적 발달의 중요성을 뒷받침하는 증거를 제공한다. 최근의 과학적 성과는 인간의 인지를 설명하기 위해 인지와 정서를 대결시키는 프레임워크를 거부하고 있다(Damasio, 1994; Siegel, 1999). 신경과학적 증거는 높은 수준의 인지를 주관한다고 여겨지는 전두엽 피질이 감정 처리와 조절에도 상당히 중요한 역할을 한다는 것을 보여준다. 즉 뇌는 여러 명의 솔리스트보다는 하나의 오케스트라처럼 작동한다. 인지 대 정서 패러다임에 도전하는 이러한 증거들은 이성과 정서 사이의 관계에 대해 재고할 것을 강력하게 요구한다(Davidson, 2012 참조).

학문적인 학습은 사회정서적 기술에 의존하며, 이 둘을 분리하는 것은 사실상 불가능하다. 아동 발달에 관한 국가과학위원회 National Scientific Council on the Developing Child의 보고서(2004, p. 3)는 이를 다음과 같이 표현한다.

"제대로 관리되지 않은 감정은 사고력의 손상으로 이어질 수 있다. 최근의 과학적 발전은 감정과 인지가 서로 연결되어 있으며, 복잡한 신경 회로의 출현·분열·연결에 어떻게 의존하는지 보여준다. 이러한 신경 회로는 전전두 피질, 변연계 피질, 기저전뇌, 편도체, 시상하부, 뇌간을 포함한 뇌의 여러 영역에 분포한다. 감정 조절과 관련된 신경 회로는 '실행 기능 executive functions'(이를테면, 계획, 판단, 의사 결정 기능)과 관련된 회로와 매우 깊이 상호작용한다. 이러한 실행 기능은 유아기의 문제해결 능력발달과 밀접하게 관련된다. 감정이 잘 조절될 때 뇌는 기본적으로 실행 기능을 돕지만, 잘 조절되지 않을 때는 주의력과 의사 결정과 관련한 실행 기능을 방해한다."

## 청소년을 위협하는 정신 건강 문제

미국 지역신문의 특집기사에 지역 내·지역 간 학교들의 학업성취도를 비교하는 보고서가 자주 실린다. 그런데 학생들의 정서적·행동적 문제들에 대한 학교의 감독과 관리 책임은 관심을 잘 끌지 못한다. 학교 안팎에서 일하는 상담사와 치료사들은 정서적·행동적 문제들이 아이의 발달에 어떤 영향을 미치는지 너무나 잘 안다. 대규모 역학조사는 청소년 정신 건강 상태에 관해 매우 불안한 미래를 그린다. 2000년 미 보건총감 US Surgeon General(US

Department of Health and Human Services, US Department of Education, & US Department of Justice, 2000)이 발표한 획기적인 보고서에 따르면, 10퍼센트의 청년이 진단 기준을 충족하는 정신 건강 문제를 겪고 있으며, 20퍼센트는 학업 성취와 사회적 관계 등 일상적인 기능이 크게 어려운 것으로 나타났다.

그로부터 10년 뒤, NCS-A(Merikangas, Avenevoli, Costello, Koretz, & Kessler, 2009)는 훨씬 더 냉엄한 견해를 발표한다. NCS-A는 미국에서 국가 단위로 진행한 첫 조사로 만 명 이상의 청소년을 대상으로 하였기 때문에 대표성을 띤다고 볼 수 있다. 표본추출한 청소년의 약 절반(49.5%)이 적어도 하나의 정신장애(DSM-IV) 진단 기준에 부합했으며, 이들 가운데 40%는 적어도 하나 이상의 추가적인 정신장애 진단 기준에 부합했다. 이들 집단 가운데 약 4~5명 중 1명은 평생 제대로 기능하는 것이 어려울 정도로 심각한 증상을 경험했다(Kessler et al., 2012).

주요 정신질환 대부분은 유년기와 청소년기에 시작된다. NCS-A 연구(Merikangas et al., 2009)에 따르면, 불안장애(6세)의 발병이 가장 빠르며, 행동장애(11세), 기분장애(13세), 약물남용 장애(15세)가 뒤를 잇는다. 스트레스 경험의 영향이 큰 불안장애는 청소년과 성인 사이에 발생하는 가장 흔한 정신 건강 문제다. 유감스럽게도, 심각한 정서적·행동적 문제는 청소년기에 가장 흔한 만성질환인 천식(약 5.4%)(Akinbami & Schoendorf, 2002)과 당뇨병(0.25%)(American Diabetes Association, 2020)보다 훨씬 널리 퍼져 있다. 청소년과 그 가족의 정신 건강 문제로 연간 지출하는 경제적 비용은 2,500억 달러에 달하는 것으로 추산된다. 이에 청소년 정신 건강이 공중보건의 주요 문제가 됐으며, 효과적인 예방과 치료에 대한 목소리가 높아지고 있다(Merikangas et al., 2009).

그런데, 심각한 정신 건강 문제가 없고, 겉으로 보기에 문제가 없어 보이는 청소년도 도움이 필요할 수 있다. 주지하다시피, 사춘기의 생리적 변화는 스트레스에 매우 민감하게 반응하도록 만드는 호르몬 변화를 일으킨다(Blakemore, 2008; Casey et al. 2008 참조). 평생 고통을 주는 여러 주요 정신질환들이 청소년기에 시작되는데, 이러한 사실은 오늘날 청소년이 겪는 상황, 특히 웰빙에 위험이 되는 상황 요소들에 더 많은 관심을 가질 것을 요청한다. 다행스러운 점은 신경 가소성 덕분에 발달하는 뇌는 경험에 유연하게 반응한다는 것이다. 즉, 위험 요소를 줄이고 발달 경로를 긍정적으로 바꾸는 유익한 경험을 제공할 가능성이 있다는 사실은 고무적이라고 할 수 있다.

# 감정 조절 능력을 키우는 마음챙김

마음챙김은 정서적 고통을 줄이고, 균형을 촉진하며, 주의력을 향상시키고, 동기를 일으키는 법을 배우는 데에 효과적이기 때문에 매우 유용한 예방과 치료법이 될 수 있다. 실제로 사회정서학습과 여러 형태의 치료들은 적응력의 발달이 감정 조절 능력의 성숙에 달려있다는 점을 전제로 한다. 최근 점점 더 많은 연구자들이 감정 조절을 웰빙과 긍정적인 적응을 위한 기초로 간주하고 있다(Gross & Muñoz, 1995).

## 감정 조절 과정

감정 조절 과정이란 다른 상황의 요구를 충족하거나 특정 목표를 달성하기 위해 감정적 경험을 조정하기 위해 사용되는 전략을 뜻한다(Campos, Frankel, & Camras, 2004). 이러한 과정에는 감정적 경험의 인식 및 이해와 수용, 괴로움과 흥분을 조절하는 능력, 동기를 계속해서 유지하는 능력, 할 일의 우선순위를 정하고 적응적으로 행동하는 것이 포함될 수 있다(Cole,

Michel, & Teti, 1994). 정서 조절의 어려움은 우울증(Garber, 2006), 섭식장애(Czaja, Rief, & Hilbert, 2009), 자해(Sim, Adrian, Zeman, Cassano, & Friedrich, 2009), 약물남용(Sher & Grekin, 2007), 스트레스에 대한 과잉 반응(Degnan, Henderson, Fox, & Rubin, 2008)을 비롯한 청소년이 겪는 여러 정신장애의 원인이 된다.

## 감정 조절 기술

감정 조절 기술은 자신을 사랑하는 양육자와의 안전한 감정 관계를 바탕으로 습득된다(Sroufe, Egeland, Carlson, & Collins, 2005). 이러한 관계는 긍정적인 감정과 부정적인 감정을 모두 수용할 뿐만 아니라 관리한다. 예측 가능한 섬세한 관리를 꾸준히 받은 경험을 바탕으로, 감정 조절을 어떻게 하는지 배우고 점점 더 오랫동안 불편함을 견디는 법을 배운다. 아이들은 이와 같은 경험을 바탕으로 감정에 압도되지 않고 자기 스스로를 돌볼 수 있다는 것을 점차 이해하게 된다. 이는 괴로움을 견디는 능력의 기초가 된다. 앞에서 언급한 바와 같이, 이러한 능력은 뇌가 더 큰 자기조절능력을 지니게 되면서 청소년기에도 계속해서 발달한다.

긍정적이거나 부정적인 (불편한) 감정 상태를 모두 처리할 수 있는 정서적 구조를 지니는 것은 아이가 달성할 수 있는 최선의 결과이다. 이런 정서적 구조를 통해 아이는 감정을 습관적으로 억압하거나 무시하지 않으며, 공격적이거나 자기 파괴적인 방법으로 행동하지 않는다. 일련의 감정 조절 과정에서 정서적 회복력이 생겨난다. 정서적 회복력이 지닌 핵심적인 특징은 불편한 경험, 또는 이른바 '스트레스'를 경험한 뒤에 균형을 재조정하는 방법을 찾는 능력이다. 자기 뜻대로 되지 않거나 학교 공부가 지루할 때 느끼는 일상적인 불쾌감에서부터 감당하기 어려운 생활고까지, 여러 수준의 고통을 관리하는 능력은 즉각적으로 행동하지 않고 고통을 참을 줄 아는 능력에 기반을 둔다. 앞에서 언급한 바와 같이, 많은 사회정서학습 프로그램과 치료적 개입은 청소년의 감정에 관한 사람들의 이해를 넓히고, 대처하는 방법을 익히게 하는 데 매우 효과적이다. 감정에 관한 정보는 교훈적이고 하향식인 방법을 통해 전달되는 경우가 많다. 예를 들어, 상호적인 연습조차도 아이들이 과거의 경험을 반성하고 미래의 도전에 대처하는 방법을 계획하도록 도움으로써 가능하다.

## 감정 알아차리기

여기서 주목할 것은 감정에 관해 아는 것과 자신이 경험한 감정을 아는 것 사이에는 차이가 있다는 점이다. 감정에 대해 배우는 것 외에도, 지금 이 순간에 일어나는 것을 알아차리는 방법을 배우는 것도 분명히 도움이 된다. 감정에 관심을 갖고 감정을 구분할 줄 아는 능력은 감정적인 반응을 누그러뜨리고 정서적인 균형과 명확성을 증가시킬 수 있다(Silvia, 2002). 이러한 훈련은 해로운 반응(이를테면, 약물복용이나 폭력을 통해 행동을 '분출'하거나 더 우울한 감정을 '분출'하는)을 유발하는 불편한 감정을 대범하게 대할 수 있게끔 연습 기회를 제공한다. 마음챙김을 바탕으로 현재의 경험에 집중하는 법을 가르치는 것은 청소년이 감정을 있는 그대로 수용하고 관리하며, 잠재적으로 마음챙김이 삶의 습관이 되도록 도구를 제공한다. 마음챙김 연습은 감정 조절을 촉진하고, 스트레스를 줄이며, 주의력을 발달시키는 여러 접근과 치료법을 보완하며 강화한다.

## 내면의 문을 여는 마음챙김

이 책에서 마음챙김은 주의를 기울이는 특별한 방법으로 정의된다. 마음챙김을 할 때 우리는 마음에 주의를 기울이겠다는 분명한 의도를 가지고 고통을 비판단적으로 수용한다. 그리고 다양한 메커니즘을 통해 고통에 대처할 수 있다. 첫째, 생각, 감정, 신체적 감각에 대한 현재의 경험에 주의를 기울임으로써 인지적 초점을 (부정적인 사건에 대한 기억과 같은) 과거와 (벌어질 일에 대한 두려움과 같은) 미래로부터 멀어지게 하고 자동적으로 일어나는 인지적 해석과 반응 패턴 간의 연결을 느슨하게 할 수 있다. 둘째, 현재 자신의 내면과 외부에서 벌어지는 경험에 집중하도록 함으로써 주의를 넓히고 반응 패턴(회피 또는 몰두)의 자동적인 실행을 중단시킬 수 있다. 우리는 흔히 이를 자기중심성에서 빠져나온다고 말한다. 셋째, 마음챙김의 핵심 요소라고 할 수 있는 '비판단'을 바탕으로 자신의 경험을 평가하지 않고 있는 그대로 관찰하게 할 수 있다. 호기심과 수용적인 태도를 갖고 대상을 경험하는 연습은 앞서 설명한 자동적인 반응 패턴을 변화시킴으로써 고통에 대한 인내심을 향상시킨다. 규칙적으로 꾸준히 연습한 마음챙김은 정서적 균형을 회복하고 해로운 행동을 방지하는 강력한 수단을 제공할 수 있다.

마음챙김의 의미와 아동과 청소년 발달에서 마음챙김의 역할을 이해하기 위해서는 주의력의 본질과 우리가 주의를 기울이는 전형적인 방식을 이해하는 것이 중요하다. 우리는 종종 주의력을 타고난 특성과 같이 바꿀 수 없는 것으로 여긴다. 예를 들어, 학생들을 '주의력이 부족한' 또는 '주의력이 높은' 아이로 분류한다. 또 주의력은 약해지고 산만해지기 쉽기 때문에, 교사나 의사가 '바로잡아 줘야' 하는 것으로 여긴다. 앞서 언급했듯이, 많은 연구들과 개인적인 경험을 통해 우리는 감정 상태가 주의력의 질과 대상에 영향을 미치는 중요한 요인임을 안다. 그럼에도, 주의력은 감정과 별개의 것으로 취급될 때가 많다. 마음챙김을 통한 감정 조절 교육에서, 주의력은 연습을 통해 예리해질 수 있는 기술로 제시된다. 우리는 감정 자체가 나타내는 인지적·정서적 경험의 전체 범위를 관찰하는 것을 연습함으로써 주의력을 향상시킬 수 있다. 주의력은 자신이 선택한 대상에 의도적이고 안정적으로 주의를 기울이고 주의를 유지하도록 연습함으로써 세련되어질 수 있는 능력이다.

마음챙김은 지금 현재 일어나고 있는 일에 대해 주의를 기울이는 것이다. 마음챙김을 할 때 우리는 평소와는 상당히 다른 방식으로 사고한다. 아이들은 하루 대부분을 생각이나 개념을 만들고, 과거나 지식의 저장고에서 정보를 회상하고, 미래 상황을 상상하고, 계획하고, 계산하고, 일정을 생각하며 보낸다. 이와 같은 중요한 마음의 기능들은 아이들의 나이가 듦에 따라, 그리고 학교교육을 통해 향상되는 능력들 중 일부일 뿐이다. 그런데 생각, 감정, 감각을 있는 그대로 인식하는, 지금 이 순간에 존재하는 마음도 있다. 이러한 마음의 특성은 지금 일어나는 상황, 계획, 계산을 메타적으로 인식할수 있게 한다. 마음챙김을 통해 우리는 마음의 작동 안으로 드나들 수 있는문을 가질 수 있다. 어떤 학생들이 표현했던 것처럼 마음챙김은 "내 마음 속공간"을 갖게 함으로써, "생각과 감정의 변화가 단지 여행자들이 잠깐 머물다 가는 것에 불과한 것"임을 깨닫게 해준다. 이러한 인식능력은 학생이 균형 감각을 가지고 경험의 파도를 탈 수 있는 자신의 잠재력을 깨닫게 됨에따라 향상될 수 있다. 사실 모든 사람의 내면에는 마음챙김에 바탕을 둔 인식능력이 준비되어 있다. 연습을 통해 발달하는 이러한 마음의 능력은 자기인식, 자기조절, 정서적 균형의 성장에 직접적인 영향을 주어 충분한 학습과삶의 안녕을 돕기 때문에 중요하다.

Ahmed, S. P., Bittencourt-Hewitt, A., & Sebastian, C. L. (2015). Neurocognitive bases of emotion regulation development in adolescence. *Developmental Cognitive Neuroscience*, 15, 11–25.

Akinbami, L. J., & Schoendorf, K. C. (2002). Trends in childhood asthma: Prevalence, health care utilization, and mortality. *Pediatrics, 110*(2, pt. 1), 315–332.

American Academy of Pediatrics Committee on Psychosocial Aspects of Child and Family Health. (2001). The new morbidity revisited: A renewed commitment to the psychosocial aspects of pediatric care. *Pediatrics, 108*(5), 1227–1230.

American Diabetes Association. (2020). Statistics about diabetes. Retrieved from https://www.diabetes.org/resources/statistics/statistics-about-diabetes.

American School Counselor Association. (2005). *The ASCA national model: A framework for school counseling programs* (2nd ed.). Alexandria, VA: ASCA.

APB Speakers. (2018, August 28). *How childhood trauma can make you a sick adult* [Video]. Retrieved from https://www.youtube.com/watch?v=y3cCAcGeG8E.

Baer, R., Crane, C., Miller, E., & Kuyken, W. (2019). Doing no harm in mindfulness-based programs: Conceptual issues and empirical findings. *Clinical Psychology Review, 71*, 101–114.

Bai, S., Elavsky, S., Kishida, M., Dvorakova, K., & Greenberg, M. (2020). Effects of mindfulness training on daily stress response in college students: Ecological momentary assessment of a randomized controlled trial. *Mindfulness, 11*(7), 1433–1445.

Bandura, A. (1997). *Self-efficacy: The exercise of control.* New York: Freeman.

Beattie, M., Hankonen, N., Salo, G., Knittle, K., & Volanen, S. (2019). Applying behavioral theory to increase mindfulness practice among adolescents: An exploratory intervention study using a within-trial RCT design. *Mindfulness, 10*, 312–324.

Beattie, M. M., Konttinen, H. M., Volanen, S., Knittle, K. P., & Hankonen, N. E. (2020). Social cognitions and mental health as predictors of adolescents' mindfulness practice. *Mindfulness, 11*, 1204–1217.

Beck, A. T. (1979). *Cognitive therapy and the emotional disorders.* New York: Penguin Books.

Begley, S. (2007). *Train your mind, change your brain: How a new science reveals our extraordinary potential to transform ourselves.* New York: Ballantine Books.

Berntson, G. G., Bigger, J. T., Eckberg, D. L., Grossman, P., Kaufmann, P. G., Malik, M., et al. (1997). Heart rate variability: Origins, methods, and interpretive caveats. *Psychophysiology, 34*(6), 623–648.

Bezdek, K., & Telzer, E. (2017). Have no fear, the brain is here! How your brain responds to stress. *Frontiers for Young Minds, 5.* doi.10.3389/frym.2017.00071.

Birmaher, B., & Heydl, R. (2001). Biological studies in depressed children and adolescents. *International Journal of Neuropsychopharmacology, 4*(2), 149–57.

Blakemore, S. J. (2008). Development of the social brain during adolescence. *Quarterly Journal of Experimental Psychology, 61*(1), 40–49.

Blakemore, S. J. (2018). *Inventing ourselves: The secret life of the teenage brain.* New York: Hachette Book Group.

Blakemore, S. J., & Choudhury, S. (2006). Development of the adolescent brain: Implications for executive function and social cognition. *Journal of Child Psychology and Psychiatry, 47*(3–4), 296–312.

Blakemore, S. J., & Frith, U. (2005). *The learning brain: Lessons for education.* Malden, MA: Blackwell Publishing.

Bluth, K., Campo, R. A., Pruteanu-Malinici, S., Reams, A., Mullarkey, M., & Broderick, P. C. (2016). A school-based mindfulness pilot study for ethnically diverse at-risk adolescents. *Mindfulness, 7*(1), 90–104.

Bracha, H. S. (2004). Freeze, flight, fight, fright, faint: Adaptationist perspectives on the acute stress response spectrum. *CNS Spectrums, 9*(9), 679–685.

Brantley, J. (2003). *Calming your anxious mind: How mindfulness and compassion can free you of anxiety, fear and panic.* Oakland, CA: New Harbinger Publications.

Bremner, J. D. (2005). *Does stress damage the brain? Understanding trauma disorders from a mind-body perspective.* New York: W. W. Norton and Company.

Broderick, P. C. (2013). *Affective self-regulatory efficacy scale.* Unpublished manuscript.

Broderick, P. C. (2019). *Mindfulness in the secondary classroom: A guide for teaching adolescents.* New York: Norton.

Broderick, P. C., & Blewitt, P. (2019). *The life span: Human development for helping professionals* (5th ed.). Upper Saddle River, NJ: Pearson Education.

Broderick, P. C., Frank, J. L., Berrena, E., Schussler, D. L., Kohler, K., Mitra, J., et al. (2019). Evaluating the quality of mindfulness instruction delivered in school settings: Development and validation of a teacher quality observational rating scale. *Mindfulness, 10*, 36–45.

Broderick, P. C., & Metz, S. (2009). Learning to BREATHE: A pilot trial of a mindfulness curriculum for adolescents. *Advances in School Mental Health Promotion, 2*(1), 35–46.

Burns, D. D. (1999). *Feeling good: The new mood therapy.* New York: HarperCollins.

Campos, J. J., Frankel, C. B., & Camras, L. (2004). On the nature of emotion regulation. *Child Development, 75*(2), 377–394.

CASEL (2003). Safe and sound: An educational leader's guide to evidence-based social and emotional learning (SEL) programs. Chicago: Collaborative for Academic, Social, and Emotional Learning.

Casey, B. J., Getz, S., & Galvan, A. (2008). The adolescent brain. *Developmental Review, 28*(1), 62–77.

Casey, B. J., Giedd, J. N., & Thomas, K. M. (2000). Structural and functional brain development and its relation to cognitive development. *Biological Psychology, 54*, 241–257.

Centers for Disease Control and Prevention. (2020, April). *About the CDC-Kaiser ACE study.* Retrieved from https://www.cdc.gov/violenceprevention/aces/about.html.

Clarke, J., & Draper, S. (2020). Intermittent mindfulness practice can be beneficial, and daily practice can be harmful. An in depth, mixed methods study of the "Calm" app's (mostly positive) effects. *Internet Interventions, 19*. doi.org/10.1016/j.invent.2019.100293.

Cohn, M. A., & Fredrickson, B. L. (2010). In search of durable positive psychology interventions: Predictors and consequences of long-term positive behavior change. *Journal of Positive Psychology, 5*(5), 355–366.

Cole, P. M., Michel, M. K., & Teti, L. O. (1994). The development of emotion regulation and dysregulation: A clinical perspective. *Monographs of the Society for Research in Child Development, 59*(2–3), 73–102.

Collins, W. A. (2003). More than myth: The developmental significance of romantic relationships during adolescence. *Journal of Research on Adolescence, 13*(1), 1–24.

Collins, W. A., & Steinberg, L. (2006). Adolescent development in interpersonal context. In N. Eisenberg (Vol. Ed.), W. Damon & R. M. Lerner (Series Eds.),

*Handbook of child psychology: Vol. 3—Social, emotional, and personality development* (6th ed., pp. 1003–1067). Hoboken NJ: John Wiley and Sons.

Comstock, G., & Scharrer, E. (2006). Media and popular culture. In K. A. Renninger & I. E. Sigel (Vol. Eds.), W. Damon & R. M. Lerner (Series Eds.), *Handbook of child psychology: Vol. 4—Child psychology in practice* (6th ed., pp. 817–863). Hoboken, NJ: John Wiley and Sons.

Crane, R. S. (2017). Implementing mindfulness in the mainstream: Making the path by walking it. *Mindfulness, 8*, 585–594.

Crane, R. S., Kuyken, W., Hastings, R. P., Rothwell, N., & Williams, J. M. G. (2010). Training teachers to deliver mindfulness-based interventions: Learning from the UK experience. *Mindfulness, 1*(2), 74–86.

Creswell, J. D. (2017). Mindfulness interventions. *Annual Review of Psychology, 68*, 491–516.

Creswell, J. D., Lindsay, E. K., Villalba, D. K., & Chin, B. (2019). Mindfulness training and physical health: Mechanisms and outcomes. *Psychosomatic Medicine, 81*(3), 224–232.

Cronholm, P., Forke, C., Wade, R., Bair-Merritt, M., Davis, M., Harkins-Schwarz, M., et al. (2015). Adverse childhood experiences: Expanding the concept of adversity. *American Journal of Preventive Medicine, 49*(3), 354–361.

Cross-National Collaborative Group (1992). The changing rate of major depression: Cross-national comparisons. *Journal of the American Medical Association, 268*(21), 3098–3105.

Czaja, J., Rief, W., & Hilbert, A. (2009). Emotion regulation and binge eating in children. *International Journal of Eating Disorders, 42*(4), 356–362.

Dahl, R. E. (2004). Adolescent brain development: A period of vulnerabilities and opportunities. *Annals of the New York Academy of Sciences, 1021*, 1–22.

Dalager, S. L., Annameier, S., Bruggink, S. M., Pivarunas, B., Coatsworth, J. D., & Schmid, A. A., et al. (2018) Mindfulness-based group intervention for an adolescent girl at risk for type 2 diabetes: A case report. *Advances in Mind-Body Medicine, 32*(4), 9–17.

Damasio, A. R. (1994). *Descartes' error: Emotion, reason, and the human brain.* New York: Putnam.

Darling, N., Cumsille, P., & Martinez, M. L. (2008). Individual differences in adolescents' beliefs about the legitimacy of parental authority and their own obligation to obey: A longitudinal investigation. *Child Development, 79*(4), 1103–1118.

Davidson, R. J. (2012). *The emotional life of your brain: How its unique patterns affect the way you think, feel, and live—and how you can change them.* With S. Begley. New York: Hudson Street Press.

Davidson, R. J., Kabat-Zinn, J., Schumacher, J., Rosenkranz, M., Muller, D., Santorelli, S. F., et al. (2003). Alterations in brain and immune function produced by mindfulness meditation. *Psychosomatic Medicine, 65*(4), 564–570.

Degnan, K. A., Henderson, H. A., Fox, N. A., & Rubin, K. H. (2008). Predicting social wariness in middle childhood: The moderating roles of child care history, maternal personality, and maternal behavior. *Social Development, 71*(3), 471–487.

Domitrovich, C. E., Durlak, J. A., Staley, K. C., & Weissberg, R. P. (2017). Social-emotional competence: An essential factor for promoting positive adjustment and reducing risk in school children. *Child Development, 88*(2), 408–416.

Duffy, K. A., McLaughlin, K. A., & Green, P. A. (2018). Early life adversity and health-risk behaviors: Proposed psychological and neural mechanisms. *Annals of the New York Academy of Sciences, 1428*(1), 151–169.

Durlak, J. A., Weissberg, R. P., Dymnicki, A. B., Taylor, R. D., & Schellinger, K. B. (2011). The impact of enhancing students' social and emotional learning: A meta-analysis of school-based universal interventions. *Child Development, 82*(1), 405–432.

Dvorakova, K., Kishida, M., Li, J., Elavsky, S., Broderick, P. C., Agrusti, M. R., & Greenberg, M. T. (2017). Promoting healthy transition to college through mindfulness training with first-year college students: Pilot randomized controlled trial. *Journal of American College Health, 65*(4), 259–267.

Eccles, J. S. (2004). Schools, academic motivation, and stage-environment fit. In R. M. Lerner & L. Steinberg (Eds.), *Handbook of adolescent psychology* (2nd ed., pp. 125–153). Hoboken, NJ: John Wiley and Sons.

Elias, M. J., Wang, M. C., Weissberg, R. P., Zins, J. E., & Walberg, H. J. (2002). The other side of the report card: Student success depends on more than test scores. *American School Board Journal, 189*(11), 28–30.

Ellis, A., & Harper, R. A. (1975). *A new guide to rational living.* Englewood Cliffs, NJ: Prentice-Hall.

Eva, A. L., & Thayer, N. M. (2017). Learning to BREATHE: A pilot study of a mindfulness-based intervention to support marginalized youth. *Journal of Evidence-Based Complementary and Alternative Medicine, 22*(4), 580–591.

Fataldi, M., Petraglia, F., Luisi, S., Bernardi, F., Casarosa, E., Ferrari, E., et al. (1999). Changes of serum allopregnanolone levels in the first 2 years of life and during pubertal development. *Pediatric Research, 46*(3), 323–327.

Felitti, V. J., Anda, R. F., Nordenberg, D., Williamson, D. F., Spitz, A. M., Edwards, V., et al. (1998). Relationship of childhood abuse and household dysfunction to many of the leading causes of death in adults: The Adverse Childhood Experiences (ACE) study. *American Journal of Preventive Medicine, 14*(4), 245–258.

Felver, J. C., Clawson, A. J., Morton, M. L., Brier-Kennedy, E., Janack, P., & DiFlorio, R. A. (2019) School-based mindfulness intervention supports adolescent resiliency: A randomized controlled pilot study. *International Journal of School and Educational Psychology, 7*, 111–122.

Felver, J., & Singh, N. (2020). *Mindfulness in the classroom.* Oakland, CA: New Harbinger.

Flaherty, E. G., Thompson, R., Litrownik, A. J., Zolotor, A. J., Dubowitz, H., Runyan, D. K., et al. (2009). Adverse childhood exposures and reported child health at age 12. *Academic Pediatrics, 9*(3), 150–156.

Frank, J. L., Broderick, P. C., Oh, Y., Mitra, J., Schussler. D., Kohler, K., et al. (2021) (under review). Evaluating the effectiveness of a mindfulness-based curriculum on adolescents' social-emotional and executive functioning: A quasi-experimental trial of the Learning to BREATHE program. *Mindfulness.*

Fredrickson, B. L., Cohn, M. A., Coffey, K. A., Pek, J., & Finkel, S. M. (2008). Open hearts build lives: Positive emotions, induced through loving-kindness meditation, build consequential personal resources. *Journal of Personality and Social Psychology, 95*(5), 1045–1062.

Fung, J., Guo, S., Jin, J., Bear, L., & Lau, A. (2016). A pilot randomized trial evaluating a school based mindfulness intervention for ethnic minority youth. *Mindfulness, 7*(4), 819–828.

Fung J., Kim, J. J., Jin, J., Chen, G., Bear, L., & Lau, A. S. (2019). A randomized trial evaluating school-based mindfulness intervention for ethnic minority youth: Exploring mediators and moderators of intervention effects. *Journal of Abnormal Child Psychology, 47*(1), 1–19.

Garber, J. (2006). Depression in children and adolescents: Linking risk research and prevention. *American Journal of Preventive Medicine, 31*(6, Suppl. 1), 104–125.

Garber, J., Keiley, M. K., & Martin, C. (2002). Developmental trajectories of adolescents' depressive symptoms: Predictors of change. *Journal of Consulting and Clinical Psychology, 70*(1), 79–95.

Gevirtz R. (2000). Resonant frequency training to restore homeostasis for treatment of psychophysiological disorders. *Biofeedback 27*, 7–9.

Giedd, J. (2015). The amazing teen brain. *Scientific American 312*, 32–37.

Goldstein, D. S. (2006). *Adrenaline and the inner world: An introduction to scientific integrative medicine.* Baltimore, MD: The Johns Hopkins University Press.

Goleman, D. (2003). *Destructive emotions: How can we overcome them?* New York: Bantam Dell.

Goleman, D. (2006). *Social intelligence: The new science of human relationships.* New York: Bantam Books.

Goodyer, I. M., Park, R. J., Netherton, C. M., & Herbert, J. (2001). Possible role of cortisol and dehydroepiandrosterone in human development and psychopathology. *British Journal of Psychiatry, 179*, 243–249.

Greenberg, M. T., Weissberg, R. P., O'Brien, M. U., Zins, J. E., Fredericks, L., Resnik, H., et al. (2003). Enhancing school-based prevention and youth development through coordinated social, emotional, and academic learning. *American Psychologist, 58*(6–7), 466–474.

Gross, J. J., & Muñoz, R. F. (1995). Emotion regulation and mental health. *Clinical Psychology: Science and Practice, 2*(2), 151–164.

Gutman, L. M., Sameroff, A. J., & Cole, R. (2003). Academic growth curve trajectories from 1st grade to 12th grade: Effects of multiple social risk factors and preschool child factors. *Developmental Psychology, 39*(4), 777–790.

Hagenaars, M. A., Oitzl, M., & Roelofs, K. (2014). Updating freeze: Aligning animal and human research. *Neuroscience and Biobehavioral Reviews, 47*, 165–176.

Hagenaars, M. A., Stins, J. F., & Roelofs, K. (2012). Aversive life events enhance human freezing responses. *Journal of Experimental Psychology. General, 141*(1), 98–105.

Hammen, C., & Rudolph, K. D. (2003). Childhood mood disorders. In E. J. Mash & R. A. Barkley (Eds.), *Child psychopathology* (2nd ed., pp. 233–278). New York: The Guilford Press.

Hayes, S. C., Strosahl, K. D., & Wilson, K. G. (1999). *Acceptance and commitment therapy: An experiential approach to behavior change.* New York: The Guilford Press.

Heron, K. E., & Smyth, J. M. (2010). Ecological momentary interventions: Incorporating mobile technology into psychosocial and health behaviour treatments. *British Journal of Health Psychology, 15*(Pt. 1), 1–39.

Kabat-Zinn, J. (1990). *Full catastrophe living: Using the wisdom of your body and mind to face stress, pain, and illness* (hardcover ed.). New York: Delacorte Press.

Kabat-Zinn, J. (1994). *Wherever you go, there you are: Mindfulness meditation in everyday life.* New York: Hyperion.

Kabat-Zinn, J. (2013). *Full catastrophe living: Using the wisdom of your body and mind to face stress, pain, and illness* (Revised ed.). New York: Bantam.

Kerr, S. L., Lucas, L. J., DiDomenico, G. E., Mishra, V., Stanton, B. J., Shivde, G., et al. (2017). Is mindfulness training useful for pre-service teachers? An exploratory investigation. *Teaching Education, 28*(4), 1–11.

Kessler, R. C., Avenevoli, S., Costello, J., Green, J. G., Gruber, M. J., McLaughlin, K. A., et al. (2012). Severity of 12-month *DSM-IV disorders* in the National Comorbidity Survey Replication Adolescent Supplement. *Archives of General Psychiatry, 69*(4), 381–389.

Kok, B. E., & Fredrickson, B. L. (2010). Upward spirals of the heart: Autonomic flexibility, as indexed by vagal tone, reciprocally and prospectively predicts positive emotions and social connectedness. *Biological Psychology, 85*(3), 432–436.

Kozlowska, K., Walker, P., McLean, L., & Carrive, P. (2015). Fear and the defense cascade: Clinical implications and management. *Harvard Review of Psychiatry, 23*(4), 263–287.

Laceulle, O. M., Nederhof, E., van Aken, M., & Ormel, J. (2017). Adversity-driven changes in hypothalamic-pituitary-adrenal axis functioning during adolescence. The trails study. *Psychoneuroendocrinology, 85*, 49–55.

Larson, R., & Richards, M. H. (1994). *Divergent realities: The emotional lives of mothers, fathers, and adolescents.* New York: Basic Books.

Laursen, B., & Collins, W. A. (1994). Interpersonal conflict during adolescence. *Psychological Bulletin, 115*(2), 197–209.

Lazarus, R. S., & Folkman, S. (1984). *Stress, appraisal, and coping.* New York: Springer Publishing Company.

Levine, P. A. (2008). *Healing trauma: A pioneering program for restoring the wisdom of your body.* Boulder, CO: Sounds True, Inc.

Levine, P. A., & Kline, M. (2007). *Trauma through a child's eyes: Awakening the ordinary miracle of healing—Infancy through adolescence.* Berkeley, CA: North Atlantic Books.

Levitan, J., Schussler, D. L., Mahfouz, J., Frank, J. L., Kohler, K. M., Broderick, P. C., et al. (2018). Evaluating student cognitive and social-emotional growth during a high school mindfulness course using mixed-method design. *Sage Research Methods Cases.* https://methods.sagepub.com/case/evaluating-student-cognitive-social-emotional-growth-mixed-method-design.

Lin, J., Chadi, N., & Shrier, L. (2019). Mindfulness-based interventions for adolescent health. *Current Opinion in Pediatrics, 31*(4), 469–475.

Linehan, M. M. (1993). *Cognitive-behavioral treatment of borderline personality disorder.* New York: The Guilford Press.

Lucas-Thompson, R. G., Broderick, P. C., Coatsworth, J. D., & Smyth, J. M. (2019). New avenues for promoting mindfulness in adolescence using mHealth. *Journal of Child and Family Studies, 28*(1), 131–139.

Lucas-Thompson, R., Seiter, N., Broderick, P. C., Coatsworth, J. D., Henry, K. L., McKernan, C. J., et al. (2019). Moving 2 Mindful (M2M) study protocol: Testing a mindfulness group plus ecological momentary intervention to decrease stress and anxiety in adolescents from high conflict homes with a mixed-method longitudinal design. *BMJ Open, 9*(11), e030948. https://bmjopen.bmj.com/content/bmjopen/9/11/e030948.full.pdf.

Lymeus, F., Lindberg, P., & Hartig, T. (2018). Building mindfulness bottom-up: Meditation in natural settings supports open monitoring and attention restoration. *Consciousness and Cognition, 59*, 40–56.

Mahfouz, J., Levitan, J., Schussler, D. L., Broderick, P. C., Dvorakova, K., Agrusti, M. et al. (2018). Ensuring college student success through mindfulness-based classes: Just breathe. *College Student Affairs Journal, 36*(1), 1–16.

Marceau, K., Ruttle, P. L., Shirtcliff, E. A., Essex, M. J., & Susman, E. J. (2015). Developmental and contextual considerations for adrenal and gonadal hormone functioning during adolescence: Implications for adolescent mental health. *Developmental Psychobiology, 57*(6), 742–768.

McEwen, B. S. (2002). *The end of stress as we know it.* With E. N. Lasley. Washington, DC: Joseph Henry Press.

McEwen, B. S. (2017). Allostasis and the epigenetics of brain and body health over the life course: The brain on stress. *JAMA Psychiatry, 74*(6), 551–552.

McEwen, B. S., Bowles, N. P., Gray, J. D., Hill, M. N., Hunter, R. G., Karatsoreos, I. N., et al. (2015). Mechanisms of stress in the brain. *Nature Neuroscience, 18*(10), 1353–1363.

McEwen, B. S., & Gianaros, P. J. (2010). Central role of the brain in stress and adaptation: Links to socioeconomic status, health, and disease. *Annals of the New York Academy of Sciences, 1186*, 190–222.

McLaughlin, K. A., Alves, S., & Sheridan, M. A. (2014). Vagal regulation and internalizing psychopathology among adolescents exposed to childhood adversity. *Developmental Psychobiology, 56*(5), 1036–1051.

McLaughlin, K. A., Green, J. G., Gruber, M. J., Sampson, N. A., Zaslavsky, A. M., & Kessler, R. C. (2012). Childhood adversities and erst onset of psychiatric disorders in a national sample of US adolescents. *Archives of General Psychiatry, 69*(11), 1151–1160.

Merikangas, K., Avenevoli, S., Costello, J., Koretz, D., & Kessler, R. C. (2009). National comorbidity survey replication adolescent supplement (NCS-A): I. Background and measures. *Journal of the American Academy of Child and Adolescent Psychiatry, 48*(4), 367–369.

Metz, S. M., Frank, J. L., Reibel, D., Cantrell, T., Sanders, R., & Broderick, P.C. (2013). The effectiveness of the learning to BREATHE program on adolescent emotion regulation. *Research in Human Development 10*(3), 252–272.

Mihalic, S., Irwin, K., Fagan, A., Ballard, D., & Elliott, D. (2004). Successful program implementation: Lessons from blueprints. *Juvenile Justice Bulletin*, NCJ204273. Washington, DC: US Department of Justice.

Miller, A. H., & Raison, C. L. (2016). The role of inflammation in depression: From evolutionary imperative to modern treatment target. *Nature Reviews Immunology, 16*(1), 22–34.

Mind and Life Education Research Network (MLERN). (2012). Contemplative practices and mental training: Prospects for American education. *Child Development Perspectives, 6*(2), 146–153.

Müller, M., Holsboer, F., & Keck, M. E. (2002). Genetic modification of corticosteroid receptor signalling: Novel insights into pathophysiology and treatment strategies of human affective disorders. *Neuropeptides, 36*(2–3), 117–131.

National Child Traumatic Stress Network, Schools Committee. (2017). *Creating, supporting, and sustaining trauma-informed schools: A system framework.* Los Angeles, CA, and Durham, NC: National Center for Child Traumatic Stress.

National Scientific Council on the Developing Child. (2004). Children's emotional development is built into the architecture of their brains. *Working Paper 2.* Cambridge, MA: Harvard University Center on the Developing Child. Retrieved from https://developingchild.harvard.edu/wp-content/uploads/2004/04/Childrens-Emotional-Development-Is-Built-into-the-Architecture-of-Their-Brains.pdf.

Neff, K. D. (2003). Self-compassion: An alternative conceptualization of a healthy attitude toward oneself. *Self and Identity, 2*(2), 85–102.

Ozbay, F., Johnson, D. C., Dimoulas, E., Morgan, C. A., III, Charney, D., & Southwick, S. (2007). Social support and resilience to stress: From neurobiology to clinical practice. *Psychiatry, 4*(5), 35–40.

Pahuja, R., & Kotchen, T. A. (2011). Salivary cortisol predicts cardiovascular mortality. *Current Hypertension Reports, 13*(6), 404–405.

Paus, T., Keshavan, M., & Giedd, J. N. (2008). Why do many psychiatric disorders emerge during adolescence? *Nature Reviews Neuroscience, 9*(12), 947–957.

Porges, S. W. (2011). *The polyvagal theory: Neurophysiological foundations of emotions, attachment, communication, and self-regulation.* New York: W. W. Norton and Company.

Post, R. M. (2007). Kindling and sensitization as models for affective episode recurrence, cyclicity, and tolerance phenomena. *Neuroscience and Biobehavioral Reviews, 31*(6), 858–873.

Quan, N., & Banks, W. A. (2007). Brain-immune communication pathways. *Brain, Behavior, and Immunity, 21*(6), 727–735.

Rawlett, K. E., Friedmann, E., & Thomas, S. A. (2019). Mindfulness based intervention with an attentional comparison group in at risk young adolescents: A pilot randomized controlled trial. *Integrative Medicine Research, 8*(2), 101–106.

Reyna, V. F., & Farley, F. (2006). Risk and rationality in adolescent decision making: Implications for theory, practice, and public policy. *Psychological Science in the Public Interest, 7*(1), 1–44.

Romeo, R. D., & McEwen, B. S. (2006). Stress and the adolescent brain. *Annals of the New York Academy of Sciences, 1094*, 202–214.

Romer, R., & Walker, E. (Eds.) (2007). *Adolescent psychopathology and the developing brain: Integrating brain and prevention science.* New York: Oxford University Press.

Rosenthal, L. (1971). Some dynamics of resistance and therapeutic management in adolescent group therapy. *Psychoanalytic Review, 58*(3), 353–366.

Ryff, C. D., & Singer, B. (2003). Flourishing under fire: Resilience as a prototype of challenged thriving. In C. L. M. Keyes & J. Haidt (Eds.), *Flourishing: Positive psychology and the life well lived* (pp. 15–36). Washington, DC: American Psychological Association.

Sapolsky, R. M. (2004). *Why zebras don't get ulcers* (3rd ed.). New York: Henry Holt and Company.

Sawyer, S. M., Afifi, R. A., Bearinger, L. H., Blakemore, S. J., Dick, B., Ezeh, A. C., et al. (2012). Adolescence: A foundation for future health. *Lancet, 379*(9826), 1630–1640.

Schäfer, J. Ö., Naumann, E., Holmes, E. A., Tuschen-Caffier, B., & Samson, A. C. (2017). Emotion regulation strategies in depressive and anxiety symptoms in youth:

A meta-analytic review. *Journal of Youth and Adolescence, 46*(2), 261–276.

Schuit, N., & Broderick, P. C. (2017). *Reflection journal questions to accompany Learning to BREATHE.* Unpublished manuscript.

Selye, H. (1978). *The stress of life* (rev. ed.). New York: McGraw-Hill.

Sher, K. J., & Grekin, E. R. (2007). Alcohol and affect regulation. In J. J. Gross (Ed.), *Handbook of emotion regulation* (pp. 560–580). New York: The Guilford Press.

Shomaker, L. B., Bruggink, S., Pivarunas, B., Skoranski, A., Foss, J., Chaffin, E., et al. (2017). Pilot randomized controlled trial of a mindfulness-based group intervention in adolescent girls at risk for type 2 diabetes with depressive symptoms. *Complementary Therapies in Medicine, 32*, 66–74.

Shomaker, L. B., Pivarunas, B., Annameier, S. K., Gulley, L., Quaglia, J., Brown, K. W. et al. (2019). One-year follow-up of a randomized controlled trial piloting a mindfulness-based group intervention for adolescent insulin resistance. *Frontiers in Psychology, 10.* doi: 10.3389/fpsyg.2019.01040.

Siegel, D. J. (1999). *The developing mind: Toward a neurobiology of interpersonal experience.* New York: The Guilford Press.

Siegel, D. J. (2007). *The mindful brain: Reflection and attunement in the cultivation of well-being.* New York: W. W. Norton and Company.

Silvia, P. J. (2002). Self-awareness and emotional intensity. *Cognition and Emotion, 16*(2), 195–216.

Sim, L., Adrian, M., Zeman, J., Cassano, M., & Friedrich, W. N. (2009). Adolescent deliberate self-harm: Linkages to emotion regulation and family emotional climate. *Journal of Research on Adolescence, 19*(1), 75–91.

Sim, T. N., & Koh, S. F. (2003). A domain conceptualization of adolescent susceptibility to peer pressure. *Journal of Research on Adolescence, 13*(1), 57–80.

Sowell, E. R., Thompson, P. M., & Toga, A. W. (2007). Mapping adolescent brain maturation using structural magnetic resonance imaging. In D. Romer & E. F. Walker (Eds.), *Adolescent psychopathology and the developing brain: Integrating brain and prevention science* (pp. 55–84). New York: Oxford University Press.

Sroufe, L. A., Egeland, B., Carlson, E. A., & Collins, W. A. (2005). *The development of the person: The Minnesota study of risk and adaptation from birth to adulthood.* New York: The Guilford Press.

Stein, D. J., Naudé, P., & Berk, M. (2018). Stress, depression, and inflammation: Molecular and microglial mechanisms. *Biological Psychiatry, 83*(1), 5–6.

Steinberg, L. (2008). A social neuroscience perspective on adolescent risk-taking. *Developmental Review, 28*, 78–106.

Sternberg, E. M. (2001). *The balance within: The science connecting health and emotions.* New York: W. H. Freeman.

Tang, R., Broderick, P. C., Bono, T., Dvorakova, K. & Braver, T. S. (2020). A college first-year mindfulness seminar to enhance psychological well-being and cognitive function. *Journal of Student Affairs Research and Practice.* doi:10.108 0/19496591.2020.1740719.

Tedeschi, R. G., & Calhoun, L. G. (1996). The posttraumatic growth inventory: Measuring the positive legacy of trauma. *Journal of Traumatic Stress, 9*(3), 455–471.

Tedeschi, R. G., & Calhoun, L. G. (2004). Posttraumatic growth: Conceptual foundations and empirical evidence. *Psychological Inquiry, 15*(1), 1–18.

Torre, J. B., & Lieberman, M. D. (2018). Putting feelings into words: Affect labeling as implicit emotion regulation. *Emotion Review 10*(2), 116–124.

US Department of Health and Human Services, US Department of Education, and US Department of Justice. (2000). *Report of the Surgeon's General's Conference on Children's Mental Health: A national action agenda.* Washington, DC: US Department of Health and Human Services.

Walker, E., & Bollini, A. M. (2002). Pubertal neurodevelopment and the emergence of psychotic symptoms. *Schizophrenia Research, 54*(1), 17–23.

Walker, E. F. (2002). Adolescent neurodevelopment and psychopathology. *Current Directions in Psychological Science, 11*(1), 24–28.

Walker, E. F., & Diforio, D. (1997). Schizophrenia: A neural diathesis-stress model. *Psychological Review, 104*(4), 667–685.

Walker, E. F., Sabuwalla, Z., & Huot, R. (2004). Pubertal neuromaturation, stress sensitivity, and psychopathology. *Development and Psychopathology, 16*(4), 807–824.

Wang, M. C., Haertel, G. D., & Walberg, H. J. (1993). Toward a knowledge base for school learning. *Review of Educational Research, 63*(3), 249–294.

Wegner, D. M. (1989). *White bears and other unwanted thoughts: Suppression, obsession, and the psychology of mental control.* New York: Viking.

Weinstein, C. S. (2007). *Middle and secondary classroom management: Lessons from research and practice* (3rd ed.). Boston: McGraw-Hill.

Weisz, J. R., Jensen-Doss, A., & Hawley, K. M. (2006). Evidence-based youth psychotherapies versus usual clinical care: A meta-analysis of direct comparisons. *American Psychologist, 61*(7), 671–689.

Yerkes, R. M., & Dodson, J. D. (1908). The relation of strength of stimulus to rapidity of habit formation. *Journal of Comparative Neurology and Psychology 18*, 459–482.

Zaccaro, A., Piarulli, A., Laurino, M., Garbella, E., Menicucci, D., Neri, B., et al. (2018). How breath-control can change your life: A systematic review on psycho-physiological correlates of slow breathing. *Frontiers in Human Neuroscience, 12*. doi.10.3389/fnhum.2018.00353.

Zieęba, M., Wiecheć, K., Biegańska-Banaś, J., & Mieleszczenko-Kowszewicz, W. (2019). Coexistence of post-traumatic growth and post-traumatic depreciation in the aftermath of trauma: Qualitative and quantitative narrative analysis. *Frontiers in Psychology, 10*. https://www.frontiersin.org/journals/psychology/articles/10.3389/fpsyg.2019.00687/full.

Zins, J. E., Weissberg, R. P., Wang, M. C., & Walberg, H. J. (Eds.). (2004). *Building academic success on social and emotional learning: What does the research say?* New York: Teachers College Press.

# 불안한 십 대를 위한 사회정서학습

초판 1쇄 발행 2024년 10월 30일

지은이 퍼트리샤 C. 브로더릭  옮긴이 김윤경
펴낸이 김명희  편집 이은희  책임편집 김연희  디자인 신병근·조금상

펴낸곳 다봄교육  등록 2011년 6월 15일 제2021-000136호
주소 서울시 마포구 토정로 222 한국출판콘텐츠센터 305호
전화 02-446-0120  팩스 0303-0948-0120
전자우편 dabombook@hanmail.net  인스타그램 instagram.com/dabom_books

ISBN 979-11-94148-16-6 93370